本书获"2013年度泉州市优秀人才培养专项资助经费项目"

（B类：专著出版资助，项目编号：13B07）

全国幼儿教师培训用书

梦山书系

丛书主编：袁爱玲

幼儿教师教学基本策略

（修订版）

吴振东 著

海峡出版发行集团 | 福建教育出版社

图书在版编目（CIP）数据

　　幼儿教师教学基本策略/吴振东著．—2版（修订本）．—福州：福建教育出版社，2019.1（2021.3重印）
　　全国幼儿教师培训用书
　　ISBN 978-7-5334-8342-5

　　Ⅰ.①幼…　Ⅱ.①吴…　Ⅲ.①幼教人员－教师培训－教材　Ⅳ.①G615

　　中国版本图书馆CIP数据核字（2018）第292753号

全国幼儿教师培训用书
You'er Jiaoshi Jiaoxue Jiben Celue

幼儿教师教学基本策略（修订版）
吴振东　著

出版发行	福建教育出版社
	（福州梦山路27号　邮编：350025　网址：www.fep.com.cn
	编辑部电话：0591-83726908
	发行部电话：0591-83721876　87115073　010-62027445）
出 版 人	江金辉
印　　刷	福建省金盾彩色印刷有限公司
	（福州市仓山区红江路8号浦上工业园D区24号楼　邮编：350008）
开　　本	710毫米×1000毫米　1/16
印　　张	15.5
字　　数	221千字
插　　页	1
版　　次	2019年1月第2版　2021年3月第2次印刷
书　　号	ISBN 978-7-5334-8342-5
定　　价	32.00元

如发现本书印装质量问题，请向本社出版科（电话：0591-83726019）调换。

总　　序

如今，在幼教界最热的话题之一就是"幼儿教师专业成长"。时代列车一日千里，幼儿教师若想赶上这趟时代快车，就必须让自己在专业上持续快速地成长。对此，教师们自身应有清醒的认识并积极奋斗。与此同时，各级政府和社会力量也正在努力营造让幼儿教师轻松实现专业成长的条件与氛围。我们组织编写的这套"全国幼儿教师培训用书"正是为了满足幼儿教师加速专业成长的需求。

此套丛书的编写理念是以幼儿教师为中心，走进教师们的专业生活、精神生活甚至是日常生活，聚焦她们频繁遇到的问题，以面对面、心贴心的亲切感来分析解决幼儿教师们的困惑、谜团、问题与困难。这套丛书由《幼儿园教学具设计与使用指导》《幼儿教师教学基本策略》《幼儿园生活活动指导》《幼儿教师如何做教科研》《家园沟通的艺术》《国外幼儿教育考察》《幼儿教师心理调适》《幼儿园数学学具的设计与使用》《幼儿园文案轻松写》《幼儿园民间体育游戏课程》《幼儿行为管理》《幼儿教师如何提升实践反思能力》《幼儿园体育器具开发与应用90例》《幼儿园游戏指导策略》等构成，内容基本涉及幼儿教师专业生活的方方面面。

放眼世界学前教育对幼儿教师专业成长的研究，可归纳为三种主要的价值取向，即专业技术取向、实践反思取向、文化生态取向。我们认为这三种专业发展与成长的价值取向并非是对立关系，而是各有所长的互补关系。因为，幼儿教师这个职业虽然不比医生、律师的专业度高、技术性强，但也绝不是没有专业性、技术性的职业，因而非本专业的人是绝对做不好此项工作的，必须经历一定程度的专业学习才可胜任。而且，现实也清楚地显示幼儿教育专业毕业的人并不是立即就能做好此项工作，还必须经历一定时间的实践，并通过不断反思，才能将学科知识、教育教学知识以及关于教育对象——幼儿的知识有机地整合在一起，形成实践智慧，成为专业熟手。也就是说专业知识和专业技能本身并不等于教育教学中的实践智慧。现实还告诉我们，每个教师的专业成长绝不仅仅是单纯的、孤立的个人行为，恰如一粒种子本身并不能完全决定自己的长势和果实，种在不同质量的土壤中，其成长的样态和果实会大不相同。遇上肥沃的土壤，其长势就好，果实就佳；反之则不然。这也就是说，教师个体的专业成长与其所在园所或地区的文化生态环境关系密切。

因此，综合这三种专业发展取向，我们这套丛书力求提供有专业度的指导，但又不是干巴巴的说教，尽可能将专业知识还原到具体的情境中，让它们鲜活起来。与此同时鼓励老师们学与做结合，边做边反思，而不以书本为教条。我们更建议幼儿园打造学习型组织，形成学习共同体，培养终身学习的理念和终身学习的习惯，在这样的园所文化生态环境下，每个幼儿教师的专业成长才能持续，才能提速，才能搭上时代快车。

由于编写人员来自全国各地许多高校和幼儿园，在写作中互动沟通难免不够密切，加之能力水平所限，令这套丛书距离我们的预期目标可能会有不少差距，也会有众多不足，万望广大幼儿教师朋友们不吝赐教，以便再版时修改完善。

华南师范大学　袁爱玲

2012 年 3 月 10 日

序　言

华南师范大学教科院教授、博导　袁爱玲

当今，国家、社会、家长都对学前教育质量提出了比以往任何时候都高的要求。而决定学前教育质量最直接的、最核心的因素是幼儿教师的专业水平。幼儿教师专业水平的构成要素包括专业理念与师德、专业知识、专业能力（见《幼儿园教师专业标准（试行）》），其中最显在、最硬性的指标要数"专业能力"。而在专业能力中，教育活动的计划与实施能力，尤其在我国的幼儿园教育的运行中，是最为基本和关键的能力，因此也是幼儿教师本身最关心的，更是园长和教育行政部门最重视的。教学策略恰恰是教师专业能力的重要构成成分，因为教学策略是教师教学智慧和艺术的体现，是在一定的教学理念指导下，根据教师对教学任务以及教学情境的认识和理解，为实现教学目标，提高教学效率与教学活动质量而对教学活动所进行的调节和控制的行为系统；是经过教育理念武装的，服务于教学目的而创造或选择的方法、途径、步骤的整合措施。

吴振东教授所著的《幼儿教师教学基本策略》紧紧围绕《幼儿园教师专业标准（试行）》中专业能力之"教育活动的计划与实施"能力，立足于幼儿园教育教学情境，根据幼儿教师教育教学工作的特点，归纳总结出幼儿教师教学策略的三大基本类型，及其所包括的十七种具体教学操作策略，即幼儿教师教学前的准备策略（包括内容分析策略、难点突破策略、问题设计策略、情境创设策略和环节设计策略），幼儿教师教学中的实施策略（包括现场观察策略、现场倾听策略、现场回应策略、现场追问策略、活动参与策略、兴趣因应策略、情绪调控策略和经验提升策略），幼儿教师教学后的反馈策略（包括活动评价策略、活动延伸策略、活动反思策略和活动跟进策略）。全书以这十七种具体的教学操作策略为主要章节框架，通过精选出的69个有代表性的教育案例的展现与分析，阐述了每一种教学策略的内涵，以及在教育教学实践中的主要作用、运行特点和运用的基本要求。可以说这些教学策略有机地整合了关于幼儿的知识、关于幼儿教育的知识、关于各学科的知识，掌握这些教学策略是幼儿教师专业成长的捷径。

《幼儿教师教学基本策略》一书科学、前卫、详尽、通俗地回答了什么是幼儿教师的教学策略，为什么要掌握教学策略，有哪些基本的教学策略，如何提高幼儿教师的教学策略等问题。说其科学是因为作者集学者、研究者、实践者的角色于一身，长期深入幼儿园教学一线，观察、研究、思考、分析、概括总结出了这些系列化的教学策略，而非闭门造车杜撰出来的。说其前卫是所提炼出的策略基于的教育理念是符合世界学前教育主流的，充分体现了"以促进幼儿全面和谐发展"为旨归，了解幼儿、追随幼儿、尊重幼儿——尊重幼儿学习与发展特点，尊重幼儿个体差异，尊重幼儿生活经验。说其详尽是每一类策略都极尽全面、细致。例如，在教学前的准备策略中，如何突破难点的策略就提出了8种方法：歌诀法、前置法、过渡法、直观法、提问法、对比法、情境法、蓄势法。如何设计问题的策略则提出了11种之多的建议：问题设计要体现目标性、针对性、层次性、趣味性、启发性、渐进性、开放性、挑战性、适宜性、整体性、适时性等。说其通俗，是每一层次的策略的提出都基于鲜活的案例，运用每项策略应注意的问题也是基于幼儿园教学出现的真问题。这些典型化的案例赋予了教学策略以生命，不再是干巴巴的条文。这些生动的案例就源自幼儿教师身边，自然会令每位幼儿教师感到亲切易懂。

吴振东教授以严谨的治学态度和对幼儿教师高度负责的精神，把教学策略的知识加工为幼儿教师最易吸收的精神食粮，相信它一学就能用、一用就能灵、一灵就能升，很快就可以使幼儿教师的专业水平得以提升。

感谢吴振东教授的辛勤耕耘！

2014年2月28日于广州

目 录

第一章 幼儿教师教学策略概述 …………………………………… 1

　　第一节　教学策略及其特征/1
　　第二节　教学策略的生成与运行机制/7
　　第三节　提高幼儿教师教学策略水平的基本途径/12
　　第四节　研究幼儿教师教学策略的意义与基本思路/16

第二章 幼儿教师教学前的准备策略（上） …………………………… 22

　　第一节　目标制订策略/22
　　第二节　内容分析策略/28
　　第三节　难点突破策略/37
　　第四节　问题设计策略/45

第三章 幼儿教师教学前的准备策略（下） …………………………… 60

　　第一节　情境创设策略/60
　　第二节　环节设计策略/69
　　第三节　领域渗透策略/93
　　第四节　活动留白策略/100

第四章 幼儿教师教学中的实施策略（上） ……………………… 106

第一节 现场观察策略/106
第二节 现场倾听策略/117
第三节 现场回应策略/126
第四节 现场追问策略/148

第五章 幼儿教师教学中的实施策略（下） ……………………… 158

第一节 活动参与策略/158
第二节 兴趣因应策略/163
第三节 情绪调控策略/179
第四节 经验提升策略/187

第六章 幼儿教师教学后的反馈策略 ……………………………… 192

第一节 活动评价策略/192
第二节 活动延伸策略/203
第三节 活动反思策略/207
第四节 活动跟进策略/217

参考文献 ……………………………………………………………… 224
案例索引 ……………………………………………………………… 232
后记 …………………………………………………………………… 235
修订版后记 …………………………………………………………… 237

第一章 幼儿教师教学策略概述

教学策略是现代教学论研究和当前基础教育课程改革中讨论的一大热点问题,加强教学策略研究对教学理论研究的深化和教学实践的变革具有重要价值。

第一节 教学策略及其特征

一、教学策略的涵义

教学是一种有目的、有计划的由教师对受教育者施加影响的活动。幼儿园中的教学活动概念有广义和狭义之分,[①] 广义的教学存在于幼儿园各类活动之中,只要有教师对幼儿产生影响的意味,只要幼儿有学习的事实,教学就存在。狭义的幼儿园教学主要指教师专门组织的对幼儿直接影响的系统性活动。

狭义的幼儿园教学活动具有明确的目的,一般需要特定的准备,通常是以集体活动为主,一般采用全班集体、分组及个别操作相结合的方式。幼儿园教学活动是以活动—经验为取向的,主张教学情境生活化、

---

① 虞永平著:《生活化的幼儿园课程》,高等教育出版社,2010年版,第123页

教学内容综合化、教学过程操作化、教学组织形式多样化,其与中小学以学科知识为取向的教学活动有明显的区别。但若将其与幼儿园课程实施的其他形式相比较,则狭义的幼儿园教学活动更为强调教师的主导作用,强调教学的结果,追求教学的有效性(有效果、有效率、有效益)。因而,旨在寻求解决教学活动中所出现的问题的最优化方案,以提高教学效率,从而顺利实现预期教学目标的教学策略,则应运而生于教师的教学实践活动之中,是对教师教学实践活动进行研究的应有之义。

"策略"泛指达到目的的手段和方法。在日常生活中,人们在使用"策略"一词时往往将之理解为带有计谋性质的方法、技巧与谋略意识。"策略"一词与"方法""步骤""技能"有关系,但又有区别。加纳认为,策略总含有某些意识成分,意识的参与含有选择的意味,教学策略就是对达到教学目标的各种途径的明智的选择。在教学实践活动中所使用的"策略",即教学策略,是教师教学智慧和艺术的体现,它指的是在一定的教学理念指导下,根据自己对教学任务以及教学情境的认识和理解,为实现教学目标,提高教学效率与教学活动质量而对教学活动所进行的调节和控制的一系列系统。[1]

对教学策略的涵义可以从两大方面进一步理解。[2]

第一,教学策略的涵义比教学方法要宽广,层次也比教学方法更高。教学策略不仅包括对教学方法的选择,还包括对教学资源(如教学媒体)、教学方式和教学形式的选择等,而且在具体的教学方法及其组合上也存在着策略问题。教学方法是教学策略的组成部分和教学策略的具体化,教学策略规定和支配着教学方法的选择,使教学方法更好地服务于教学目标。本书在讨论幼儿教师教学策略时,有时直接将在某一教学活动情景中应采用的教学策略细化为若干具体而可操作的方法,但这并不意味着教学方法的简单相加就等于教学策略。掌握教学方法是提高教学策略水平的条件之一,但掌握了大量的教学方法并不一定表明具有较高的教学策略水平。

---

[1] 王升主编:《教学策略与教学艺术》,高等教育出版社,2007年版,第5页
[2] 周军著:《教学策略》,教育科学出版社,2003年版,第14—15页

第二，教学策略的结构是由外显的行为系统和内隐的监控系统两部分组成，教学策略是内部活动与外部活动的统一。对于教学策略的建构过程来说，元认知意识和对教学活动的调控是在头脑中借助内部言语进行的内部意向活动，它支配和调节着教学活动的外部操作。这时，从直观上，人们无法观察到教师是否在进行教学策略的建构活动，只能通过教学过程的变化而判断建构活动的存在，因此，它具有内隐的特点。而作为教学策略的重要内容的教学方法的使用来说，这是一种特殊的操作活动。

但在实际的教学活动中，人们又可以直接观察到教师所使用的操作行为，并对此作出适当的控制。因此，它又具有外显性的特点。在教学策略的整体活动中，二者是辩证统一的，内部活动通过外部操作得以体现，同时外部操作是在内部活动的调节下进行的，又通过内部活动的调节发挥出更佳作用。所以说，外部操作是内部意向的现实结果，内部活动是外部操作的前提条件。

与教学活动概念一样，教学策略也包括了教师的教学策略（教的策略）和学生的学习策略（学的策略）。除外，综合已有研究成果，教学策略类型还有不同的划分方式及其相应的划分结果，如上位的策略理念和下位的操作策略，前者概括性高，理论观念成分较多，具有普遍性，如主体参与的教学策略；后者更加具体，操作性强，便于落实，如学会倾听的教学策略。

根据教师作出教学策略的思维方式，可以将教学策略分为经验型教学策略和反思型教学策略。前者指的是在教学策略的选用中过多依赖于既有的相关经验，呈现出较为明显的纯粹凭经验办事、思考问题和判别是非，忽略了教学的情境性，对教学活动中出现的问题缺少必要的关注，缺乏必要的创新精神的思维特征。后者指的是在教学策略的选用中既肯定了相关经验的作用，但又不囿于既有经验，而是能够善于根据教学活动的情景性，不断加强学习，不断创生出与复杂教学情境相匹配的教学策略。

根据教学过程开展的时间顺序，可以分为：教学前的准备策略，即教师如何根据幼儿、教学活动内容及教学目标，找出能达到教学目标的最佳方法和技术，包括教学环境（情境）创设和教学活动内容分析等工作；教学中的实施策略，指教学行为的控制和调节方面，即教师在教学活动过程中，如何根据计划的要求审查教学行动的正确性，并进行及时的调整，包括管理策略、动机策略和指导策略；教学后的反馈策略，即教师如何根据教学目标检验教学行动的效果，如何依据目标期望的价值来度量教学行动的意义，为自己提供调节的信息，包括评估策略、反思策略和补救策略。

根据教学过程中教师教学行为的目的，可分为教学管理策略和教学指导策略。在教学活动过程中，除了教学指导能力，教师还应具备对突发事件或外来干扰因素，以及自身失误的处理能力。教学管理是教学指导得以有效开展的前提，离开教学活动的常规组织管理，则所谓的教学指导行为与效果将失去坚实的基础。

根据教师对教学活动过程中问题的处理效果，可将教学策略分为有效的教学策略和负效或无效的教学策略。

本书侧重于教师的教学策略（教的策略）、下位的操作策略和有效的教学策略这一层面的相关问题的探讨。

需要特别说明的是，本书对幼儿园教学的理解以狭义为主，但又不完全局限于狭义范畴。书名冠以"幼儿教师教学基本策略"的理由：在幼教同行中通常将教学策略研究局限于某种活动类型的教学策略，探讨的视角和范围过于狭窄；而如果将之置于比较宏观的幼儿园教育范畴来讨论教学策略问题，比较适合的名称应该是"幼儿园教学基本策略"。

但若冠以"幼儿园教学基本策略"，则探讨的视角是对客体的剖析，即所研究的是幼儿园课程中各种教学活动类型所蕴涵的教学基本策略。而若将探讨的视角转向于主体，则将教学策略问题研究指向于幼儿教师，认为教学策略是幼儿教师教学基本功，也是幼儿教师专业素质的体现之一，是幼儿教师在专业发展进程中必须主动去学习与掌握的一项专业能力，更加凸显了加强教学策略问题研究之目的，即强化幼儿教师在教学中的策略意识，为促进幼儿教师专业发展，提升幼儿教师专业水平而服务。

除外，这样的冠名也能有效地与中小学教学策略研究的思路明显区分开来。由于中小学课程是倾向于"学科说",中小学教学策略研究通常是冠以"某学科教学策略"或"某学科课堂教学策略"。

二、教学策略的特征

综合已有的相关研究,教学策略的基本特征可概括如下。①

1. 综合性

教学活动是复杂而多变的,这就决定着教学策略的因素构成本身就不可能是单一的,而是由教学方法、教学组织形式、教学手段等诸因素构成的。在教学活动过程中,教学策略的运用,也是将这些因素置于一个更广阔的、复杂多变的教学情境中来考量,并根据对影响教学过程的各种变量及变量间的关系进行综合分析,从而选择适宜当下教学情境的相应的教学策略。选择或运用教学策略必须对教学方法、步骤、媒体和组织形式等要素加以综合考虑。

2. 可操作性

教学策略不是一项抽象的教学原则,也不是在某种教学思想指导下构筑起来的教学模式,它有着明确的具体内容,是教学活动中可供参照执行或操作的具体方案,以及具体实施教学活动的基本依据。教学策略的可操作性体现在:一是实用性,即可以把在特定的教学情境中建构起来的教学策略迁移到相同或类似的教学情境,具有广泛的适用性;二是可教性,教学策略是属于策略性知识,是可学的也是可教的,通过专门的教学策略的教学与培训,在传授大量的、可资提取的技能和方法,激发学习者认知意识和发展元认知知识的基础上,可以缩短学习者从策略意识到策略使用的转化过程,培养教师建构与运用教学策略于教学实践活动的能力。

3. 自我调控性

教学策略的建构与运行过程是教师对教学活动进行有意识地监察、评价、

---

① 蔡淑兰:《论教学策略的特征》,载《内蒙古教育学院学报》,2000 年第 4 期(增)

反馈、调节和有意识地自我控制，尽可能地协调好教学活动各要素间的关系，使自己的教学活动达到最优化，使受教育者得到最好发展的过程。因而，自我调控性是教学策略的本质特征。

教学策略的自我调控性主要表现在教师在运用教学策略时，保持一种自我警觉状态，时时反馈自己对教学策略的操作是否符合教学策略的策略理念，并主动而及时地进行调控、修补，以达到最大的实效性。当教师具有反思能力并能够自觉认识和调节教学进程时，表明教师的教学策略运用达到一个较高的水平，能随机应变地完成对整个教学活动的自我反馈与调控工作。

4. 选择的灵活性

教学情境的复杂性、教学策略的多样性决定着，教学问题的解决应因地因时灵活选择适宜的教学策略。

教学策略的灵活性表现在教师根据不同的教学目标、内容和任务的要求，参照受教育者的初始状态，将最合适的教学方法、形式、手段等组合起来，以整个教学的运行情况作为意识的对象，并随着课堂情境的变化及时而恰当地进行调节，以保证教学活动的有效进行，顺利地实现既定的目标以及完成相应的教学任务。

每当教学目标、内容和教学对象发生变化时，教学策略也会随之而改变。即使是同一个教学策略，对不同的学习群体也会产生不同的教学效果；同样的，不同的教学策略在面对同一学习群体而产生的效果也是不同的。这就需要教师依据实际状况灵活掌握。

5. 发展的阶段性

教师教学策略的发展是一个由低到高并具有阶段性渐进的趋势。关于教师教学策略发展的阶段性，不同的学者的研究视角不同，其划分方式与结果也不尽相同。

黄高庆将教师的教学策略的发展划分为四个阶段，[1] 即策略单一性阶段，

---

[1] 黄高庆，申继亮，辛涛：《关于教学策略的思考》，载《教育研究》，1998年第11期

认为一种教学策略只适合解决一种教学问题，缺乏变通性，其教学策略价值表现出单一性特点；策略多元性阶段，此阶段教师在教学策略运用上较熟练，认为一种策略可用于解决多种教学问题，多种教学策略也可以解决一种教学问题，策略价值具有多元性特点；策略相对性阶段，与前阶段相比，教师所掌握的教学策略知识比较丰富，运用策略已达到相当熟练的程度，教学策略的组织性和结构性特点更为突出，认识到每一种教学策略的使用条件、范围及效果不是绝对的，要与特定的教学问题情境相联系，此阶段的教学策略的价值特点表现为策略的相对性；策略个体化阶段，认为策略运用必须适合个体自身的特点，能够把一般人使用的教学策略加以改造，转变成具有个人独特的教学风格，并且也能够根据问题情境的特殊要求创造出适宜的教学策略。

高慎英则认为，[①] 教师教学策略的生成是要通过借助某种教学模式，经过套模、改模和创模阶段，生成出个性化的新的教学策略。韦义平认为，[②] 教师教学策略形成经历工具期、经验期、尝试期、反思期、风格期等五个阶段。

在教学策略特征的探讨上，也有学者认为目标指向性也是教学策略的特征之一。但笔者认为，如果认同了教学是一种有目的、有计划的由教师对受教育者施加影响的活动，那么，发生在教学活动范围的教与学的行为至少在主观上应该是指向于既定的目标，目标指向性应该是教学行为的共性，非教学策略的个性特征。

第二节 教学策略的生成与运行机制

一、教学策略的生成机制

教师教学策略的生成过程包括"学习与模仿—尝试与改造—内化与建构"三个发展阶段，在这个"从无到有，从有到优"的生成过程中的内在机制是：

[①] 高慎英：《论教学策略的实质、生成与建构》，载《教育理论与实践》，2000年第7期
[②] 韦义平：《教学策略的三维研究视角》，载《教师教育研究》，2006年第1期

"理论学习（经验反思）—形成初步教学策略—教学实践—反思总结—再实践—再反思—内化并形成个体教学策略"。显然的，这是一个带有较强行动研究色彩的循环建构的机制（如图1-1所示）。

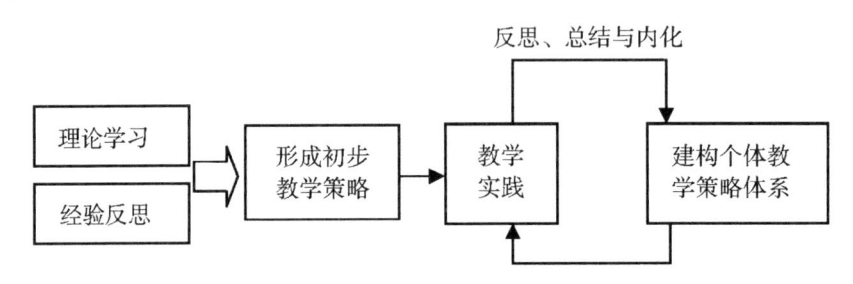

图1-1 教学策略生成机制图

1. 学习与模仿

经过对先进教育理论的学习和对已有教育实践经验的反思，教师认可了某种能体现新教育理念并有助于教师个人教育理想实现的，由多种教学方法组合的教学策略基本模式。教师开始有意识地在教学实践中按照所认可的教学策略基本模式处理教学实践问题，在整个教学策略形成过程中进入学习与模仿的初级阶段。

此阶段的主要特征往往表现为：教师学习和模仿所认可的某种教学策略基本模式，努力使教学实践活动尽量改变旧有的教学方法与处理教学问题的思维方式，但停留在比较简单的机械套用水平上，注重形式和具体方法的改变；旧有的教育观念占优势，与教学策略相一致的新教育理念尚未形成；模式运用的实效性差，改变的只是表面的形式。

2. 尝试与改造

在学习与模仿的基础上，教师教学策略的形成进入了第二阶段，本阶段可以灵活运用上一阶段所学习与模仿的教学策略基本模式，并在实践基础上经反思总结，开始对教学策略的基本模式进行探索性的改造，企图生成出初具个性化的子模式。经过一段时间的尝试体验，加上理论观念的更新，教师对教学策略基本模式的理解可能进一步深化，对教学策略运用的体验趋于丰富和实效，在运用时逐步摆脱机械照搬的局面，能根据具体教学内容的要求灵活地运用，并相应创立多种教学策略的子模式。

此阶段的主要特征表现为：① 主动运用某种教学策略基本模式，并在实践尝试基础上有意识对基本模式进行改造，尝试建立多种子模式；新教育观念占优势，但多停留在口头上和头脑中（即教学行为与新观念常常不一致）；具体化的子模式替代基本模式，开始注重教学形式与教学质量的统一。

3. 内化与建构

在前面两个阶段的不断实践与反思总结的基础上，教师形成自己的教学思想体系与相应的教育哲学，教学经验也走出最初的处理具体教学问题的心得体会，开始从理论和实践两个方面提炼出经验分享和迁移的"产生式系统"，内化和建构了具有个性色彩的教学策略体系。

此阶段的主要标志：教师开始进入了专业发展的成熟期，在教学中游刃有余，灵活多变；具有个性色彩的教学策略体系，并能熟练运用于教育实践，自动化地指导教学行为，达到能够"具体问题具体分析"灵活处理的境界，并形成个人教学风格。

教师个体教学策略内化与建构伊始，更多的是表明教师教学策略进入了一个经验的教学策略层次，此时教师具有丰富的教学策略经验，能够从容应对复杂的教学情境。之后的教师个体教学策略水平发展往往向两个方面发展：一是教师教学策略经验的"茧化"，二是教师教学策略经验的"蘖生"。前者开始由经验的教学策略水平转向经验型教学策略层次。经验对教学策略的作用开始由最初的促进教师教学的积极方面转向它的对立面，即成为束缚教师教学策略提高的负面因素。教学策略经验的"蘖生"是教师在自己专业发展的高原阶段，通过理论学习和实践改进，自主寻求教学策略经验的再建构，以一种开放的、发展的心态，自觉更新自己的教学策略经验，为自己的专业发展寻求新的契机和路径。"蘖生"的教学策略经验的实质是对原有经验的扬弃和创新性改造，标志着教师进入反思型教学策略发展的良性态势。

---

① 高慎英：《论教学策略的实质、生成与建构》，载《教育理论与实践》，2000年第7期

二、教学策略的运行机制

教师在教学中所采用的教学策略是教师根据具体教学情境而作出的一种教学决策行为。教师作出一项教学决策是教师教学思维的动态过程，是建立在对具体教学情境的分析、综合、比较、判断和推理等基础上，对当下教学问题作出的一种处理行为。教学策略的运行是一个完整的循环回路的动态过程，运行过程包括教学策略的构思、选择、实施与评价四大环节，其中，策略构思是教学策略运行机制的首要环节，而策略评价是教学策略运行机制的最后环节。[①] 教学策略运行机制可以图示如下。

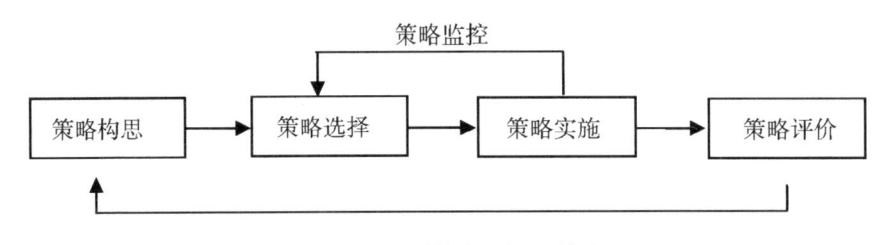

图 1-2 教学策略运行机制图

1. 策略构思

教学策略构思是教学策略运行机制的首要环节，是指在一定的教学情境下，教师根据教学运行中诸要素（儿童、教学内容、教学条件及自身因素等）的特点，构想出多种解决问题的途径和方法，即思考如何运用策略及选用何种策略来有效地完成教学目标的过程。教师所面临的具体教学情境不同，所遇到的教学问题的难易程度不一样，教师教学策略构思的方式与结果也不尽相同。

当遇到的教学问题是在教师已有教学策略水平的"同化"范畴，则这种策略构思是呈现一种自动化方式，直接从教师的教学策略资源库中提取适宜的教学策略来解决当下的教学问题；而当遇到的教学问题是在教师已有教学

---

① 胥兴春，张大均：《教学策略的结构体系及其运行机制探析》，载《教育导刊》，2006 年第 5 期

策略水平的"顺应"范畴，即教师面临的是无法用下意识的方法直接解决的教学问题，以及不能直接运用现在的教学模式加以解决的教学情境，则教师需要从教学策略资源库提取若干教学策略进行有机的重新组合，产生适宜当下教学情境的新的教学策略，以应对当下教学问题。这种策略构思的实质是教师从不平衡的教学认知态势（即困难的教学情境）出发，从已有教学策略资源库重构出有效的教学策略，以导向问题的最终解决。

2. 策略选择

教学策略选择是教学策略运行机制的第二环节，教学策略选择是以教学策略构思为基础的，教学情境驱动着教师构思具体的教学策略，而相同的教学情境可能会产生不同的策略意图，教师必须对这些策略意图进行合目的性的选择与取舍并加以组织，从而确定最优化的策略方案。

教师对教学策略的运用是教师依据具体的教学目标，选择恰当的教学方式、方法，调配相应的教学资源，并对这些因素进行综合考虑和运用的一种具有综合性、创造性的选择行为。从整体上说，教学策略的产生和选择过程是教学策略运行的关键环节，教师对教学策略的选择要根据策略使用的条件及当下的情境特征，进行最佳的匹配与组合，有效的策略来自于众多可供选择的策略的集合。

3. 策略实施

教学策略运行机制的第三环节是策略实施，也是教学策略实质运行的重要环节。教学策略的实施是根据当前教学情境，将所选择的教学策略付诸实践。由于教学实践活动是动态变化的，因而，为保证教学策略实施的有效性，在教学策略实施中就需要对教学策略进行有效的动态的监控。

监控是一种内隐的调节系统，对教学策略实施过程起着监督、控制和调节的功能。通过策略监控可以及时调控教学活动过程，维持或修正教学方法、方式和手段，从而使教学活动指向教学目标，确保教学行为围绕既定的教学目标展开。

4. 策略评价

教学策略运行机制的最后环节是策略评价。教学策略的运行质量，如教学策略选择与实施的有效性、合理性等，需要通过策略评价来进行评量。教学策略评价相对于策略实施中的策略监控而言，是一种事后的监控、结果的监控。

尽管策略评价对本次策略的运行不产生影响，但通过策略评价所获取的有效的反馈信息，有利于对本次教学策略的总体运行情况进行全面的总结与反思，为下次教学策略的运行提供经验与教训；教学策略的运行过程，是教师在教育实践中教学策略水平锻炼与提高的过程，也是教师教育知识、教学观念的转化和运用的过程，因而，策略评价也是教师提高教学策略水平的有效途径。

第三节　提高幼儿教师教学策略水平的基本途径

一、专题学习

专题学习指的是有目的地围绕有关教学策略这一专项内容进行比较系统而深入的学习，其主要形式包括短期培训、自主学习和交流探讨。

1. 短期培训

从知识类型来说，教师的教学策略属于策略性知识，是可学的，也是可教的，可以通过举办短期的专门性教学策略的培训工作，让教师快速而集中地积累有关教学策略方面的知识，为教师教学策略能力的发展打下坚实的基础。

当然，要提高短期培训的效果，首先，培训教师最好是采用案例教学法或案例分析法进行具体的培训工作。以案例为载体，分析与讲解具体策略的运用范围及运用技巧，将所传授的教学策略依托在一定的案例之中，即置于一定的"问题情境"中来解读，这不仅有助于加深教师对所传授的教学策略的理解，也有助于教师在日后相似的情境中进行迁移性运用。因为这种培训方式符合教师学习所独具的"行动导向"和"情境依赖"的特性。[①] 其次，要根据受训教师的特点采取针对性培训，比如对于教学策略贮备性缺陷者，则培训重点应是相关教学策略知识和类型的传授与掌握；而对于教学策略应用性缺陷者，培训的重点则是训练教师如何有效运用各种教学策略，必要时可以通过案例讨论与分析后的行为跟进方式进行培训。

2. 自主学习

自主学习主要指的是教师的专业阅读（读书）。读书是一种操作方便、经济实用且最能持久进行的一种重要的学习方式。教师阅读经典著作，就是教师与名家对话，走进名家的思想世界，汲取着教育思想的营养的重要途径。对于教师教学策略的了解与掌握，同样需要教师开展大量的自主学习。

教师通过自主学习，除了要解决在知识层面上的对相关教育教学理论、所需的教学策略的了解和掌握外，更为重要的是要通过长期的阅读活动，结合自身教育实践，培养教师优良的教学思维品质，尤其是教学思维的灵活性、批判性和创造性，养成对教学活动进行理性思考的习惯。

3. 交流探讨

自主学习是一种相对比较封闭的研修方式，独学而无友，则易孤陋寡闻也。交流探讨能让教师获取的有关教学策略的信息与知识在一个相对开放的平台上进行验证与传播，使教师能够及时地将自己已获取的信息与经验知识通过与他人相互碰撞，视阈交融，而达到开放视野，理清思路，深化观点之目的。

而要保证教师间教学策略交流探讨的质量，一是探讨的话题要明确具体而有代表性，要让教师围绕某一具体教学问题交流自己的已有做法，集思广益，让参与者在众智分享中受到启示，从而改善自己的教学策略水平。二是要请参与讨论的教师有备而来，要先对自己已有的有关教学策略的经验知识进行必要的梳理与总结，并将之文本化。梳理与总结的过程，其实就是教师对已有知识经验进行去伪存真、去粗存精的比较与取舍的高质量的学习过程。

[①] 王建军著：《课程变革与教师专业发展》，四川教育出版社，2004年版，第50页

"写作会帮助你深化认识，如果你不就某个具体的问题写成文章，你的认识可能是一星半点或者是肤浅的，而写作会迫使你对问题做彻底的思考，从而深化和丰富认识。"①

二、现场观摩

开展教学观摩与评议是幼儿园常见而有效的教研形式，也是幼儿园教师合作学习的重要形式。围绕教学策略而开展的现场教学观摩，可以有示范性和诊断性两大形式。

1. 示范性教学观摩

对优秀教师的课堂教学活动进行观摩与分析是训练教师掌握教学策略的有效方法，也是教师获取教学策略的有效途径。由优秀教师就某个教学策略类型的运用，或某个活动类型教学策略的使用等向大家作现场的教学示范，以供大家学习与模仿，称之为示范性教学观摩。示范性教学观摩的"教学现场"，也可以从公开发行的优秀教师教学活动录像中选取，即选取与所要观摩研讨的主题相一致的某个教学活动录像，通过现场播放，组织教师观看与讨论。

为提高示范性教学观摩培训效果，一是有必要借助现代教学技术手段，对现场示范性教学观摩进行录像，便于现场情境重现，利于反复回放分析与揣摩。二是邀请专家参与现场观摩与评议工作。由于优秀教师的教学策略使用过程是自动化的，一般的观摩教师受能力制约，较难从稍纵即逝的活动情境中抽取出具有典型性的"活动细节"来加以分析与学习。而专家的参与就比较有可能将活动现场精彩的"活动细节"所蕴涵的教学策略加以条分缕析，利于教师的理解与观摩学习，从而提高教学活动的观摩质量。

2. 诊断性教学观摩

诊断性教学观摩适用于对教学策略有效运用有困难的教师，如依靠自身反思的力量无法达到教学策略的自觉水平，则宜通过开展诊断性的现场教学

---

① 肖川著：《教育的智慧与真情》，岳麓书社，2005年版，第210页

观摩活动。由在教学策略运用上有欠缺的教师承担现场教学任务，并邀请同行和专家对其所组织的活动进行观摩评议，以达到帮扶和引领目的。

为达到教学观摩的诊断与促进效果，一是当事者在思想上要高度重视，要有主动学习的自觉性，要做比较充分的课前准备，要清楚本活动拟尝试哪些具体教学策略，以及预期效果等课前反思工作。二是担任现场教学诊断的同行和专家要讲究评议的水平，要善于抓住活动现场最有价值的"诊断点"，在具体评议的技巧上要兼顾技术层面和价值层面。既要能给予教师具体的技术上的指导与帮助，比如，这样的问题设计或与幼儿呼应方式不适宜，应该采取什么样的方式比较适宜；同时又要能够超越技术层面给教师以理论上的支持，引导教师养成以理论来解释和指导实践的思维习惯。技术层面的评议所涉及的是"是什么"和"怎样做"的问题，而价值层面则触及"为什么"的问题。有效的评议工作，应该让当事教师对所诊断评议的某一具体教学策略，不仅能知其然，而且可以知其所以然。

三、实践反思

教学实践是教师检验所掌握的教学策略的适用性和有效性的唯一途径，同时也是教师教学策略生成与发展的重要途径之一。教师立足于职场实践，对自己或他人在教学活动过程中所作出的某种行为、决策以及所产生的结果进行分析，即教学反思，是教师提高自我教学觉察水平，努力达到"教学自觉"的必由之路。

有学者指出，教师的理论蕴涵在他们的实践之中。教师对教学实践经验的反思、总结与提升，可以加深其对自身经验的认识及对理论观点的理解，利于教师更有效地将二者有机结合起来，从而使得经验成为教学策略建构的重要来源。一个经常思考、善于思考的教师比一个不经常思考的教师，更能在特定的教育情境中展示出他的教学策略水平。研究表明，[①] 教师通过对自身

[①] 胥兴春：《教学策略训练：中小学教师培训的新思路》，载《天津市教科院学报》，2011年第2期

的教学经验进行反思，有助于他们理解教学理论、提高教学策略的使用意识和水平，改善自身的教学能力。

为提高教师实践反思的质量，一是教师应自觉开展有关教学策略运用方面的反思，有目的有计划地围绕某一教学策略类型，或某一活动类型所适用的教学策略，进行系列性的反思，从而提升反思质量。二是要鼓励教师将关于教学策略反思结果文本化。文本化的实践反思，不仅便于教师间更好地交流探讨，也有利于教师的反思工作做得更有效。三是实践反思的对象既可以是自己的教育故事，也可以是他人的教育经验。教师教学行为是具有一定模仿性的经验行为，教师不仅需要反思自己的教育实践，更需要反思他人的教育实践经验。通过对他人经验的反思，可以为教师提供很好的借鉴，让教师知道在某一类情境中采取什么样的教学策略是有效而适宜的，从而让教师对类似的教育教学情境更加敏感，增加在类似教学情境中表现出较高教学策略水平的可能性。

第四节　研究幼儿教师教学策略的意义与基本思路

一、研究幼儿教师教学策略的意义

1. 加强教学策略研究是教师个体专业发展的现实需要

提高教师素质和提升教师专业胜任力水平是教师个体专业发展的主要目的，而转变教师的教学观念，确立起与教育变革相符合的现代教学观，是教师素质提高的一个重要标志。对教师而言，加强教学策略研究，直接涉及教师教学思想认识的转变、教育教学观念的更新等深层而内在的问题；而关于教师的教学技能研究则有可能只关注到教师教学行为与方式的改变问题。

教学观念并不直接作用于教学实践，[①] 教学观念要经教师主体积极的加

[①] 田良臣，刘电芝：《教学策略：沟通教学观念与教学行为的中介桥梁——兼论新课程方案的实施》，载《贵州师范大学学报（社会科学版）》，2003年第4期

工、建构，以教学策略的方式对教学产生现实效用。教学策略是联系内隐的教学观念与外显的教学实践行为的中介。在教学实践活动过程中，教师通过认同并内化外在的现代教学观念，形成个体化的观念和体验；结合自己的经验与实际需要将其程序化，生成能体现教学观念实质和精神的具体教学策略；最后，教师再将具体教学策略应用到特定的教学情境之中，从而完成了从教学观念到行为的转变。同时，教学实践活动又会促使教师在更高水平上修正与完善教学策略，并以教学策略为通道，经过反思，充实与提升原有的教学观念。在教学观念与教学行为之间起着沟通和转化作用，这正是教学策略的基本功能所在。因而，加强教学策略研究是促进教师个体专业发展的需要与有效可行的途径。

2. 加强教学策略研究是提高教学质量的客观需求

教学活动是教师职场活动的主要形式，教学活动质量提高的关键在于教师。而教师教学策略水平既是教师专业素质的重要指标，也是直接影响到教学问题的解决效率和质量，进而影响到教学效果的关键因素之一。研究教师教学策略的特点及形成机制，有利于促使教师熟悉并掌握各种有效的教学策略，增强其对教学问题的处理能力，提高教学效果与质量。

国内外许多学者通过研究认为，[①] 有效的教学策略同学生学习成绩的提高呈正相关。如：1980年埃默等人曾研究了14名三年级教师，其中7名卓有成效，7名成效较差。结果表明，教师在教学策略上的差别，直接影响着学生的学习态度和学习成绩。我国学者申继亮、辛涛的"教师教学监控能力的培养研究"结果表明，教师教学认知水平的提高，促进了教学行为的改善，最终会显著地促进学生学科能力的发展，也明显地促进了学生学习成绩的提高。

加强教学策略研究可以促使教师根据自己对教学活动的认知结果，对教学活动进行科学分析，自觉地、有目的地控制和改善自己的教学行为，从根本上提高教学质量。

---

① 蔡淑兰：《论教学策略研究的现状与意义》，载《内蒙古师大学报（哲学社会科学版）》，1998年第4期

3. 加强教学策略研究是当前教师教育改革的时代需要

从关注教师教学技能到加强教学策略研究，是因为教学策略在层次上明显高于教学技能，教学策略是一个总体概念，涉及一系列具体的教学技能，但又不是教学技能的简单堆积和罗列。关注教学策略的形成，就必然要求教师不断提高自身的教学技能。教学技能的提高是教学策略形成的基础，它是教学策略的构成因素。教学策略的形成离不开教学技能的提高，但只提高教学技能，教学策略也不会自动形成。

教学策略主要包括教学活动的元认知过程和教学活动的调控过程。前者指的是教师对教学过程中的各种因素、教学进程的反思性认知，后者则是指教师根据教学进程及其中的变化而对教学过程的反馈、调节活动。教学的监控策略是教学策略的核心。强调教学策略，主要强调的便是教师元认知的参与，对自己的教学行为作出监控与反思，并对教学行为进行有目的的计划与谋略。教师在运用教学策略过程中，客观上要对自己的教学活动保持一种自我警觉与反思的状态，这不仅与当前新课改所倡导的反思性教学的要求相一致，也符合当前教师教育走向"反思性实践家"的国际发展趋势。相反的，若过于强调教学技能，并分门别类地作有针对性训练，即依照"讲解—示范—练习—反馈—强化—内化"进行单项训练，则其核心思想仍是致力于适应工艺模式的技能型教师培养（技术熟练者）的基本思路，忽视了教育对象的复杂性、教育活动的情境性等特点，也与当前社会对创造性人才需要的现实不相符合。

4. 加强教学策略研究是当代教学理论发展的必然趋势

教学理论根源于教学实践，教学实践研究是教学理论建设的重要来源。因而，加强教师教学研究也就成为教学理论研究所关注的一大领域。教师教学研究经历了由单纯地研究教师的教学行为转变到研究教学过程中的教与学两方面，特别是研究教与学的内在机制等问题上，而作为直接探及教师教学行为内在监控与运行机制的教学策略研究，则不仅是教师教学研究的新方向，也是当代教学理论研究的一个新课题。

加强教学策略的研究，不仅可以帮助人们从整体上综合地认识和探讨教学过程中各种因素之间的相互作用，以及多样化的表现形态，有利于从动态上把握教学过程的本质和规律，而且对教学实践而言，教师可以根据已有的教学理论研究成果，结合自己对教学活动的认知结果，对教学活动进行科学分析，自觉地、有目的地控制和改善自己的教学行为，提高教学能力，从根本上提高教学质量。[①] 概言之，加强教学策略的研究，既可以丰富教学理论内容，又能改进教师教学实践活动。因而，在谈到教学理论发展新趋势时，台湾政治大学朱敬先教授认为，教学理论发展的新趋势，在于系统探讨心理学理论与教育目标、教学策略、课程设计和教材间之交互影响，以刷新适用的教学方法。因此，教师如何运用心理学知识于教学过程中，以形成更佳的教学策略，是教学理论最重要的课题。

二、研究幼儿教师教学策略的基本思路

1. 主要的研究方法

本研究所采用的主要研究方法是案例分析法。这既符合教学策略所具有的情境性特征，同时也符合教育实践研究的特点。对于教育实践研究而言，研究结论的有效性往往离不开结论所依赖的一定的情境性。情境是教育实践结论赖以生存的特定的土壤。

教学策略的情境性特点说明对教学策略的研究就应紧扣情境，只有把教学策略置于一定的教学情境来研究，才能凸显出教学策略研究的实用性，教学策略也才能更好地担当起教学观念与教学实践的中介。此外，运用案例分析法开展研究，也有利于培养教师对自己教育实践的关注、反思与探究的意识。

运用案例分析法开展研究的重要前提，就是研究者必须拥有大量的相关教学策略意蕴的案例，并依此展开相应的分析，帮助教师架构出具体教学策

[①] 蔡淑兰：《论教学策略研究的现状与意义》，载《内蒙古师大学报（哲学社会科学版）》，1998年第4期

略的类型及其适用范围和使用步骤。而研究案例的收集不外乎躬身现场或查阅文献这两种途径。

在研究案例的现场直接采集上，主要是采用实地研究的方式，通过现场活动观察和深度访谈，亲临现场去感受一个个具体教学案例所承载的教学情境的多义性与复杂性。但在实际操作上，研究者实地研究的时间毕竟是有限的，客观上限制了研究者所能收集到的教育实践案例的数量。因而，借助文献间接收集途径不仅是在所难免，也是必要的。有的学者认为"被引用的案例同样也是从实践中来，是教师实践智慧的结晶，它们构成了一个更为广阔的实践背景。如果说这些例子比实地研究所采取的案例更富有表现力，更能说明问题，又何必囿于实地研究而反而束缚了研究呢"。[1] 在通过文献途径进行案例收集上，本书主要通过公开发行的教育书籍与期刊、专业网站、教学光盘等媒介进行有意识的收集。凡从文献资料收集到的案例素材均标明案例的具体出处。

由于案例收集途径不一样，本书所展示的案例的详实程度也不一，凡属于本人通过躬身现场而收集的案例，由于本人采用数码摄像机进行现场摄像，再采用回放方式将所摄影到的活动片段加以文字描述成所需的案例，在描述时尽量做到原影重现，因而案例叙述比较详细。而通过文献查阅法收集的案例，可能因公开发表时受版面限制，案例描述篇幅相对短小，片段情节的叙述就可能比较简约，不够详细。

2. 本书的纲目构架

本书行文的基本思路：在简要介绍教学策略的相关基础知识之后，详细叙述了幼儿教师教学活动中常用的基本教学策略的类型及运用要求。为凸显本书的实践性和实用性，在叙述各具体教学策略时，采用匹配相应的教学案例与讨论分析的方式，进而对各具体教学策略适用范围及其操作要点作了概括性的提升，以帮助教师在迁移各具体教学策略时，能够做到举一反三。

---

[1] 刘徽著：《教学机智论》，华东师范大学出版社，2008年版，第52页

第一章　幼儿教师教学策略概述

本书由两大部分构成，第一部分为幼儿教师教学策略概述，第二部分为具体教学策略的运用及其操作要点。在介绍各种具体的教学策略类型等相关知识时，主要是以教学活动展开的时间为依据，将其进一步划分为教学前的准备策略、教学中的实施策略和教学后的反馈策略，并根据教学活动中各阶段需完成的主要教学工作为载体，着重探讨完成这些教学工作所需要的相应的教学策略。

本书的体例编排力求立足于幼儿教师工作实际与需要，以便于幼儿教师学而致用，用而增智，从而达到促进其专业发展之目的，因而在各章节内容的编写体例上没有刻意去追求某种形式意义上的统一美，而是根据各章节具体内容的表述需要，以把问题说清楚讲明白为准则，进行灵活处理。

第二章 幼儿教师教学前的准备策略（上）

教学前的准备策略，指的是教师在教学活动实施之前根据幼儿、教学活动内容及教学目标等因素，为确保教学准备工作的质量而综合采用的一些最佳的形式、方法和技术。幼儿教师在教学前的准备工作主要包括活动目标制订、活动内容分析、活动难点突破、活动问题设计、活动情境创设、活动环节处理、活动领域渗透和活动留白策略等。相应的，幼儿教师教学前的准备策略，所指的也即这八项教学前的准备工作的基本策略。

第一节 目标制订策略

一、活动目标类型及其制订的基本程序

对于幼儿教师而言，在日常工作中需要编拟的活动目标，主要有单元主题活动目标、具体教育活动目标两大类。其中，具体教育活动目标，又可分为集体教学活动目标、区域活动目标和游戏活动目标。

教师在制订具体教育活动目标时，特别是集体教学活动目标，一般是先依据阶段性教育目标，幼儿兴

趣、需要和经验，或基于现有的活动材料，所遇到的具有课程价值层面的需要解决的问题，选取并确定适宜的活动内容，在对活动内容进行分析之后，再拟定出相应的活动目标。

而对于游戏活动目标的制订，应将规则游戏活动目标与创造性游戏活动目标适当区分开来。规则性游戏，包括体育游戏、音乐游戏和智力游戏等。由于规则性游戏活动本身具有较强的"结构性"，游戏活动开展的目标比较明确，其制订的程序可以参照集体教学活动目标，即在编拟活动计划时就拟订出相应的目标条目。

而对于创造性游戏来说，由于其活动本身所具有的"低结构性"特点，游戏活动的走向与所呈现的形态具有较大的开放性，这也就意味着幼儿在游戏活动中所获得的有益经验，同样也具有较大的"宽泛性"。游戏所带给幼儿的发展价值是蕴含在活动过程之中，且难以如"高结构"的集体教学活动那样予以明确预估，即难以预先拟订出所谓的"游戏活动目标"。再且，在创造性游戏活动计划的制订中，如果要求将游戏目标予以预先明确地拟定，则极易导致幼儿教师因受既定目标的影响等缘故，在对幼儿游戏活动过程的观察与指导中，出现不自觉地以游戏目标为中心，对幼儿游戏进行过多的"合目的性干预"，即因过分强调游戏目标而忽略了游戏过程，出现"游戏儿童"的现象。

因而，在创造性游戏活动计划的基本要素中，建议不出现"游戏目标"这一要素，而将所谓的"游戏活动目标"置换为"活动价值分析"，并置于游戏活动结束之后，基于游戏实际展开情况再进行一番分析。如果一定要撰写游戏活动目标，最好撰写阶段性游戏活动目标，即该目标是近期一段时间内拟达到的预期的游戏活动效果，这个阶段性游戏活动目标所表明的是，近阶段游戏活动预期走向与效果的一个努力的方向，而非某一具体游戏活动的目标。区域活动目标的制订程序与此同理。

至于单元主题活动目标拟定程序，单元主题活动名称确定之后，在拟定单元主题活动目标之前，需要完成三项相关工作，即分析单元主题的潜在价值、思考单元主题的潜在资源、规划单元主题的潜在方案。现以中班上学期所开展的单元主题活动"帽子秀"(中班上学期,执教教师:陈炜华、张丽治;指导教师:吴振东)为例①,简要说明单元主题活动目标拟定程序。

在确定该单元主题活动目标时,第一步是先对该主题的潜在价值进行分析。如,①科学方面:认识各种造型不同、材质不同、尺寸各异的帽子,初步知道帽子的制造与搭配技术,知道不同帽子所具备的功能是不同的,了解帽子结构与其功能的关系,懂得根据自己的需要选择合适的帽子,知道特殊职业人群所佩戴的帽子的种类及标志,了解帽子的发展与演变过程。②艺术方面:欣赏各种各样的帽子,感受帽子的图案的装饰美、造型美、色彩美;愿意参与制作帽子并装饰帽子,懂得用帽子来打扮自己并进行帽子秀表演,感受帽子给生活带来的审美乐趣。③社会方面:知道我国主要民族和主要地区各有代表性的帽子,了解世界上比较有代表性的民族或国家的帽子种类,知道并初步了解有关帽子的基本礼仪;懂得辨认主要特殊职业的帽子类型、标志及其意义,了解"红帽子"志愿者活动,懂得要关爱他人,萌发大爱情感。

第二步就是对开展本单元主题活动的潜在资源进行思考。之后,便是进入第三步,对本单元主题的潜在方案进行规划。如"方案一:以帽子的科学探究为主,辅以其他两方面""方案二:以帽子的艺术欣赏与表现为主,辅以其他两方面""方案三:以帽子的社会文化探寻为主,辅以其他方面"。最后,在综合考虑幼儿的年龄特点、本班现有水平,以及资源可利用情况等方面基础上,确定适宜方案,并拟定相应的单元主题活动目标。如,决定采取"方案二",以帽子的艺术表现为主线来开展"帽子秀"单元主题活动。则该主题活动目标确定如下:

(1)了解生活中常见帽子的种类,如功能帽、工作帽、民族帽、装饰帽等,认识其外形特征、主要用途,了解帽子与人们生活的关系;了解帽子的

---

① 叶俊萍主编:《幼儿园课程资源建设新思路——"宝宝博物馆"建设的理念与实践》,福建人民出版社,2016年5月,第90页

发展与演变过程，了解帽子的文化内涵。

（2）了解和欣赏我国主要民族、主要地区都有代表性的帽子，了解世界上比较有代表性的民族或国家的帽子，感受不同造型帽子的图案的装饰美、造型美、色彩美，如帽子的色彩、图案、材质等强烈的艺术效果。

（3）探究学习用不同的材料、方法、技能制作帽子，用不同的艺术表现形式表达自己对帽子的认识。愿意参与设计帽子、用帽子装扮自己、帽子表演等活动，感受帽子给生活带来的审美乐趣。

（4）愿意参与搜集各种各样的帽子，能与同伴合作，积极参与帽子博物馆的创设工作，激发探究周围生活事物的欲望，具有初步的博物意识，体验活动的乐趣。

至于单元主题活动目标的条目数量和表述要求，人们习惯于将单元主题活动目标的条目数量确定在五条左右，表述方式则相对会比较笼统，一般是采用简单复合句的形式进行表述。其中，在这五条左右的单元主题活动目标中，从心理发展维度来讲，要求要尽量涵盖认知、动作技能和情感态度类；从领域覆盖维度而言，则要求涉及尽可能多的领域。

但如果某单元主题是偏向于某一领域，则在五条左右的目标表述上，往往会有两条左右的目标是涉及主题所偏向的领域。比如单元主题活动是偏向于科学领域，则五条目标中通常会有两条是直接涉及科学领域的。

活动目标既决定着活动内容展开的基本形式和基本走向，也是检验该活动实施效果的重要的评价依据。尽管在生成课程理念的熏陶下，对活动效果的评价思路已逐渐由"关注既定目标"转向"关注实施过程"，或是两者兼而有之；但活动目标在整个活动实施过程中的导向功能仍然是不可忽视的。活动目标拟定的准确性、全面性与表述的规范性，往往也是评判一份具体教育活动计划质量高低的基本要素之一。

二、活动目标制订的基本要求

要拟订一份高质量的活动目标，一般应同时考虑以下三个要素。

一是活动目标制订的准确性。教师在制订活动目标之时，需要对活动内容的内涵价值进行一番深度的分析。此分析质量，直接影响到所制订的活动目标的准确性。教师对活动内容所作的价值分析，其主要目的是将蕴涵在该活动内容中，可资促进幼儿身心发展方面的潜在价值予以挖掘出来，并结合幼儿发展实际和活动开展的可行性，制订出合理而准确的活动目标。

在活动内容的价值分析方面，幼儿教师往往偏向于认知层面，即知识价值和能力价值，而相对情感价值则较为忽略，甚至出现有失偏颇的现象，尤其是在对幼儿文学作品的分析上，教师往往会因过份强调"教育性""知识性"，而对作品进行曲解或误读，严重破坏了作品本身所蕴含的极其浓厚的文学性。究其原因，除受重智思想影响外，活动内容中所蕴涵的情感价值因素相对较为隐性，非花一番工夫而不易发现也是不可忽视的一个重要原因。

如，有的教师将故事作品《理发师奇遇记》的活动目标定为："知道人不可貌相，不可以从表面看问题；理解故事内容，体验故事中理发师的心情变化；喜欢故事，并会用自己的方式表达故事内容"。这显然是对该故事所表达的主题理解不到位，甚至有误读之嫌。《理发师奇遇记》通篇内容其实凸显的是一个"奇"字，凸显故事中意想不到的事件发展。而意想不到的情节发展的背后，其所带来的必然是当事人心情的大起大落，即理发师遇到事情前后心情的变化。这应该说是该故事作品的主线，也是故事吸引人的地方。因而，该活动目标宜改为："理解故事内容，体验故事中理发师的心情变化；能根据故事提供的材料合理编构故事的结局；喜欢故事中狮子善良与宽容的性格"。

二是活动目标制订的适宜性，即所拟订的活动目标的难度，既是贴切幼儿已有经验水平和认知特点，又是在幼儿经过自身努力，以及教师指导或同伴帮助下能够达成的预期水平。目标适宜性的把握，取决于对《3—6岁儿童学习与发展指南》（以下简称为《指南》）所描述的"各年龄段典型表现"，以及对幼儿现实情况的熟悉程度，即"常模儿童"与"现实儿童"的了解与拿捏。

如，在小班科学活动"有趣的海绵宝宝"中，教师将活动目标定位为：

"感知海绵有弹性；对海绵的特性感到好奇，愿意大胆猜想并验证；乐意参加探索活动，对'弹性'的科学现象感兴趣。"该活动目标存在的主要问题，一是认识物质的弹性超出小班幼儿的认知水平，宜调整为"能运用多种感官感知海绵软、轻、会吸水等特性"。二是要求小班幼儿大胆猜想、验证，不符合《指南》所提出的各年龄段目标要求，在探究能力方面应是多种感官的运用和表达技能的要求。

三是活动目标表述的规范性。其所指的是活动目标表述的行为主体要统一，且最好以儿童的角度进行目标的表述；目标表述应具体明确，尽可能达到可观测、可操作的水平。

如某活动目标是这样表述的：①引导幼儿倾听音乐，感受音乐的节奏美和旋律美。②鼓励幼儿用肢体动作、表情、绘画等方式创造性地表现音乐形象。③乐于与同伴合作表演，体验合作表演的乐趣。该活动目标表述存在的主要问题，第一、二条目标以教师为行为主体，体现"以教师为主"的活动理念，而第三条目标的行为主体是幼儿，三条目标的行为主体不一致。这说明设计思路不清晰，即该活动的开展是立足于促进幼儿的发展，还是为了教师自身指导能力的提升？该活动目标宜调整为：①专心倾听音乐，感受音乐的节奏美和旋律美。②尝试用肢体动作、表情、绘画等方式创造性地表现音乐形象。③乐于与同伴合作表演，体验合作表演的乐趣。

在活动目标表述的规范性问题上，这里特别强调两点：一是目标的表述要明确，抓住重点，简洁明了，避免把不属于目标范畴的内容也表述出来。如，经常有目标是这么表述的："通过……，感知……""在……中，……"。这样的表述方式，其前半句所要描述的是活动目标的实现途径或策略，而目标实现的具体策略或途径其实已经体现在活动过程之中，严格上来说并不属于活动目标的范畴。二是应尽可能考虑到目标表述上的形式美问题，即在三条或两条活动目标叙述的句长上应大致一样，不要存在过于明显的"长短不一"的现象。如某活动目标是这样表述的：①关注自己，发现自己现在和过去的变化，并学会悦纳自己。②学会用自然测量的方式测量身高，感受身的变化。③体验成长的快乐。显然的，第三条目标与前两条目标叙述在句长上的差异过于明显。可以调整为：①关注自己，发现自己现在和过去的变化，并学会悦纳自己。②学会自然测量方式测量身高，感受身高的变化，体验成长的快乐。

第二节　内容分析策略

一、内容分析的含义与基本思路

活动内容是教师教学活动的显性载体。教师对活动内容的分析与理解，对活动内容所蕴含的课程价值层面的挖掘程度，直接影响着幼儿在活动中的学习质量，影响到活动内容在促进幼儿身心发展的潜在价值的最大化。因而，做好活动内容的分析工作，准确把握活动内容的内涵是确保活动质量的重要前提。

活动内容的分析策略，指的是教师遵循"整体—部分—整体"的思维路线，对活动内容进行一种既洞悉本质又联结现象的再认识与再创造的过程中所采用的方法、方式和手段，其目的就是将活动的内容载体有效地转变为教师组织的活动过程和幼儿的学习过程。

幼儿园教学活动中的内容分析，类似于中小学教学中的教材分析，但又不尽相同，中小学课程概念倾向于"教材说"，而幼儿园课程则是往着"活动—经验说"的趋向发展。因而，所谓的"内容"指的是课程内容或活动内容，而不是狭义层面上的教材内容。内容分析是幼儿教师教学前所开展的备课工作的核心环节，是活动设计的前提和基础，是制订合理有效的活动方案的关键步骤。因此，每位幼儿教师都应掌握好内容分析的一些基本的教学策略。

同一个活动内容由于分析与处理的思路不同，最终演化而成的活动形式、过程与效果也不尽相同。通常对活动内容分析的基本思路主要有价值分析和结构分析。对活动内容进行价值分析，主要目的是将隐含在内容载体中可资促进幼儿身心发展方面的潜在价值因素合理地挖掘出来，并结合幼儿发展实际和活动开展的可行性，而制订出科学合理的活动目标。

价值分析是对活动内容的一种纵深式分析，在活动内容的价值分析层面，幼儿教师往往偏向于认知层面，而对于情感价值则较为忽略。究其原因，除受重智思想影响外，活动内容中所蕴涵的情感价值因素相对较为隐性不易发现也是一个重要原因。如小班语言活动"儿歌'娃娃家'"，儿歌的内容是"布娃娃，布娃娃，大大的眼睛，黑头发。我来抱抱你，做你的好妈妈"。在对这一活动内容作价值分析时，教师就不能仅将分析视野停留在表面的语言信息层面，将之作为工具性色彩很浓厚的语言活动，在活动的组织与实施过程时，仅拘泥于字、词、句的练习；而是应将之作为一种文学作品学习活动，深入地挖掘出其所承载的作者的情感基调，即将儿歌中所渲染的孩子与妈妈的浓浓亲情这一情感体验的核心价值分析出来。

活动内容的结构分析，指的是从逻辑层面对内容本身的组织结构进行剖析，厘清内容组织的逻辑结构，析出活动内容的重点和难点所在，并结合幼儿认知特点，对活动内容展开的层次性与系统性作合理的安排，即对活动过程的环节安排进行合理设计。

二、内容分析的基本要求

内容分析是属于对活动过程中"物"的分析，其总要求是要立足于"幼儿发展为本位"，要与"人"的分析相统一起来。在此仅就在整合教育观念和有效教学理念下，对活动内容分析工作提出四个基本要求。

1. 内容分析应利于体现整合化观念

在整合教育观念下，教师在对内容分析时，要善于去挖掘活动内容中所蕴涵的可资开展整合教育的潜在价值因素，体现活动内容在促进幼儿身心发展的整体性价值。

案例1：某大班体育活动"练习投掷沙包"，教师在活动场地上分别设有三条不同颜色的投掷线，要求幼儿要注意用肩上挥臂投掷的方法进行投掷，同时要注意观察自己沙包落下的位置。每个幼儿投掷三次，要求幼儿对每一次的投掷结果都要作记录，即沙包落在哪一条投掷线上，就要在相应颜色的板上做个记号。幼儿练习投掷并按教师要求做好记录后，该教师引导幼儿对投掷结果进行统计，并做适当的小结。统计小结后，该活动转入下一个环节——体育游戏"打大灰狼"……

该教师之所以在幼儿投掷沙包活动中插入记录这一环节，其设计意图就是想体现整合教育观念。但若就健康领域的特点来看，教师在组织幼儿体育活动时，应根据幼儿活动时的生理机能变化规律，注意处理好活动强度与活动时间的关系，即教师所设计的幼儿体育活动本身应是低强度的，活动量不宜太大，活动时间也不宜太长，但又要达到必要的锻炼效果。鉴此，在客观上要求教师所设计和组织的体育活动应尽量减少幼儿等待的时间，尽量通过提高活动密度达到锻炼的效果。

而在该活动中，教师在组织幼儿进行练习时，要求幼儿每投掷一次就要跑到放记录纸的地方去记录投掷的结果，从现场观摩中可以发现，许多幼儿由于要在有限的练习时间里抽空去做记录活动，以致失去了原本可以用来进行练习的机会，而且也因活动节奏过慢和活动的密度不够，没有达到锻炼身体和增强身体机能的预期效果，这样的"整合"设计就难免有拼凑之嫌。本活动内容是否适宜开展这样的整合式教育活动，这是在内容分析中应该深思的问题。

幼儿教师在活动内容分析中，如何有效地把握好整体教育观念，使活动整合化呢？首先，应该清醒地认识到当前幼儿园课程实施中落实整合教育观念存在着三大误区：一是"喧宾夺主式"整合，即为了渗透所谓的整合教育观念，不仅导致原有活动领域的核心目标无法很好达成，而且，整个活动流程因之而显得不够顺畅，上例即是。二是"画蛇添足式"整合，即本来整个活动已完成得很顺畅完整，但为了体现时兴的整合教育观念，而常在活动的结束环节处，狗尾续貂般设计另外一个活动环节，顿使整个活动因此大煞风景。三是"十全大补式"整合，即在一个活动中企图尽可能涉及各个领域，平均用力而致使活动重点不够突出，每个活动环节均有蜻蜓点水之嫌，没有一个活动环节能让幼儿获得较深刻的学习体验。上述误区的存在，概言之就是拼凑式整合的具体表现形式而已。就目前而言，幼儿教师要在某一具体活动设计中落实整合教育观念，应该倡导走"渗透式"整合之路，即在保证该活动核心目标实现的前提下，不同类型、不同性质的活动再作有机地整合，使活动达到"锦上添花"的效果。

其次，幼儿教师应将活动内容的分析置于整合教育观念的观照之下，并掌握相应的分析技巧。在实践中采用"内拓式"的内容分析方法，即立足于活动内容本身所具有的整合教育价值，采用一种由内及外自然拓展的方式。由此而建构的整合式教育活动，由于其所整合的要素是活动内容本身所具有，是属于一种内源式整合，因而会显得较为自然。

比如撕纸活动"好吃的面条"，设计的三大活动环节较好体现了整合教育的观念，在"撕纸张活动"和"以创设'吃面条'的游戏场景进行情境化教学"这两大活动环节中，有机地渗透了长短、粗细，以及感知同样大小的纸张，若撕得越细所撕的纸条就越多这一函数关系等数学概念，比较自然地进行数学领域内知识经验的整合，如撕得长的叫"长寿面"，撕得短的叫"刀削面"，撕得粗的叫"宽面"，撕得细的叫"龙须面"。而在活动延伸的第三环节中，教师请幼儿发挥想象，撕过的这些纸张变成什么，即"借型想象"，有幼儿想象说："我可以拼成一架飞机"，"我可以将纸条拼成一座桥"等，则有机地渗透艺术领域中的造型艺术能力的培养。该活动所进行的这些整合活动，其实是活动内容载体本身所具有的内在价值，教师通过这三个外显活动环节自然呈现，非无中生有之举。

相反的，很多幼儿教师所采用的则是"外添式"方法，即将主观上认为应该整合的内容由外往内不断添加。显然，这种"外添式"方法必然会导致最终所开展的所谓的整合活动走向上述的拼凑式整合现象。

2. 内容分析应利于设计系列化活动

利于体现整合化教育观念的内容分析，其所考虑的是内容间的横向关系；

而基于设计系列化活动的内容分析，则考虑的是活动内容间的纵向关系，即活动内容开展前后之间有联系，前个活动内容是后一个活动内容的前提，后一个活动内容是前个活动内容的提升，有联系的学习内容对幼儿来说也才是有意义的学习。

案例2：某小班下学期美术活动"可爱的毛毛虫"。活动的核心目标是巩固以画圈方式进行涂色，初步学习用两个半圆圈连接的技能来表现毛毛虫的身体。本活动难点与重点是用几个连接在一起的半圆来表现毛毛虫的身体。老师以童话故事的方式引入，边讲故事边现场示范毛毛虫的画法：毛毛虫有一个圆圆的脑袋，两只圆圆的眼睛，脸上还有鼻子和嘴巴，头上还有两个触角；示范完头部后，接着教师重点示范毛毛虫的身子，为了突出毛毛虫身子是一节节构成的，教师说，后面的肚子要和前面的肚子连在一起，要不然，毛毛虫吃下的东西就会滴漏下来。示范完毕，就是幼儿直接学习绘画……

案例中的活动内容对小班下学期幼儿来讲是有一定的挑战性的，教师用范画方式，而且采用了拟人化语言，即"吃下去的东西会滴漏下来"来提醒幼儿将两个半圆连接在一起，应该说该教师指导工作是重点突出且到位，活动效果也很好。借助本案例想探讨的是诸如此类的活动素材值得教师作进一步深挖，并设计相应的系列活动。

深挖活动内容的价值不仅仅是为了制订合理的活动目标，还应着力于设计相应的呈递进关系的系列活动方案。就本案例而言，由于教师所范画的毛毛虫是一只平躺着的毛毛虫，即几个半圆同时排成一条直线（属于静态的），再加上幼儿初次学习两个半圆圈连接的技能，有些幼儿并不是很熟练，还需做进一步的练习予以巩固。如果对本活动的素材做深入分析，便可知这样的活动还可以开展相关的系列活动。比如，可以引导幼儿通过变换毛毛虫身子的半圆圈连接的位置，来突出毛毛虫的不同动态，如毛毛虫弓起身子，毛毛虫在跳舞、打滚等；也可以由画一只毛毛虫到画两只毛毛虫是好朋友（数量上的变化）；也可以引导幼儿通过添加适当的背景，如小草、小花、下雨等，使画面具有初步的情境性，如毛毛虫在草地上玩等。

这种基于对素材蕴涵的内在价值的深挖而开展的系列活动，一是可以有效地解决教师有时苦于找寻不到适宜幼儿兴趣与需要的活动素材；二是能更大程度上保证幼儿在学习经验上的连续性，有助于幼儿在系列活动中，唤醒已有的经验与新的学习经验建立联系，从而进行有意义的学习；三是满足对活动内容的"操控感"，由于活动内容是幼儿所熟悉的，可以增强幼儿在活动中的自信心与成功感。

3. 内容分析应利于提升深层次价值

活动内容分析应将活动内容中所蕴涵的促进幼儿身心发展的内在价值显现出来，并转化为活动目标，充分发挥活动内容在促进幼儿身心发展中的应有价值。

案例3：这是中班下学期围绕"服装"这一主题而开展的系列活动的片段。教师发现午休时，有许多幼儿不大懂得整理衣服，经常是上衣和外裤一脱就随便放在柜子里。为此，特设计一个"时装超市"活动。教师在活动室里事先给幼儿划分出两个区域，一个是男孩时装超市，一个是女孩时装超市。

活动一开始，老师告诉幼儿：小朋友带来许多漂亮的衣服（事先请每位幼儿带冬夏各一套衣服），今天老师准备用小朋友带来的衣服，请小朋友玩一个"时装超市"的游戏。现在请小朋友想一想，可以用什么办法给这堆衣服分类呢？……老师接着幼儿的回答说：噢！我们可以将这些衣服分成男孩一堆、女孩一堆，老师给小朋友准备了两个地方，这个地方是开"男孩时装超市"，另一个地方是开"女孩时装超市"。现在请小朋友按男孩、女孩给这些衣服分类，记得分完后要将衣服折好放在柜子里。

老师在幼儿进行分类操作的过程中，个别指导幼儿怎样折衣服。幼儿分完回到座位后，老师说：小朋友都将这些衣服分成了两堆，这堆是男孩时装超市，那堆是女孩时装超市。老师刚才发现××小朋友把衣服折得很整齐，你们想不想知道他是怎样折的呢？老师给全体幼儿示范折衣服的方法。示范后，老师接着说，老师发现小朋友在时装超市放衣服的时候乱乱的，小朋友想一想这些男孩子和女孩子的衣服还可以怎样分，让顾客能一眼看得很清楚呢？……老师说，噢！我们还可以按冬天的衣服和夏天的衣服分。接着老师又请幼儿再按这一标准给男孩子（女孩子）衣服进行分类……这个活动环节持续了12分钟左右。

可以估计，在本活动中该班幼儿可能获得的学习经验有：懂得折衣服的方法，知道要先将衣服折好再放回柜子里，懂得一元分类方法。在这三条经验中，前两条是达到了该教师在活动设计时预设的活动目标，但幼儿所获得的第三条经验只是在原有的水平上作简单的重复，换言之，对中班下学期的幼儿来讲，他们早已懂得按一元分类的方法（该教师应该明确告诉幼儿这是按"性别"来分的，那是按"季节"来分的）。

其实对这一活动的材料提供与活动设计稍加细究，不难发现，教师完全可以在"分类"活动方面对幼儿已有的分类经验提出挑战，即可以有意识地初步渗透"层级分类"（在本案例中，该教师的操作行为貌似属于层级分类范畴，但其实不然，因为从教师的语言指导中可以看出，该教师本身没有渗透"层级分类"这一新经验的想法，在随后的活动评议时，该教师也承认没有注意到这一点）。该教师在幼儿按"性别"这一标准分完之后，又按"季节"再分了一次，此时教师应该用总结性的语言明确地帮助幼儿提升已有的经验，如"这些衣服我们按性别分完了一次后，还可以在按性别分完的基础上再按季节分一次"。当然，如果教师在用语言总结概括与提升的同时，能借助"图示法"，则效果更为明了。

本案例表明，该教师在设计和组织活动时，对该活动所蕴涵的可资对幼儿已有经验进行挑战的因素挖掘得不够，也就是说，在活动环境创设、活动路径不变的情况下，未能将该活动所蕴涵的教育价值充分地开发出来，未能充分发挥该活动在促进幼儿发展方面的最大值。这种即有教育资源价值的流失，在一定程度上是浪费了教师的精力，损失了幼儿发展的机会。因而，建议教师在活动设计完后，不妨事先预估一下，幼儿在教师所设计的活动中可能获得哪些经验；这些经验哪些属于已有的经验，哪些又属于新的经验；对于这些已有的经验，教师可以在目前所设计的活动的基础上，即在活动环境创设（包括材料提供等）及活动路径不变的情况下，通过采取什么方法去提升幼儿已有的经验。

4. 内容分析应利于体现本体性价值

教师在对活动内容进行深入分析的过程，其实就是教师对活动内容文本进行一种"解构—建构"的过程。在解构内容文本时尤其要警惕一种为解构而解构的倾向，即未能充分尊重内容文本已有的价值与结构，破坏了其本已具有的独特价值，或者说是内容的本体性价值。诚如是，这样的内容分析就是舍本求末的错误做法，若将之错误地应用于对优秀作品的内容分析上，则无疑是错上加错。

案例 4：这是某教师到外地献课的视频光盘，执教内容为中班语言活动"猜猜我有多爱你"。整个活动用时 32 分钟左右，活动共由 7 个小环节构成。第一环节为师幼暖身互动，用时 1 分钟余。教师在热身后直接导入活动：今天老师带来一本图书（师出示绘本图书）。在引导幼儿认识绘本封面的汉字后，老师告诉在场 14 位小朋友说，故事的名字叫做"猜猜我有多爱你"。这一导入环节用时约 2 分钟。接下来除了结束环节用时 2 分钟外，共用了约 27 分钟采用结合 PPT 演示，配乐分段讲述故事，教师提问以及组织幼儿围绕教师所提出的问题进行问答式互动。

在这约 27 分钟的主体活动中，教师各环节处理及用时分配是这样的：教师结合 PPT 演示、配乐讲述第一段故事，讲完后提问"小兔子用了一个什么样的动作表示对妈妈的爱"，并在幼儿回答的基础上，引导幼儿理解为什么小兔子要张开手臂张到无法再张开，是表示小兔子心里对妈妈有很大很多的爱。此环节用时约 5 分钟。

教师以同样的方式讲述第二段故事，提问："孩子们，小兔子和兔妈妈用了什么方法表示对彼此的爱？""刚才小兔子用了跳的方法表示对妈妈的爱，它还用了一个什么方法？"此环节用时近 7 分钟。

教师运用同样方式，边提问幼儿边讲述第三段故事。教师提问："小兔子看到远处有那么多东西，它想拿一样东西来表示它对妈妈的爱，它可以怎么做?"幼儿回答:"小兔子对妈妈说,妈妈,竹子有多高,我就有多爱你。"教师接着指着PPT画面提问:"孩子们,你们能够用这里的一样东西表示对妈妈的爱吗?"在现场活动中共有6位幼儿分别用"树、飞机、蘑菇、小河、水流和房子",采用类似"树有多高,我就有多爱你"句型回答。在幼儿观察完PPT画面并作相应回答之后,教师在黑板上出示5张图片(除一张为字卡"温州"外,其余4张图片分别是星星、围巾、柳树和大海),继续引导幼儿运用"……有……,我就有多爱你"句型进行练习,并采用比赛方式看谁的爱多,谁就可以当妈妈(或爸爸)。此环节耗时14分钟整。

教师用1分钟时间讲述完第四段故事,并用2分钟以迁移方式直接结束本活动。教师讲述完提问:"孩子们,这个故事爱多吗?""在家里你最爱谁?在幼儿园里我们班伙伴中有你爱的人吗?你爱老师吗?今天回去晚上睡觉的时候,别忘了对你最爱的那个人说'猜猜我有多爱你';明天你上幼儿园,在午睡前别忘了对你最爱的那个人说'猜猜我有多爱你';一会儿,跟老师再见的时候,别忘了跟老师说'猜猜我有多爱你'。"活动在与观摩老师挥手再见声中自然结束。

本案例中,教师对绘本故事《猜猜我有多爱你》的处理侧重于句型的学习与练习,虽然在句型的操练中也力求引导幼儿抒发对爱的表达,但教师采用这样赤裸裸的生硬的方式,则显得含蓄不足拙劣有余,与绘本故事所营造的意境美是背道而驰的。将本应是对幼儿进行情感熏陶的难得的优秀文学作品学习活动,简化为实用价值浓厚的语言学习活动,这是案例中该教师对作品内容核心价值的最大破坏。在整个活动中,该教师始终都没有给予幼儿对该作品进行完整的欣赏与感受创造机会,幼儿对该作品的印象就是教师处理后的四个支离破碎的自然段,大大削弱了优秀作品所独具的对幼儿稚嫩心田的美的种子的播种与美好情感的渗透力。这犹如一个精美的花瓶被人为地摔成四片,幼儿始终都没有一睹这个精美花瓶之全貌的机会,也就失去对该花瓶整体美的感受。

《猜猜我有多爱你》以优美的故事和精美的图画,独特的情感表达方式,借助鲜明而有趣的大小兔子之间的爱的长短、高低、多少、远近的对比，将浓厚的母子深情蕴涵在故事之中，让人读后深受感动。相信知道《猜猜我有多爱你》这一绘本故事的同行，都会感觉到这是一篇很美的、很有情感穿透力和感染力的难得的精品。面对这么经典的作品，教师应让幼儿尽情去感受、去体验、去玩味个中所表达的那种浓浓的亲情。教师的工作就是为幼儿"走进作品，感受作品"创设一些有利的条件而已，尽可能让幼儿有机会去完整地、沉浸式地感受作品（如果幼儿对作品不存在理解上的困难时，教师多余的话语都有可能是对幼儿欣赏作品的一种破坏），而不是"叽叽喳喳"地将作品弄得支离破碎。

面对无论是文学的，还是其他艺术形式的优秀作品，教师都应以一种善待的眼光和敬畏的心情来处理，尽可能地让幼儿完整地、原汁原味地拥有它，让优秀作品独具的核心价值得以充分发挥。对幼儿来讲，优秀作品已是少得可怜，如果我们再不好好珍视，而是动不动就拿优秀作品来"说这事、做那事"，对优秀作品进行随意的解读，践踏优秀作品的核心价值，这是一种罪过。

第三节　难点突破策略

一、活动难点的含义与类型

活动中的难点，指的是在该活动中存在着幼儿难以理解或领会的，较抽象、较复杂、较深奥的内容，且这一内容对整个活动的顺利开展起着举足轻重的作用，即如果该难点没有很好突破，会给活动的顺利开展带来较大的负面影响，因而，切不可掉以轻心，以免影响活动效果的达成。活动中的难点一般是与幼儿已有经验（生活经验或学习经验）、认知水平有一定的距离，有可能成为活动顺利进行的"绊脚石"，也可能成为发展幼儿智力的"试金石"，因而是需要教师作一番精心引导的"特定知识点"。

根据难点的性质，一般可以将活动中的难点类型粗略地分为经验类（包括生活经验类和学习经验类)、技能类和认知类的活动难点。生活经验类活动难点，如对于生活在南方的幼儿而言，受生活经验的制约，要比较全面理解"白雪皑皑"一词显然是有困难的；对于没有接触过绘本阅读这一新的活动类型的幼儿来讲，刚开始势必会给他们的学习上造成一定的困难，这就是属于学习经验类活动难点；同样的，对于刚学习某种新的操作技能，或学习某种新的活动规则的幼儿来说，这属于活动中技能类的活动难点；而比如对中班幼儿而言，左右的区分则是超越他们的认知发展水平的，这是属于幼儿在活动中的认知类难点。

根据难点在活动进程中出现的时间，则可以将活动难点划分为活动前置难点、活动中置难点和活动后置难点。

对活动难点类型进行适当区分，有利于教师在实践中更有针对性地提出解决难点的策略，因为活动难点类型不同，性质不同，相应的具体的突破策略也有所不同。

二、难点突破的基本方法

活动难点的突破需要教师在活动设计前作妥当考虑，难点突破的关键在于得当和巧妙，有时可能就是一语点破而已。如果教师在难点突破上费时较多，则该活动中难点有可能也是属于活动中的重点，即出现了活动重难点合一的现象，教师在突破难点的同时也在突出重点；当然也有可能教师在活动难点突破的引导上缺乏技巧，导致费时又费力。

1. 歌诀法

歌诀法，顾名思义就是将在教学活动中遇到的活动难点，巧妙地编制成朗朗上口、易学易记易理解的游戏歌诀，让幼儿在朗诵歌诀中自然而然地突破难点。

如，大班数学活动"认识时钟"[1]，针对小朋友们对钟面上三个时、分、

---

[1] 魏静莉:《设境激趣实践运用》，见：http://www.cnsece.com/news/2011318/n77669524.html

秒针容易混淆分不清的情况，有老师就巧妙地将之编制成一首儿歌："矮个子大哥叫——时针；高个子弟弟叫——分针；细腰妹妹叫——秒针。"通过这样生动形象而幽默的比喻，使得辨认活动形象化，有效地解决了幼儿在辨认活动中的认知难度，幼儿不仅一下子就把时针、分针、秒针区分开来了，而且还大大激发了参与活动的热情，活跃了思维，起到了良好的教学活动效果。

2. 前置法

前置法是指将在教学活动中遇到的活动难点，事先安排在活动实施之前或在活动的开始环节，以一定方式巧妙地加以化解的方法。有经验的教师在组织看图讲述活动时，若遇到画面比较复杂，图意比较含蓄，图片所蕴含的故事发展线索不够明朗，需要幼儿作比较细致观察与思考的，通常会在活动开展之前，将图片事先摆列出来，让幼儿利用空余时间进行自由观察与谈论，为集中活动的开展做好经验上的准备。

如，由于受生活经验的制约，在大班故事活动"包公审石头"中，幼儿很难理解"包公为什么会惩罚观看热闹的人每人要将一枚铜钱扔入水中，由此来判断偷卖油条小孩子钱的小偷是谁"，而这生活经验类的难点出现在故事内容的后面，属于后置型活动难点。为确保该故事活动的顺利开展，教师决定将本活动的后置难点采用前置法进行技术性处理。为此，教师在教学活动前，准备了几盆清水和一些沾了油及没有沾油的硬币，让幼儿分组做小实验，将两种硬币分批投入清水中，观察实验操作中出现的现象，幼儿有了这个"弥补性质"的生活经验积累，故事活动中的这一后置性质的教学难点，也就迎刃而解了。

3. 过渡法

教师将在教学活动中遇到的难点，采用一定的方法和方式进行适当处理，以降低幼儿在活动中的学习难度称之为过渡法。过渡法又可以进一步细分为难点难度分解法、难点突破支架法。

难点难度分解法，是指教师将教学活动中的难点进行适当分解，以降低对该活动难点理解上的"坡度"，即将难点难度进行分解，使之呈现出由低到高的逐步推进的小难点，让幼儿在逐步解决各个小难点的过程中提高能力，增强解决难点的信心。

如，某教师给大班幼儿教唱歌曲《都睡着啦》[①]。由于歌词较长，动物形象较多，而且多处出现弱起节拍，给幼儿的学习带来一定的难度。为此，教师在弱起部分设计了一个拍手动作，目的是把歌曲中弱起节奏的时值填满，从而减低学习难度。

难点突破支架法中的"支架"一词，形象地喻示着教师与幼儿之间在最近发展区内有效教学的互动关系。幼儿的"学"好像一个不断建构着的建筑物，而教师的"教"则像一个必要的"脚手架"，支持幼儿不断建构自己的认知世界。难点突破支架法，指的是教师在引导幼儿从一个水平向另一个更高的水平发展，通过及时提供条件，即为幼儿搭建学习支架，让幼儿顺利地解决更高的教学难点。

如，在小班美术活动"小青蛙学游泳"中[②]，画出小青蛙不同方向的游泳姿态是教学难点。教师巧妙地运用了椭圆形作为支架，先让幼儿讨论小青蛙向下游时，头在哪里，眼睛在哪里，向左游呢，等等。然后让幼儿借助椭圆形摆造型，幼儿可以将椭圆形任意摆放：横着、竖着、斜着……教师只需根据椭圆形的方向添画出青蛙的眼睛、四肢等，便可表现出姿势各异的小青蛙了。

4. 直观法

在教学活动中的难点，有的是由于所学习的事物的特征不够外显，过于隐蔽不易观察，造成理解上的困难而成为难点；有的则是较深奥的科学问题，如水的浮力、张力等问题，也会给幼儿理解上带来困难而成为活动的难点。

于前者，教师完全可以借助现代先进的科技手段，如多媒体演示等技术，给幼儿一种直观形象的印象，以利于幼儿的理解。如大班故事活动"小蝌蚪找妈妈"，幼儿对小蝌蚪的生长过程不了解，也就不明白小蝌蚪为什么要找其

[①] 谈亦文：《音乐教学活动中的障碍及消解策略》，载《幼儿教育（教师版）》，2006年第2期
[②] 吴文艳：《对幼儿园教学难点突破的思考》，载《早期教育（教师版）》，2008年第12期

他动物当妈妈。如果借助多媒体技术将小蝌蚪成长变化的动态过程、小蝌蚪和青蛙的外形特征，进行直观而形象的演示，有了这一知识经验作铺垫，幼儿就很容易记住故事情节和对话了。

于后者，可以用图示法，如水的张力，可将水娃娃形象地示意出来，水娃娃们手挽手的动作就可以在水的表面上形成一种力量，把放在水面上的硬币支撑住，这就叫做水的表面张力。对于较难理解的科学术语，教师也可以采用比喻或讲故事的方式，形象地转述给幼儿，以帮助幼儿更好地理解。

目前在音乐欣赏教学活动中，为帮助幼儿更好地理解歌词和乐曲式结构，比较广泛采用的是图谱法，使无形而抽象的音乐看得见、摸得着，将抽象的音乐直观地再现于幼儿面前，实现音画沟通，使幼儿更能理解音乐、熟悉音乐特点，也是直观法在有效突破音乐欣赏教学活动难点的一种变式处理。教师在运用图谱法时，其所设计的图谱应努力做到：直观、形象、简洁、易于幼儿理解；图谱中符号的数量、变化次数、行数要与音乐曲式结构（乐段乐句）相一致。

5. 提问法

在难点突破策略中，有时也可以借助提问法，即在幼儿理解的疑难处设计相应的问题进行巧妙的提问，通过提问唤醒幼儿已有经验、活跃幼儿思维，并在教师的启发引导下有效地突破活动中的难点。

如，大班歌唱活动《吹泡泡》是一首三拍子节奏歌曲[①]，休止符较多，幼儿学习起来难度较大。为了解决这一难点，在教学活动一开始，教师通过谈话的方式进行提问："小朋友，你们平时吹的泡泡是什么样子的？怎样才能吹出大泡泡？"在帮助幼儿唤醒有关吹泡泡的经验后，接着，教师设计并出示了"吹泡泡节奏图"，提出第一个与新歌曲学习相关的难点问题："看到这幅图，你发现了什么问题？"幼儿发现了大泡泡、小泡泡以及炸掉的泡泡。由于教师将歌曲中的难点——"休止符"的唱法，用炸掉的泡泡表示，使幼儿很快就

[①] 曹玉兰：《幼儿园教学活动中有效提问的策略》，载《早期教育（教师版）》，2010年第3期

掌握了它的唱法，成功地突破了教学难点。

6. 对比法

对比法一般运用于幼儿对事物比较易混淆的情况下。如幼儿对"水是无色而透明的"这一特征不好理解，特别是在"透明的"和"白色的"两个词语的理解上经常存在混淆，教师就可以采用对比法进行直观感受，以帮助幼儿理解与区分。教师可以用两个杯子，一个装水的杯子，一个是装牛奶的杯子，后面分别用红色或黑色的纸板挡住，让幼儿直观感受到，能透过杯子看到后面的纸板颜色的就叫做透明，水是无色而透明的。

7. 情境法

情境法，指的是通过创设一定的活动情境，让幼儿身临其境，以增强幼儿体验与感受，弥补幼儿因受各种因素制约而产生的对活动内容中所需经验的不足。在幼儿园语言教学中，运用多媒体技术手段，创设各种形象生动、灵活多变的学习情境和教学情境，虚拟现实，再现生活物景，把静态知识动态化，抽象知识形象化，枯乏知识趣味化，从而营造轻松自然的学习氛围，唤起幼儿的有意注意，诱发幼儿的情感共鸣，使幼儿在不知不觉中全身心地投入到教学活动中。

散文诗欣赏活动时往往比较枯燥、乏味，但如果运用了多媒体技术，将静态的、平面的画面变成动态、生动形象的情景，同时配上与散文诗意境相一致的背景音乐，可以为幼儿学习与欣赏散文诗营造良好的活动氛围。某教师在组织大班幼儿开展《秋天的雨》散文诗欣赏活动中，巧妙地将秋天的雨景运用多媒体技术加以形象地展示，并轻声播放《秋日私语》作为背景音乐。在欣赏活动过程中，映入幼儿眼帘的是一幅幅富有诗意的画面：雨滴答滴答地从天空中落下来，秋天的大门徐徐打开，一朵朵美丽的菊花盛开了，银杏变黄了，枫叶变红了，果子成熟了，诱人的糖炒栗子冒着香气，秋天的落叶慢慢地从树上飘落下来，人们忙着采摘果子……在这种诗情画意的教学情境中，幼儿的注意力集中，兴趣浓厚，积极主动地把所听到、所看到的秋天告诉大家。活动中有声有色，情景交融，幼儿能充分感受散文所表现的意境，感受到文学作品的文字美。

情境的创设除了可以借助现代教育技术手段外，也可以运用语言描述来帮助幼儿建立起相应的情境。如，在教唱歌曲《欢乐颂》时[①]，要求幼儿按名曲原来的强弱处理，如果教师只是简单地告诉幼儿唱第一句要唱轻一点，第二句唱得稍微响一点，那幼儿可能对这强弱的唱法与要求不仅理解不到位，印象也不深刻。教师可以通过语言描述，为幼儿创设这样的一种意境：天空中白云飘过是静静的，因此要唱得轻一些；树上小鸟在叫，所以要唱得稍微响一些；草地上的花儿点头、小草弯腰又是没声音的，要唱得轻些；而小朋友们在草地上唱歌跳舞，那声音肯定很响，就要唱得响一些、快乐一些。教师通过语言描述，创设了与歌曲相一致的意境，这既利于幼儿理解又利于幼儿记忆，幼儿兴致很高，又能自然而然地按照歌曲强弱的处理要求来唱，活动目标也就在有趣的活动氛围中达成了。

8. 蓄势法

蓄势法，指的是教师在处理活动难点时，能事先做好破解难点所需的各方面准备，包括情绪上、经验上、认知上等，让幼儿以较佳的活动状态面对活动的难点，并在教师的适宜引导下，努力破解活动难点。

案例 5：这是某教师所开展的大班"认识时钟"数学活动片段。活动一开始教师就以时钟博物馆馆长的身份，向幼儿展示了各种各样的时钟……教师请幼儿观察并提问这些时钟的相同点之后，出示了一个时钟模型教具（有钟面、时针、分针），边提问边给幼儿演示解说：这是钟面，上面写有 1 到 12 的数字；短的那根针叫做时针，长的是分针。紧接着就直接向幼儿提出一个问题：时针与分针是什么关系呢？老师请幼儿用手将分针拨走一圈，看看时针有什么变化。或许是时针的变化确实不明显，或是这样的操作观察需要小朋友较好的注意力分配，幼儿的现场操作结果是这样的：一直在忙着拨分针，却没有很好地观察到时针的变化（即往顺时针走一格）。后来教师只好亲自演

[①] 邵维琴：《幼儿园音乐教学的有效策略探索》，载《新课程研究》，2012 年第 12 期

示，但或许是教师演示的教具不够大，幼儿还是没办法获得感性而直观的感知——"分针走一圈，时针走一格"的关系。因为幼儿弄不明白，而使活动在此导入环节折腾了不少时间。

本案例中关于认识时钟的数学活动，可以说是大班幼儿数学教育中必开展的一个传统活动内容。很明显的，"了解时钟有钟面、时针和分针等主要外形结构；能看懂整点和半点；知道分针走的方向叫作顺时针方向"是该活动的重点。而知道或是了解时针与分针的关系，即分针走一圈，时针走一个数字（表示一个小时），这应是本活动的难点。在本案例中，教师在活动刚开始不久就直接将活动难点抛给幼儿，这是很危险的处理方式。因为一旦这一活动难点无法很好地如期突破，不仅意味着未能为下一个环节的学习积累相应的经验，而且也会导致幼儿自信心受挫，从而影响到整个活动后续的顺利开展。

按常理来讲，幼儿的情绪激发、已有经验的唤醒需要一定的过程，在幼儿各方面还未做好较充分的准备的情况下，就让幼儿直接去面对活动难点，这不仅徒增幼儿学习的难度，也违背幼儿学习的特点。在本案例中，其实该教师在出示时钟教具引导幼儿观察时钟外形结构时，就有幼儿说短的那根针叫作时针，长的叫作分针，这时教师完全可以顺着幼儿的思路展开后续的活动，比如可以这样接着说：时针和分针可以告诉我们什么信息呢？噢！当时针指向哪个数字，分针指向 12 时，就表示现在是几点了。在引导幼儿学会看整点后，再继续引导幼儿学会看半点，最后再与幼儿一起探讨时针和分针的关系。这样处理的好处，既可以使整个活动的展开显得自然，而且重点突出，幼儿在体验到所学到的新本领的喜悦后，会激起信心，在情绪、经验、认知等各方面得以较充分地调动的最佳状态下再去突破难点。

第四节　问题设计策略

一、问题设计的含义与类型

问题设计，即提问设计，提问是教学活动中最直接、最常用的一种互动交流方式，教师的提问成功与否，直接影响着幼儿对活动的兴趣，也直接关系到教学活动的成效。提问是教师引发幼儿思考的主要手段，也是教学活动中教师对幼儿学习活动有效指导的重要体现，往往反映着教师的教学策略水平，体现出教师的教学实力。

问题设计的关键在于"设计"，"设计"指的是在正式做某项工作之前，根据一定的目的要求，预先制订方法、图样等。强调问题需要设计就意味着教师在活动过程中的提问行为应该是有目的、有计划的，要克服提问的随意性行为，比如提问简单化，填空式或是否式提问；琐碎化，提问零乱不系统，没有围绕活动核心目标而设计主干问题来展开；笼统化，提问指向性不够明确，或者具体性不强，问题过于宽泛；超龄化，提问忽视幼儿的心理年龄特点，超过幼儿的理解水平和知识基础。在教学活动中，缺乏设计含量的问题显然不能很好地促进幼儿思维发展，对活动过程也不能起有效推进的作用。

有效的问题设计应该对幼儿在活动中的学习起着支架作用，即能迅速引发幼儿的认知冲突，激发幼儿解决问题的欲望，并为幼儿寻找解决问题的答案提供线索，有效启发幼儿积极思考，引导幼儿将新的知识经验同化或顺应到已有认知结构中，并建构起新的知识经验结构。

根据设计的问题所承载的功能，可以将问题设计类型分为描述性问题、概括性问题（归纳性问题）、比较性问题（辨析性问题）、理解性问题、推理性问题和指令性问题。

其中，描述性问题主要考查的是幼儿对活动的观察、体验与口语表达能力，对幼儿细致地观察并描述事物有较强的指示作用。比如，"你看到了什么？发现了什么秘密？听完这曲子，你感觉怎样"。描述性问题常见于科学活动中探究后的经验分享，艺术活动后的艺术体验表达等情形。

概括性问题是在幼儿对某些问题或现象进行观察和了解之后，教师引导幼儿自己进行适当概括并得出结论。主要培养的是幼儿的概括性思维能力，增强幼儿对已有知识经验进行归纳、综合思考和口语表达能力。概括性问题常见于科学活动，并通常安排在教学活动环节转换处或活动即将结束之时，如，"刚才小朋友做了实验，发现什么东西会沉在水里，什么东西会浮在水上？小朋友观察一下，会沉在水里的东西有什么共同特点？会浮在水上的东西又有什么共同特点"。

比较性问题（辨析性问题）主要培养的是幼儿的比较思维能力，比如，"小朋友仔细观察一下，小鸡和小鸭哪些地方是不同的，哪些是相同的呢"，常见于科学活动等。

理解性问题主要是通过引发幼儿尝试性地透过现象去思考本质，寻找和发现事物间的内在联系，通常以"为什么"方式体现，如，在故事活动中教师设计这样的问题："小朋友最喜欢故事里的哪个角色？为什么？"理解性问题运用于幼儿园各领域教学活动。

推理性问题主要考查的是幼儿的想象力和逻辑推理能力，通常是教师在引导幼儿完成一项较简单的操作或探索活动后，要求幼儿尝试运用假言判断（即断定事物情况之间的条件关系的复合判断）的方式推导问题的答案。推理性问题可以较好地引导幼儿主动思考和积极探究问题，常用于语言领域中的创编活动类型和数学活动。如文学作品创编活动、创造性看图讲述活动等，一般以"如果……会发生……""……后来又会怎么样？"等句式出现；在"认识几何图形"数学活动中，在幼儿探索了圆和半圆的关系之后，教师提出了推理性问题以引导幼儿继续思考："我们知道了两个相同的半圆合在一起就是一个圆，那么两个相同的正方形合在一起，会变成什么形状呢？"

指令性问题主要锻炼的是幼儿能按一定指令，并遵守一定的规则进行相应的操作活动的能力，常以提出活动要求的形式出现，适用于幼儿园各领域教学活动。

此外，根据由问题所引发的幼儿思维指向的聚散性程度，问题设计类型可分为发散性问题和聚合性问题。其中，发散性问题可以有多种答案，利于幼儿创造性思维能力的培养。比如，教师出示了故事活动中的挂图，提问幼儿"这幅画讲了些什么"，幼儿就可以从人物动作、表情、语言、心理及背景等多角度进行观察和讲述。由于该问题没有统一的答案，幼儿不但要理解故事内容，而且还要将所理解的内容用口头语言表达出来，因此有利于幼儿积极思维和语言表达能力的培养。而诸如"这是什么"这样的问题设计，其答案是限定的、唯一的，这就属于聚合性问题。

根据教师在活动中使用问题的方式与时机，问题设计类型又可分为正问（为引发幼儿的思考而进行的正面的直接提问）、追问（顾名思义就是追根究底地问）、反问（把问题倒过来从反向提问，让幼儿利用事物间相辅相成、互逆却又统一的关系）和设问（教师将问题提出，但并不要求幼儿作答，或是自问自答，或干脆不答，目的是引起幼儿的注意，给幼儿造成悬念），显然，追问和反问是常运用于正问之后的现场提问。

二、问题设计的基本要求

1. 问题设计要体现目标性

问题设计应紧紧围绕活动目标，为活动目标的达成而服务。为此，问题设计应突出重点，突破难点，设计有利于幼儿理解活动内容的"主干问题"，避免在活动中出现过多的简单应答的"碎问"现象。

如，在名画《盲女》的美术欣赏活动中[①]，该活动的核心目标是：能大胆讲述自己对作品的感受，领会画面的自然风光之美；能体验盲女用心去感受自然之美的沉静，并引发盲女的境遇的同情心。教师围绕着活动目标设计了如下问题："你们看到了什么？""看了这些景色，你们有什么感觉？""画面上

---

① 吕耀坚：《教师提问时应注意的几个问题》，载《早期教育（教师版）》，2006年第7期

的人是谁？她们两个坐在这里干什么？""盲人姐姐能感受到周围美丽的景色吗？从哪里看出来的？""你们对这幅画有什么感受？"通过这些问题，教师就将既定的活动目标有效地展现在活动当中，这些问题的顺利解决就意味着活动目标的有效达成。

案例6：大班数学活动"学习6的组成"，教师以与幼儿玩"小蜻蜓捉害虫"游戏形式引入，教师戴着大蜻蜓头饰，幼儿戴小蜻蜓头饰，来到事先创设的情境中（贴有很多六节青虫的小图片），教师请小朋友每人捉六只青虫。游戏结束后，教师问小朋友都捉了几只小青虫呢？小朋友异口同声地回答道"六只"，接下来，教师又问"这六只青虫你们准备怎么吃呢？"有的幼儿说要冷冻，有的说要红烧，还有的说要烧烤、水煮，面对小朋友多种多样的吃法，教师不知所措……

案例中教师所设计的问题显然是没有紧扣学习"6"的组成与分解这一活动目标，"这六只青虫你们准备怎么吃呢？"这样的问题指向不仅过于宽泛，而且问题所指向的偏向于考查幼儿的生活经验、想象能力和口语表达能力，指向幼儿数学经验的学习成分偏少或不明显。由于问题设计的不恰当而引发的师幼间对话显然会让人感到不着边际，无形中造成了活动时间的不必要的浪费，对幼儿学习"6"的组成与分解所起作用甚微。案例中该问题的设计宜调整为："这六只青虫分成两次吃，你们想一想可以有几种吃法呢？"

2. 问题设计要体现针对性

问题设计要体现针对性，指的是要通过提问，有的放矢地引导幼儿主动参与活动，并积极思考相应的问题。比如，如果你提问的目的是想了解幼儿对文学作品学习中的情绪感受，那么你的问题设计应该是："他们（作品中人物）的表情是怎样的？为什么会是这样的？"如果是想了解幼儿对作品中人物的态度与评价，则问题设计一般为："他是怎样的一个人？""可以用一个什么样的词形容一下他的特点。"如果你是想通过提问来引发幼儿进行判断、想象和推理，就可以设计假设性问题，如"如果你是小蛇你会说什么，你会用什么办法"等。问题设计的针对性能对幼儿在活动中的思考方向作有效的引导，对活动的顺利而有序开展往往能起着事半功倍的作用。

3. 问题设计要体现层次性

问题设计的层次性，指的是对于指向同样内容的问题设计，应充分考虑到幼儿的年龄特点和当前经验，问题设计要体现不同的层次水平，以促进不同层次的幼儿的思维发展。

教师要针对不同层次的幼儿设计不同的问题，对于能力强的幼儿，问题设计可以是分析性问题或综合性问题，即概括性强一点、抽象一些，需要幼儿对题意进行一定的分析，或需要对问题的答案进行一定的归纳整理。如，同是大班故事活动，对于能力强的幼儿可以进行这样的问题设计："你认为故事告诉了我们一个什么样的道理？你能给这个好听的故事起个名字吗？"而对于能力中等水平的幼儿，问题设计可以是理解性问题，如"你喜欢故事里的谁？为什么"；对于能力较弱的幼儿，问题设计可以是记忆性问题，即具体直观一些，尽量能直接从现有的内容中找寻到现成的答案，如"你知道故事里面有谁呢"。

案例7[①]：在"兔子搬家"大班看图讲述活动中，或许是被活跃的集体气氛所感染，一向比较内向沉默的红红小朋友也举起了小手。老师很欣喜地叫了她，结果她站起来后却面红耳赤，不知如何回答"兔子是怎样搬家的"这样一个比较抽象而概括的问题。老师马上换一个角度对该问题进行适当处理，用轻松的语气，提示她看看图上小兔的模样："这几只兔子在抬什么？""那只呢？"这样一问，她马上答出："这四只兔子在抬桌子，那只兔子在搬椅子。"

本案例中，如果当时教师没有灵活地依层次性原则对问题进行适当处理，而是很快换一位幼儿替她作答，则对本已比较内向沉默的红红小朋友来说，其所感受的到肯定是一种挫败感，自信心受到的打击就不言而喻了。相反，经过教师的灵活应变的处理，现场设计了与红红小朋友的能力相适宜的问题，让红红小朋友能顺利地作答。教师在红红小朋友回答之后，还在集体中对她

---

① 朱晓梅：《谈语言教学活动的有效性》，见：http://www.cnsece.com/news/2011920/n795610274.html

作了肯定的评价，小同伴们热烈的掌声，虽然是让红红小朋友低下头，红着脸笑了，但对她内心感受来说，这是一次难忘的成功体验。或许就是因为这一次回答问题的成功，让她增强了自信心，变得活泼、大胆起来了。

4. 问题设计要体现趣味性

兴趣性学习是幼儿学习的重要特点之一，有了兴趣幼儿就能激起学习的欲望，引发积极思维，并在活动中主动参与。因此，教师的问题设计应尽量体现趣味性，采用有趣的提问方式。如，中班科学活动"磁铁真好玩"，其中有一项操作活动是让幼儿用磁铁隔着塑料板吸大头针，教师的问题设计可以有两种方式："你能用磁铁吸住板上的大头针吗"，或"你能用磁铁让板上的大头针跳舞吗"。显然，后一种问题设计对幼儿来讲更有吸引力，幼儿更乐于进行相应的探索。

再如，中班科学活动"有趣的水"，教师通过引导幼儿比较牛奶和水的不同，从而使幼儿理解水是透明、无色的这一特征。在问题设计时如果采用直白方式问幼儿："请你们看一看比一比，玻璃瓶装的这两样东西有什么不同？"则可能会有部分幼儿仅是迫于教师的指令而去看一看、想一想，但同时肯定也会有一部分幼儿的注意力不会马上就集中过来，因为教师的问题设计过于平淡，不足以有效激发幼儿的兴趣，并吸引全班幼儿的注意力。

而如果教师将问题设计调整为："牛奶宝宝和水宝宝都躲在玻璃瓶里，想请小朋友看看，它们两位有什么不同？"这种拟人化、充满趣味性的问题设计，一下子就能吸引幼儿的注意力，能较快地激发起幼儿帮助两位"宝宝"解决问题的愿望，调动起探索的积极性。

案例8[①]：在数学活动"有趣的盒子"中，教师将几个大小不同的盒子，摆放在一起后，提问："来了几个盒子？是怎样排队的？"小朋友们几乎没有回应。这时教师又说："就像妈妈抱着宝宝，一个接着一个，圆圆的蛋糕盒子里藏着方方的牛奶盒子，方方的牛奶盒子里住着宝宝的鞋盒子……"在唤醒

[①] 改编自孙娜：《集体活动中教师适恰回应建构积极有效的师幼互动》，见：http://www.cnsece.com/news/20111027/n254110401.html

幼儿相关经验后，教师紧接着将原先问题调整为："请小朋友们找一个盒子妈妈，让宝宝们都藏进去吧。"活动结果显示，小朋友们都能积极、有效地操作各种盒子，甚至有的小朋友还能在一个"盒子妈妈"中放进去十几个"盒子宝宝"。

本案例所展示的是，在指向同一需要解决的问题时，不同的问题设计方式活动效果是不一样的。在幼儿对直接提问方式反应平淡时，教师比较机智地采用了趣味性的提问方式，取得了不同的活动效果，使得活动得以顺利开展。教师在后一个提问中运用了拟人的手法，将大盒子和小盒子分别形象地比喻为妈妈、宝宝，把排队比喻成"就像妈妈抱着宝宝，一个接着一个"，进而再向幼儿提出活动的操作要求，"请小朋友们找一个盒子妈妈，让宝宝们都藏进去吧"。这样的处理方式不仅丰富了幼儿有关盒子的语言和认知经验，而且符合幼儿直观形象的思维方式以及游戏化学习特点。实践表明，趣味性提问方式所引发的幼儿的反应有明显的不同。

5. 问题设计要体现启发性

在幼儿动手操作的基础上，教师应适时提出幼儿感兴趣的、有益于发现某种关系的问题，引导幼儿从表面操作进入深层次的积极思考，帮助幼儿对活动保持持续探索的欲望。例如，在区域活动中，教师发现有的幼儿在玩"不倒翁的秘密"时，只满足于不断地摆弄不倒翁，此时教师就可以先向幼儿提出问题："咦，这个娃娃为什么怎么弄也弄不倒呢？"再引导幼儿打开不倒翁娃娃："你可以把娃娃打开看看。"当幼儿发现娃娃里面有个重物时，教师可以继续引导幼儿比较："那个娃娃里面也装上重物，为什么一推它还是倒了呢？"让幼儿在进一步比较探索基础上，直观地感知和了解重物要固定在娃娃底部，娃娃才能变成真正的不倒翁的道理。

6. 问题设计要体现渐进性

引导幼儿探索发现某一问题时，如果教师所设计的问题不止一个，则问题的设计与组织应根据幼儿认知规律、教学结构、问题性质等特点，采用由浅入深、由易到难的顺序进行适当的排列，以体现问题设计的渐进性原则。

一般而言，宜先提知识性问题，再提理解性问题，最后提创造性问题。

渐进性的问题设计能较好地考虑到问题间前后逻辑上的联系。在一个有层次且是连续提问的特定活动情境中，幼儿的思维才能成为一种由浅入深递进而富有逻辑的连续性活动，幼儿获得的学习经验，也才有可能呈现为具有前后联系的"经验链"。否则，幼儿在活动中的思维一方面易陷入紊乱无序的状态，另一方面又将如浮光掠影未能深入，相应的，幼儿所获得的经验也将是比较零散的。

如，在中班科学活动"磁铁真好玩"中[①]，教师基于活动环节推进的不同的需要与目的，设计了三个具有递进层次的问题，问题一"磁铁能吸起什么？不能吸起什么"，其目的是让幼儿通过操作发现磁铁只能吸铁，此问题是幼儿思索后面问题，进一步开展下一个活动环节的基础；问题二"你能用磁铁让板上的大头针跳舞吗？你能用磁铁吸起那些本来吸不起来的东西吗"，其目的是让幼儿去发现磁铁隔着东西也能吸铁，此问题起承上启下的作用；问题三"你能用磁铁巧取塑料瓶里的回形针吗？你能用磁铁拉动火柴盒吗"，其目的是运用磁铁能吸铁的经验知识，创造性地解决问题。上述三个问题既相对独立又相互关联，由易到难，由表面探索渐进到深入探索，由经验知识的发现到经验知识的运用，环环相扣，步步深入，使整个过程结构严谨，体现发展性原则。

7. 问题设计要体现开放性

开放性的问题设计，指的是问题的答案不是固定、唯一的，而是发散开放的，能引发幼儿的积极思维，自由表达自己的想法、发现和经验，为幼儿个性的发展提供广阔的空间。如"你刚才发现了什么""你也来试一试""它是什么样的""它像什么"，这样的问题可以引发幼儿真实、自由地表达他们在操作中的发现，从自己的角度出发来描述对象、比较对象，乃至展开创造性联想。

---

① 李培美著：《怎样发展幼儿的思维》，北京教育出版社，1993年版，第35页

开放性的问题设计使得每个幼儿的回答都可以是不一样的,这就便于幼儿间相互交流,让幼儿在交流活动中获取广泛的经验。经验表明,如果教师能在活动进程的关键处设计开放性问题,那犹如是"深水炸弹",定能激发幼儿积极参与的热情,引发幼儿思维的深度,而使活动格外出彩。

案例9[①]:大班"龟兔第二次赛跑"的活动片段,当故事的后半段出现这样的情节——小兔跑着跑着,听到了路边传来青蛙的叫喊声,原来青蛙被一块石头压住了脚,不能动了。这时执教老师先问:"小兔看到了受伤的青蛙,会怎么做呢?"大部分幼儿都认为小兔应该帮助青蛙,于是老师又追问孩子们:"乌龟快到终点了,兔子赶快跑还能追上乌龟,可是青蛙受伤很严重,如果不帮助它,它会有危险的,小兔该怎么办呀?小兔到底想不想得冠军呢?它会怎么做呢?"老师的追问,特别是假设性的开放性问题,激起他们的辩论,并很快形成正反方两个阵营,教师就因势利导地将小朋友的观点分成了两队展开辩论。

小雨说:"青蛙长时间离开水会很危险的,所以小兔会把青蛙先送回家再继续比赛。"豆豆不服气了,"不行,"她振振有词,"这次比赛兔子不能再输了,所以它要拼命去追乌龟,要不然乌龟又要得第一了,要是这次兔子又输了,小动物们肯定会看不起小兔子的。"……

案例中小朋友们你一言我一语争论了很长一段时间。从小朋友的争论中可看到,小朋友们的立场对立是很明显的。"小兔到底是帮助青蛙还是去追乌龟呢?"这是问题的关键所在,也预示着故事的结局。教师在问题设计时,认真分析了教材和幼儿,把握了重难点,在故事转折的关键处,通过设计的开放性问题,激发幼儿的想象力,让幼儿去猜测、假想与创造。小朋友们所展开的激烈讨论,是他们在矛盾冲突中所作的深入而细微的思索,也是故事角色的心理斗争的反映,同时也间接地展示了小朋友的社会性发展水平。

8. 问题设计要体现挑战性

---

① 严寒晖:《开放性提问让故事教学活起来》,载《新课程研究》,2012年第3期

在教学活动中，教师有时易受思维定势影响，提问的思路带有一定的习惯性，比如总是根据活动目标从正面入手设计问题。如，在看图讲述《狡猾的狐狸》中，教师依习惯常常会设计这样的问题："图上有谁？小鸡在干什么？躲在树后的狐狸又想干什么……"由于教师所设计的问题落于俗套，对幼儿缺乏新鲜感，问题难度不够，对幼儿的思维没有挑战性，也无法达到以问题促幼儿积极思维的效果。

因而，教师要善于根据幼儿的实际情况，灵活变换或调整问题设计的角度，尝试提出一些具有较大思维空间、带有一定挑战性的问题，增强问题设计的新鲜感和挑战性，以鼓励幼儿积极思考、大胆想象。如上述的"狡猾的狐狸"看图讲述活动，教师的问题设计若能调整为："故事发生在什么地方？有谁？可能会发生什么事"等，这样的问题设计给予幼儿较大的思维空间，幼儿可以根据自己已有的生活经验，设想多种可能发生在小鸡和狐狸之间的事情，从而更能激发参与活动的积极性与主动性。

案例10[①]：这是大班"我喜欢我自己"语言活动片段。

师：小松鼠飞快地爬上树，采下果子扔给青蛙，神气地说："可是，我会爬树，谁也没有我爬得快。"青蛙也像松鼠那样抱住大树往上爬……青蛙忍不住哭了起来。

师：青蛙为什么会哭呢？（虽是问题，实则帮助幼儿理解故事）

幼：因为他说自己不会爬树也不会飞，什么也不会。

师：小松鼠不会飞，为什么它不难受呢？（教师并不肯定幼儿的回答，而是把问题抛给幼儿，通过又一个问题引发幼儿的思考）

幼：因为它自己有爬树的本领。

师：你能安慰安慰小青蛙吗？（借助情景让幼儿安慰青蛙，实则是一种情景迁移，从中体会每个人都有自己的长处）

幼1：小青蛙，你别哭，你有游泳的本领。

---

① 朱慧纺、施建萍主编：《展现群言堂的精彩——幼儿园集体学习活动中师幼互动的魅力》，上海教育出版社，2011年版，第117—118页

幼2：小青蛙，其实你有自己的本领，每个动物都有他们自己的本领。

幼3：小青蛙，其实你已经很厉害了，你会游泳，还会捉害虫，你已经帮助我们人类很多了。

本案例中，教师共设计了三个问题，即"①青蛙为什么会哭呢？②小松鼠不会飞，为什么它不难受呢？③你能安慰安慰小青蛙吗"。在这三个问题中，问题②是本活动的关键性问题，如果没有问题②，整个活动直接由问题①和③构成，也就是让幼儿思考青蛙为什么会哭呢，找出原因后，直接进入了该怎样安慰小青蛙，活动环节由"为什么"和"怎样做"两部分构成，活动流程既比较平铺直叙，又落入俗套。而问题②的存在，则在活动中起着承上启下、深化幼儿思考、拓展幼儿思考的空间和维度的作用，活动流程因此而峰回路转，师幼互动质量也因此而增色不少。

9. 问题设计要体现适宜性

问题设计要体现适宜性，在这里特指的是，问题的设计要与所创设的活动情境相符合。

案例11：这是中班下学期开展的一个社会活动"感受什么是合适的"，活动的主要设计思路是这样的：让幼儿穿上大人的鞋子和自己的鞋子参与活动，初步体会合适与不合适的概念。

活动一开始，教师请幼儿将他们各自带来的爸爸妈妈的鞋子进行自由交流展示，向同伴说一说"这是什么鞋子？是用什么材料做的？是什么时候穿的"，教师在幼儿交流的基础上提问了个别幼儿后，接下来就让幼儿穿上大人的鞋子走一走、跳一跳、踢一踢。

穿上爸爸妈妈的大鞋子的幼儿高兴极了，但或许是不方便活动，他们虽然觉得很好玩、很有意思，但也不敢"太放肆"，绝大多数幼儿只是在一个很小的范围内活动，有的甚至站在原位活动。从幼儿的表情上判断，他们感觉到的更多的是"好玩、有趣"，不方便的体验似乎被冲淡了。在幼儿充分体验后，教师请幼儿坐回椅子上，然后提问幼儿："刚才你们穿上爸爸妈妈的大鞋子感到舒服吗？""舒服！"教师赶快用暗示性很强的语气再问一遍："舒服不舒服呢?""不舒服。""为什么不舒服呢?""因为鞋子太大了。"……

很显然,案例中教师在幼儿体验后所设计的问题,目的是想让幼儿将问题的答案——"不舒服"说出来,但如果没有教师所补充的第二个问题的暗示下,恐怕现场的幼儿是不会说出"不舒服"这个预设答案的,因为幼儿在情境中体验更多的是"好玩、有趣"。其实,凡当过父母亲的都知道,孩子越小的时候,越喜欢穿爸爸妈妈的大鞋子在玩,他们觉得穿上爸爸妈妈的大鞋子是一件很好玩的事儿。从这一点来看,教师在现场活动中,对幼儿所体验的感觉观察得不够,没有读懂幼儿的真实感受,同时也说明教师对幼儿喜欢穿大人鞋子的心理缺乏了解。

问题的设计体现着教师的指导作用。有效的问题设计应该是开放的,与所创设的活动情境是相一致的,能促进幼儿基于教师所创设的活动情境的体验的基础上作更进一步的思考,挑战他们的最近发展区。像本案例中的情境,如果该教师能观察到幼儿在情境中的真实感受的话,则问题可以做这样的设计:"小朋友刚才穿上爸爸妈妈的大鞋子,好玩吗?""穿上爸爸妈妈的大鞋子很好玩,那为什么你们不穿着爸爸妈妈的大鞋子上幼儿园呢?"这样的问题设计,既能较好地反映幼儿在体验活动中的真实感受,又能有效地让幼儿在对比中积极思考;既完全可以避免教师焦急追问的尴尬,又可以达到教师预先创设的这一情境体验的目的。由此观之,好的情境创设,也需适宜的问题设计与之相匹配,方能显现出教师独运匠心的活动效果。

10. 问题设计要体现整体性

作为一个活动中的问题群而言,问题间的联系应该是呈现出一种网络状的关系,或是将一连串问题构成一个指向明确、思路清晰、具有内在逻辑关系的问题链,并借助这样一个具有相互联系的若干个问题,为幼儿提供支架,帮助幼儿在问题的解决过程中建构认知结构,进而帮助幼儿有效地建构起对某一活动内容的整体性认识,即通过整体性问题帮助幼儿建构关键性经验。特别是在科学活动的问题设计中,教师尤其要根据幼儿认知模式来设计有效引导幼儿进行探究的问题。

如，探索蜗牛活动，当蜗牛来到幼儿面前时，幼儿肯定会有一系列的问题：蜗牛是什么样的？蜗牛有耳朵吗？蜗牛走过的路怎么有条线？……教师应该关注幼儿所关注的多种多样的问题，并在此基础上设计利于建构关键性经验的系列问题。如"蜗牛长得像什么"（蜗牛的外形特征）；"蜗牛能听见声音吗？蜗牛是怎样爬行的"（蜗牛的身体器官）；"蜗牛喜欢吃什么？蜗牛喜欢住在什么地方"（蜗牛的习性）；"蜗牛吃什么颜色的食物就拉什么颜色的粪便吗"（蜗牛新陈代谢的特性）；"白色的粒粒是什么"（繁殖后代）。

11. 问题设计要体现适时性

教师在教学现场活动中要问得适时，问得有价值，才能充分体现出教师的有效指导作用。如果提问的时机不妥，反而会给整个活动的正常开展带来不必要的麻烦。

案例12：这是中班上学期谈话活动"各种各样的帽子"，活动核心目标是让幼儿通过谈话，了解生活中有各种各样的帽子，不同的帽子有不同的用途。在活动导入环节，教师通过出示一顶帽子（实物），问小朋友：好看吗？此时班上有的小朋友说"好看"，有的则马上说"不好看"。现场明显出现两种截然不同的观点，而且还有互相争执的迹象。教师只好用一句："每个人的感觉不一样，是不是？"直接阻止了小朋友对此问题的讨论，而将话锋一转："你有帽子吗？在什么时候戴的呢？"……

本案例中，教师在活动导入时抛出问题的目的是想让幼儿就此问题进行相应的回答（发表观点），但幼儿所回答的并不是教师所预期的结果，更要紧的是幼儿在回答问题时出现了观点明显对立分歧的现象。若任幼儿争论下去，则与教师拟开展的谈话活动的思路会明显跑题。但教师在现场中采用"急刹车"的方式，难免又会令人有几许的生硬之感。由此带来的思考便是，导入环节中的问题设计如何做精心考量。细究本案例中教师所提出的问题（"这顶帽子，好看吗"），所涉及的是有关价值判断问题，对该问题的判断，受个人的已有经验、认知水平等制约，所作的价值性表态肯定是有所不同，甚至是对立的，这应该是可以预估的。换言之，该教师在导入环节中所遇到的尴尬局面是教师自找的。其实，教师在活动导入时宜将"价值判断"问题转换为"事实判断"问题，如问小朋友，"这是一项什么样的帽子呢"，教师再引导幼儿从帽子的形状、颜色、质地等角度去谈论这项帽子。显然，这样的问题设计既切合活动目标，又可避免上述的窘境的产生。

因而，教师能否根据活动内容的特点和幼儿的实际情况，选准时机，巧设问题，就显得十分重要。实践表明，适宜幼儿教师问题设计的时机主要有三种情况。

一是在困疑处提问。"学起于思，思源于疑。"幼儿有了对问题产生困惑并迫切求解问题的强烈愿望，往往是教师给幼儿答疑解惑的最佳时机。因此在组织教学活动中，教师要把握这个时机，所提出的问题要步步引导，化整为零，分散难点，各个击破，使幼儿从解答问题中体验到获取新知识的乐趣。

如，在组织中班科学活动"有趣的磁铁"时，教师先设疑："不小心把回形针和发卡掉在了水里，用什么工具能取出它们呢？用哪种工具最快最方便？"然后让幼儿自己动手进行实践操作。通过实践操作，有的幼儿很快就用磁铁取出了回形针和发卡，有的还在用钩子、渔网等在取，此时这些未取完的幼儿心中充满了疑惑：他们怎么会那么快呢？这时教师就可以借机提出这样的问题："你为什么会取得那么快？用的是什么工具？为什么呢？"该问题的设计符合幼儿的认知水平，步步深入，让幼儿真正理解了磁铁吸铁的这一特性。

二是在争议处提问。提问要选准时机，要问在幼儿产生矛盾、发生争议之时，这样幼儿容易产生出思维的火花，有助于养成认真思考、积极思维的习惯。比如在组织小班科学活动"铃儿响叮当"时，在"听听猜猜"环节中，幼儿对于闹钟和电话机的铃声不能很好地区别，经常发生争议与出错。为了帮助小朋友们更好地辨别两种铃声，教师通过提问："这是怎么响的？那又是怎么响的？有什么不同？"引导幼儿反复仔细听辨，最终找到了两者的不同，清楚地辨别了它们。

三是在关键处提问。在教学活动中优秀幼儿教师，会在关键处提问上下一番工夫。因为在关键处发问往往能将幼儿带入积极的学习情境之中，促进幼儿的积极思考，其对幼儿的思维有牵一发而动全身的统领作用。教学活动中的关键处通常是活动目标中的重点、难点，以及新旧知识的衔接处、转化处，以及容易产生疑难的地方。

第三章 幼儿教师教学前的准备策略（下）

在上一章的教学前的准备策略中，我们集中讨论了基于活动内容分析之上需要考虑的目标制订、难点处理和问题设计等策略。本章所谈论的活动情境与环节的处理、领域渗透和留白设计策略等，也是教师在教学准备时应考虑的问题。

第一节 情境创设策略

一、活动情境的含义与类型

"实习场"是当代教与学的心理学中关于学习环境的一个隐喻，指的是在一个真实的或拟真的知识境脉中使学习者理解知识。利用真实的或模拟的情境，让学习者在活动中计划、操作、交往、协商和体验，这样的情境充满了知识。知识的获得方式就是经历和行动，知识的呈现和接受形式就是经验[1]。在实习场理念的影响下，人们越来越认识到，在幼儿学习活动中创设一个与活动内容、活动目标以及幼儿已有经验相适

---

[1] 虞永平著：《学前课程与幸福童年》，教育科学出版社，2012年版，第160页

宜的活动情境的重要性，这也成为衡量幼儿教师在教学活动前准备工作是否充分，以及教师专业水平的一个重要标准。

活动情境指的是教师从教与学的和谐发展出发，通过不同的途径，运用各种方式，积极设计和营造出有利于幼儿主动参与、主动体验、主动发展的氛围的总称。从字面上简单理解"情境"一词，"情"字指的是情感、情绪，"境"字指的是环境、场景；情由境而生，境催情而发，以境生情，以境催情。理想中的活动情境应该是能让师幼共处于一种情感交流融洽、经验分享、求知欲望强烈和探索精神浓厚的活动氛围之中。实践也表明，良好的活动情境有利于唤起幼儿强烈的求知欲望，促使幼儿保持持久的学习热情，让幼儿在一个自然、轻松的氛围中，主动、积极地投入到学习活动中去，从而获得最佳的教学活动效果。因而，它已成为当前幼儿教师在活动设计与组织中最常运用的一种教学策略。

依据活动情境蕴涵的目的或功能，可将活动情境分为激发探究欲望型情境、唤醒生活经验型情境和蕴涵学习目标型情境。

激发探究欲望型情境，指的是教师创设一定的问题情景，让幼儿通过操作等方式置身其中，从而产生一定的问题或疑惑，萌发幼儿的问题意识，激发幼儿的探究欲望。如，"空气在哪里"科学活动中，活动伊始，教师创设了一个激发探究欲望型情境：先与小朋友做了一个"手绢为什么不会湿"的小实验。教师把手绢塞进杯底，倒扣着浸入水中，让小朋友猜想："手绢湿了吗？""湿了。"小朋友响亮地回答，这是他们的生活经验。拿出来看一看，"咦！手绢为什么不湿"。疑问产生了，经验与事实发生了矛盾："手绢为什么没湿呢？水为什么进不了杯子？杯子里有什么东西挡着不让水进去呢？"这样的情境让幼儿在疑问中开始了尝试与探索。

唤醒生活经验型情境，指的是让幼儿置于所创设的活动情境，以唤醒幼儿已有的生活经验，为幼儿学习新内容理解新经验奠定基础。如，在小班儿歌活动"一排鸭子"中，儿歌内容为"个子矮矮，屁股歪歪，走起路来，翅膀拍拍，伸伸脖子，吃吃青菜"。教师依据小班幼儿的年龄特点，巧妙地设计了小鸭排队走路、小鸭晒太阳、小鸭吃青菜的游戏表演情境，让幼儿在有趣的表演游戏中，非常自然而形象地感知与体验了儿歌所描绘的小鸭的外形特征与动作特点。教师在儿歌学习前所创设的情境，有效地唤醒幼儿已有的生活经验，为幼儿感知和理解儿歌内容，并初步学念儿歌，搭建了有效的情境支架。

蕴涵学习目标型情境，指的是教师将要让幼儿掌握的学习任务，需要达到的学习目标，蕴涵于所创设的情境之中，让幼儿在情境性学习中达到教师所期望的学习效果。如，在小班区域活动"为小动物垒高"中[1]，教师在小班活动区投放了多种易拉罐，目的是想让幼儿在垒高的过程中感知材料，发展手眼协调能力。然而，幼儿进入区域后，仅满足于随意地摆弄罐子，对垒高的结果并不在意，任凭教师多次示范激励，活动区里的游戏状况依然如故。为解决这一问题，教师巧妙地在活动区增添了游戏情境，即在垒高区的上空悬挂上一个个可爱的小动物，要求幼儿要想办法给小动物送上甜甜的饮料。情境的调整即刻改变了幼儿的游戏行为，为了给小动物送饮料，幼儿兴趣盎然地将易拉罐一个一个地往上垒，再往上垒。半空中的小兔、小狗、小熊等小动物们，成为幼儿将手中的易拉罐越垒越高的有效的激励源，幼儿由情境而激发的情感，使得他们的游戏行为不断地接近教师所期待的活动价值。

根据活动情境产生的方式，可以将活动情境分为预设型活动情境和生成型活动情境。预设型活动情境是教师在活动设计时事先创设的，是活动设计的一项重要准备工作；生成型活动情境则是在活动开展进程中自动生成的，它有可能产生于某一具体活动的开展之中，也可能产生于活动内容的转换之处。如大班看图讲述活动"大象与小兔"，活动开展到"小兔遇到老虎"时，教师请小朋友帮小兔想办法脱险，有的幼儿主张请猎人开枪打死老虎，有的说老虎是国家保护动物不能打……此时活动现场围绕着老虎该不该打的问题，班上小朋友激烈地争议了起来，并逐渐形成观点对立的两派。活动开展到此

---

[1] 李建君：《以适当的方式应答》，载《幼儿教育（教师版）》，2006年第11期

处，一个自发生成的幼儿辩论活动情境已初具雏形。如果该教师能充分利用好这个生成型的活动情境，开展相应的课程活动，则该生成性活动对幼儿口头语言表达能力等方面发展的促进作用是显而易见的。

在一日生活皆课程的教育观念指导下，幼儿教师更应该培植自身教育机智意识与水平，重视对生成型活动情境所蕴含的课程价值的挖掘。从某种意义上说，来自幼儿所生成的活动情境而延伸的课程活动，对幼儿的学习与发展更有意义。

由于幼儿学习是以游戏活动为基本方式，而教师所创设的活动情境是为活动内容和目标而服务的，因而，教师所创设的活动情境通常带有明显的两大特征——游戏性和问题性，即游戏情境和问题情境。

二、活动情境创设的基本要求

1. 活动情境的创设要体现经验的适宜性

活动情境的创设要与幼儿的生活经验相符合，尽量贴近幼儿的生活，以利于激起幼儿相应的情感体验。如，在一次社会领域活动中[①]，教师为了帮助幼儿了解残疾人生活的艰难，从而萌发关心残疾人的情感，特地准备了眼罩让幼儿体验盲人生活的不便。但实际活动效果却大出教师所料，戴上眼罩的幼儿感到很新奇，表现得很兴奋，有的嬉笑出声，有的窃窃私语，有的对眼罩本身产生了兴趣，还不时地看一看、摸一摸……显然，幼儿在教师所创设的情境中的实际表现与教师的预期相去甚远，其所带给幼儿的只是一种有趣而好玩的游戏体验而已，活动效果不尽如人意是可想而知的。因此，脱离幼儿生活经验的"体验"是不可能有教师所期望的相应经验的唤醒，其所创设的活动情境只会给人一种牵强附会之感。

2. 活动情境的创设要体现活动的目标性

活动情境的创设是为了更好地实现既定的活动目标，是与所组织的活动

---

① 陆琴芬：《让"假"走开》，载《幼儿教育（教育教学）》，2011年第1—2期

内容的性质相一致的，所创设的情境应该能增强幼儿的体验，丰富幼儿的感受，激发幼儿的想象，提高幼儿参与活动的兴趣，以使幼儿对活动的内容有更好的理解与接受。

案例13[①]：中班数学活动"哪条路更长"，核心目标是让幼儿认识直线和曲线，感受两点间直线最短。教师结合《小红帽》的故事，出示了一幅教学挂图：小红帽的家到外婆的家有几条路，有直线的，有弯曲的，目的是让幼儿比较路的长短。但在整个活动过程中，小朋友们似乎更关心另一件事：大灰狼要出现了！小朋友们在下面互相猜测什么时候大灰狼会出现，甚至在回答问题时，一些小朋友也忍不住告诉老师大灰狼肯定会出来的。而事实上，教师在这个活动中压根就没有打算要提及大灰狼，因为大灰狼与这次数学活动毫无相干。活动结束后，小朋友们都很奇怪，也很遗憾：怎么大灰狼没出现呢？

案例中教师所创设的教学情境，不仅没有很好地起到激发幼儿集中精力于活动的主要内容，反而起了分散幼儿注意力的负面效果。究其原因是，对幼儿来讲，在《小红帽》这个故事中，大灰狼与小红帽是连为一体的。教师利用《小红帽》所创设的这个活动情境，其所唤醒的是幼儿有关《小红帽》的故事经验，而这一故事经验当然包括有关大灰狼的形象。幼儿在教师所创设的情境中期待与关注着大灰狼的出现，自然而然就会冲淡他们对情境中所蕴涵的学习任务应有的关注。

由此可知，教师在创设活动情境时，要充分考量情境创设的有效性，有效的活动情境应是既能激发幼儿的兴趣，又能激发幼儿去探索蕴涵于情境中的问题，且该问题又是与所组织的活动的内容性质和活动目标相一致。因此，在情境的问题性与趣味性、情节性关系的处理上不能本末倒置，如果过分追求情境的趣味性、情节性，有可能会忽略情境应有的问题性，冲淡了活动情境与活动目标的关系，降低了活动情境创设的有效性。

---

① 张亚军：《公开课上的"意外"》，载《教育导刊（下半月）》，2011年第10期

3. 活动情境的创设要体现情境的完整性

案例 14：这是一个小班下学期仿编儿歌的活动片段，活动的核心目标就是让幼儿懂得根据所学的儿歌进行仿编：每个幼儿仿编一句"××（小动物）过桥×××"。教师在引导幼儿学习完所要仿编的儿歌后，设置了这样的一个情境：教师事先准备了四大筐的动物掌上布偶，请小朋友们上来每人拿一只动物，要求小朋友边玩的时候，要边跟小熊说一句"××（小动物）过桥×××"。

小朋友们拿到布偶后就套在手掌上开心地玩了起来，除了教师参与指导的一组小朋友外（围在教师身边的五六位小朋友），大部分的小朋友都是将布偶套在手上独自摆弄，也有部分的幼儿在互相说着他拿的是什么动物，或是在学动物走路的姿势，或是在学动物的叫声，或是拿着布偶在互相嬉戏……总之，在这将近四分钟的借助情境开展仿编的活动中，没有一位小朋友能真正主动地按老师所提出的仿编儿歌句子的要求去活动。该活动接下来的环节就是教师请小朋友回座位后，开始请个别幼儿把刚才仿编的儿歌句子告诉大家……

案例中，教师提供给每个幼儿人手一个布偶，并安排了属于他们自由支配的时间，让他们根据这样的一个活动情境，或者说是在这样的一个情境中学编儿歌（学说一句完整句）。但从现场的情况来看，幼儿的行为并没有像教师所预期的那样，活动效果显然没有达到教师所期望的目标。这可能与小班幼儿的任务意识本身就较为薄弱有一定的关系，但案例中所创设的活动情境到底给幼儿带来的真正感受是什么呢，也即幼儿置于这样的一个活动情境中，其最有可能产生的与这一活动情境相一致的行为是什么，这样的深层次问题可能更值得教师去反思。

像本案例中的活动情境，对幼儿来说，他们可能觉得很好玩，特别是当他们拿到本身就很好玩的布偶，并且可以任其自由地摆弄时，他们更不会觉得在这样的活动情境中还需要"说些什么"。换言之，这样的一个活动情境本身就无法很好地激起幼儿说的欲望或需要。若再作进一步的分析，即使幼儿有想说，那么，他又该向谁去诉说呢？教师说要跟小熊说，而在这一活动情境中，小熊又在哪里呢？（教师并没有创设小熊这一幼儿诉说的对象），幼儿找不到要说的受众，而又要求他说，这显然是不现实的，也超出幼儿的实际水平，仿编"××（小动物）过桥×××"，这样的要求确实有很大的实施难度。

由此推知，很有可能就是因为活动情境创设不完整，而导致整个活动效果未能如教师所愿。教师在创设活动情境时缺乏"儿童本位"，没有站在儿童的视角来看待所创设情境的有效性，存在着较明显的"任务高于幼儿"，或是"有任务，无幼儿"的弊端。试设想一下，如果教师能在活动情境中创设小熊这一相应的角色，也许幼儿在这样相对完整的活动情境中，在教师的提醒下以及同伴的影响下，或许会走到小熊跟前，跟小熊说起话来。

4. 活动情境的创设要体现问题的挑战性

活动情境的创设是为幼儿的学习活动而服务的，有价值的活动情境应能有效地促进幼儿思维的发展。而幼儿思维的发展带有"问题性"，是在参与问题解决的过程中发展起来。活动情境中所蕴涵的问题的难易程度，既要与大多数幼儿经验水平相适宜，又要能与幼儿的现有思维水平构成必要的认知冲突，促使幼儿思维在问题解决的过程中，从不平衡状态走向平衡。

5. 活动情境的创设要体现情节的简洁性

由于幼儿年龄较小，注意力持续的时间比较有限，幼儿积极关注的时间往往在活动最初的几分钟或十几分钟内。因而，在活动情境创设上应注意区分主次，突出重点，不要本末倒置，活动情境不宜有过多的情节，以免冲淡活动的内容，而是应尽量快速地激起幼儿的兴奋点，将幼儿引入学习之中。比如，在中班数学活动"认识3的相邻数"中，教师创设了海底世界的情境，让幼儿观察热带鱼的颜色，抱一抱，玩一玩。由于过多的铺垫，冗长的情节，既占去了活动的不少时间，又消耗了幼儿大半的精力和体力，当活动转入学习任务时，即请幼儿开始给小鱼找朋友的时候，幼儿却茫茫然了。活动的重点内容却成为最弱的环节，活动情境创设全然失去了为活动任务服务的意义。

第三章　幼儿教师教学前的准备策略（下）

综上所述，活动情境创设的质量，直接影响着教学活动的效果，也影响着幼儿学习的质量。一个有效的活动情境，首先应该是合适而有趣的，即活动情境所蕴涵的学习内容的难度是与幼儿的年龄特征相适宜的，活动情境的形式是有趣的，能吸引幼儿的注意力，激发幼儿参与活动的欲望；其次是完整而有目的的，活动情境激起幼儿所产生的情境性行为是与教师的预想相一致的。因此，要创设一个有效的活动情境，教师在活动设计之前就应做好相应的反思工作，即事先对幼儿在此活动情境下可能产生的行为做一下预估，并根据预估的情况寻找可能的原因，进而采取相应的措施。唯有设计完善的活动情境，也才能取得良好的预期的活动效果。

三、活动情境创设策略的案例分析

案例15：这是小班下学期健康活动"爱护牙齿"活动片段。老师在讲完一只小老虎不听老虎妈妈的话，晚上偷吃糖果后又没有刷牙，结果第二天早晨牙齿痛的这则小故事后，提问幼儿：小老虎发生了什么事情？为什么？幼儿给予的答案是五花八门，"牙齿痛""蛀牙""吃了太多的糖果""吃了糖果后又没有刷牙"……老师将故事再讲了一遍后，又向幼儿提了第二个问题："请小朋友帮小老虎想想办法，它应该怎样才能保护好牙齿，才不会牙齿痛呢？"问题提完后，老师请小朋友互相讨论一下。在讨论的时段里（大约四分钟），老师巡回参与并引导了幼儿的"讨论"（幼儿的座位排成"U"型），除了老师的直接干预外，全班33位幼儿只有两对邻座小女孩在"咬耳朵"（不晓得她们所讨论的是否与老师所交代的话题有关），其他小朋友要么呆在座位上无所事事，要么眼睛看着对面老师与幼儿"讨论"的背影……

如何创设适宜参与讨论的活动情境，即教师如何通过情境创设有效地引导幼儿的讨论，这是该案例引发的值得思考的问题。讨论就是参与的各方就某一问题交换意见或进行辩论。讨论的最终目的是参与的各方共同将话题往纵深的方向推进，通过视阈融合来获得对问题的更深入而全面的认识。理想的讨论就像"打乒乓球"那样，在"一来一往"的过程中不断地将比赛推向高潮。一个比较成功的讨论活动对参与者是有一定的要求的，如参与讨论的各方要围绕所讨论的话题这一中心而展开，要善于倾听对方的观点，并在对方的观点的基础上发表自己的看法。

在本案例中，显然，这一讨论形式超过了该班幼儿的经验与能力发展水平。其实，对小班幼儿而言，如果能做到愿意并且能将自己的观点跟同伴说一说，即达到普通交流水平就不错了（讨论是一种交流，但交流不完全等同于讨论）。对小班下学期幼儿来说，什么样的问题适宜采用交流的形式呢？一个比较直观的判断标准是，当教师所提的问题是"每个幼儿都会说、都想说、都愿意说"的时候，执教教师基于满足幼儿当前的需要，先让幼儿互相说一说，再作其他形式的处理，比如个别提问，或集体提问等。

而即使是到了中大班，幼儿有能力讨论，也不是所有的问题都适宜采用讨论这一活动形式。适宜讨论的问题，除了该问题须指向明确、难度适中外，至少应符合三个基本特征：一是问题的答案是开放而多维的（大家都有话说）；二是幼儿对问题是感兴趣的（大家都爱说）；三是不同的幼儿对问题所涉及的经验是不一样的（大家都会说）。而要保证幼儿讨论的质量，达到预期的效果，教师在引导幼儿讨论前应注意：要适当控制讨论的人数，一般以2—4人左右为宜；座位宜围合成一圈，让幼儿面对面地互动交谈。而在幼儿讨论中教师的指导应注意的是，要善于观察，并根据观察的情况，有的放矢地采取相应的介入方式，以及明确介入时的指导任务。

就介入方式而言，可以是以"主持人"的关键角色参与，一般用于讨论水平较差的小组；可以是以"讨论者"的平行角色参与，一般用于讨论水平中等的小组；也可以是以"欣赏者"的观众角色参与，一般用于讨论水平较高的小组。就指导任务而言，有在"冷场"或停滞的时候起"点火"或"添油"的作用；有在"离题"的时候起把握方向的作用；有在"冲突"的时候起劝说的作用；有在"高潮"的时候起欣赏、鼓励的作用……当然，在指导各小组幼儿讨论时，可以全面兼顾，但应做有目的的重点指导，反对平均用力的倾向；坚持以观察为指导的前提，反对教师先入为主的指导思想。

就本案例所描述的情境，其存在的问题除了前面所讲的难度不适宜外，教师在幼儿座位上的安排也不合理，如果是以自然小组的形式进行交流，也许各小组的小朋友会因相对比较熟悉的缘故自然而然地说起来。教师通过巡回方式参与幼儿活动，并采用平均用力的指导方式也是不适宜的，未能及时观察到幼儿的反应，临场应变能力欠佳，在这种全班"冷场"情况下，宜及时改变策略，比如改为个别提问等方式，可以避免活动的尴尬局面。

第二节　环节设计策略

一、环节设计的含义与类型

活动环节设计，指的是将活动目标的落实、活动内容的展开、活动形式和活动方法的运用等与活动进程相关的要素，作全方位的谋划与具体的安排。其展现了教学活动的基本框架结构，反映了教师对教学活动如何有序开展的思考的结果，也是教师在活动前所应开展的重要准备工作。一般而言，活动环节设计完毕后，教师便可以直接将活动开展的设想方案化，即撰写相应的活动计划（方案）。

活动环节的划分，一般是以在某一单位时间内所承担的活动任务（或功能）为依据的，也即每个活动环节都要占用一定的活动时间和承载一定的活动功能，比如反馈环节、交流环节、导入环节等。

以活动过程中的功能来划分，活动环节有导入环节、热身环节、学习环节（探究环节、操作环节）、展示环节、交流环节、反馈环节、巩固环节、总结（小结）环节、评价环节、结束环节等；以活动过程中的时间推进来划分，则有开始环节、中间环节和结尾环节，或导入环节、展开环节、高潮环节、结束环节、延伸环节等；而若以在活动中的重要性程度来划分，则活动环节可分为一般性环节、过渡性环节和关键性环节。

二、环节设计策略的基本要求

环节设计的总体要求，一是要符合幼儿认知特点和活动内容的内在逻辑结构，幼儿学习活动所具有的游戏性、兴趣性、情境性、直观性特征，以及活动内容组织结构的内在逻辑性等特点，都应在活动环节的设计上得到体现，凸显其科学性和有效性。二是要反映最新的教学理论研究成果，体现活动环节设计的时代性和新颖性。三是由易而难，由简及繁，层层推进，步步深入，环环相扣，体现活动环节设计的层次性和递进性。四是在环节安排上应详略得当，体现活动环节的完整性和合理性，即环节紧凑，重点突出，前后相继，井然有序，首尾呼应。

本小节在介绍导入环节和结束环节这两部分内容时，考虑到这两个活动环节在教学活动流程中的位置比较特殊，因而，除了阐述环节设计的基本要求外，还增加了活动环节设计常用的基本方法。

（一）导入环节设计的基本要求与方法

1. 导入环节设计的基本要求

导入环节不是活动的主体，更不是整个活动的重点，它所占的时间一般较短，但它所起的作用却是不可忽视的。常言道：良好的开端是成功的一半。导入环节作为整个活动的开始，对幼儿来讲，它是参与整个活动过程的认知系统和情感系统的初始启动。要想在最短的时间内达到激智、激情和激趣之效，就必须认真考虑活动导入的方式、语言的使用及情感的传递等方面的设计是否具有趣味性、艺术性，以及与幼儿所要学习的活动内容之间的有机联系等因素。

（1）简洁性

简洁性指的是导入环节所占用的时间不宜太长。虽然导入环节在整个活动的全过程中起着举足轻重的作用，但过于纷繁复杂的导入方式，容易出现喧宾夺主之弊端。教师在导入活动时应言简意赅，力争用最少的语言在最短的时间内集中幼儿的注意力，使幼儿迅速进入学习情境。一般来说，导入环节的时间控制在两三分钟左右为宜。

案例16[①]：在中班数学活动"比比谁最多"中，王老师借助"郊游"这个话题导入："小朋友，春天到了，你们瞧，小树发芽了，小草变绿了，美丽的迎春花儿开放了，春天多美呀！春天到了，天气变暖和了，燕子也从南方飞回来了，农民伯伯可忙了，他们都在忙着播种呢！春天到了，你们最喜欢干什么呢？"幼儿说："我喜欢到外面去玩。""我喜欢去放风筝。"幼儿七嘴八舌，活动室里像炸开了锅似的。王老师使劲敲铃鼓，待幼儿安静后说："春天到了，你们喜欢郊游吗？喜欢到哪里郊游？"活动室里又一次沸腾起来。王老师又一次使劲敲铃鼓，示意幼儿安静，同时出示一幅图说："今天老师要带你们到一个美丽的地方去郊游，你们看，这儿多漂亮呀！这儿有树、有花……请你数一数，它们都有多少呢？可以用数字几来表示呢？……"

案例中，王老师在导入环节中过多地描述春天景色，生动形象有余，简洁性与指向性明显不足。冗长的导入语无形中会冲淡了数学活动"比比谁最多"的学习要求，而且容易分散幼儿的注意力。其实王老师可以避繁就简地采用自然的导入方式，如："小朋友，春天是个美丽的季节，出去郊游可是一件十分开心的事情。森林里的小动物们今天也结伴去郊游了，你们瞧，它们手拉手走来了。让我们看看，都有哪些小动物去郊游了，它们各有多少，可以用数字几来表示呢。"这样的导入方式既简洁，又不失形象性与趣味性，也能较巧妙地将幼儿带入情境，激起幼儿参与活动的兴趣，明确学习活动的任务。

（2）适宜性

适宜性指的是导入环节的设计要考虑与活动的内容性质、活动目标和幼儿的生活经验、认知水平相匹配。导入环节还应与后续活动环节衔接自然，要能为后续活动环节的开展作铺垫，有利于活动的顺利进行。如，中班美术活动"画小鸡"，该活动的导入方式可以是猜谜引题法、木偶激趣法、范画出

[①] 吴鸽英：《教师语言运用失当的几种现象》，载《早期教育（教师版）》，2008年第8期

示法、画笔变魔术法等。但教师考虑到这是一个美术活动，活动的导入环节应既能激发幼儿画小鸡的兴趣，又能让幼儿了解小鸡的画法，于是就采用了"画笔变魔术法"这一导入方式。当幼儿满怀好奇地看着教师手中画笔在变魔术——教师用一点、两点、加半圆、加小点画出小鸡的形态，幼儿注意力一下子就被吸引过来，不仅兴趣被激发，而且也从一开始的迷茫到后来的恍然大悟，显得十分兴奋，个个跃跃欲试。

案例17：这是大班上学期数学活动"有趣的数字"的活动片段，活动的核心目标是：知道电话号码是由数字排列组成的，不同的电话号码，其数字的排列方式是不一样的。

老师在活动导入环节为了引出电话及电话的用途，用拟人的口吻设计了这样的问题情境：我们准备去秋游，老师打算邀请几位小动物一起去，大家帮我想想怎样通知小动物呢？幼儿A回答："看小动物爱吃什么，就给小动物买好吃的。"老师说："你没有把老师的问题听清楚，请坐下。"于是又将问题说了一遍："我们想请小动物去秋游，但是又不知道怎样通知他们，你们说有什么好办法呢？"幼儿B回答："小白兔爱吃红萝卜。"老师："小动物爱吃什么，由小动物自己决定。我们现在怎样告诉小动物，我们要去秋游了，有什么好的办法呢？"幼儿C回答："给他送好吃的东西。"老师："可我不知道小动物的家住在哪里？"这时班上的小朋友开始自发地议论开来。老师说："比如说，前天，有一个小朋友没来，我要通知他来幼儿园，我们可以怎样通知他呢？"许多小朋友一下子就说："打电话。"老师说："噢！我们可以打电话请小动物来秋游……"

案例中，教师在第一位小朋友答非所问的情况下，判断是幼儿没有听清楚老师所提的问题，因而就直接将问题再重复一遍，这样的处理方式应该说是可以理解的。而第二位幼儿估计是受第一位幼儿回答思路的影响，犯了同样的错误——没有听清，可能严格上说是没有听明白教师的问题。在第三位幼儿答非所问的时候，教师的追问似乎引起幼儿思考（幼儿开始自发议论开来）。至此教师赶快给幼儿进行必要的暗示，即将问题替换成与幼儿生活经验密切相关的——"比如说，前天，有一个小朋友没来，我要通知他来幼儿园，我们可以怎样通知他呢？"有了这一提示，幼儿一下子便懂得了通知小动物的办法。

事后了解才知道，原来该教师是借班上课，该班幼儿不懂得"通知"一词的含义而造成答非所问的现象。从本案例可以明白这样的道理：教师在活动导入环节的设计上，如果与幼儿的生活经验、认知水平相脱节，则可能会导致导入环节不仅未能达到既定目的，同时也会无形中浪费了许多宝贵的活动时间。

（3）趣味性

不同的活动内容导入方式是不同的，同一活动内容也可以有不同的导入方式。在导入方式的选择上要考虑其趣味性，如风趣的语言，生动的形象，新颖的形式等，务必在有限时间内集中幼儿注意力，激发幼儿学习的热情。

案例18[①]：这是中班语言活动"秋天的树叶"的导入片段。在活动开始时，教师出示一个漂亮的盒子，说："请小朋友们猜猜这里面是什么？"幼儿便胡乱猜测：玩具、图书、好吃的……在孩子们满脸疑惑和探寻的目光下，只见教师从盒子里拿出一片树叶。随着一声长叹，兴趣盎然的幼儿变得索然无味。

本案例是导入环节趣味性的反例，从案例中可知，教师导入环节的设计意图是为了激发幼儿兴趣，引起幼儿对该活动的注意。但从实际效果来看却不尽然，因为由该环节所激发的兴趣是表面而短暂的，幼儿的好奇心随着"神秘"东西的出现而迅速消失。再进一步考查则不难发现，由该导入环节而激发起的兴趣与活动内容没有必然的联系，生发于导入环节的兴趣未能很好转化为幼儿进一步探究的欲望。在导入环节未能激发出有效驱使幼儿主动参与后续学习活动的兴趣，不是高质量的有价值的兴趣。

若对该案例导入环节中的问题设计作细究，则还会发现，教师在问题设

---

① 吴采红：《幼儿园有效教学略谈》，载《教育导刊（幼儿教育）》，2007年第3期

计上存在着指向不明的不足，无法有效地引导幼儿对问题进行有目的的聚焦式的猜想，其所能引起的只能是幼儿毫无头绪、不着边际的也无需动脑筋的胡乱猜测。显然，这样的问题设计不仅不能达到激发幼儿兴趣的目的，而且还造成时间的隐性浪费。如果教师直接出示秋天的树叶后提问："请大家看看这是什么？""什么时候叶子会变成这样？""它和春天的叶子有什么不同？"这样的提问就可以给幼儿的思考搭起较好的"脚手架"，让幼儿的回答有了头绪，则不仅能调动或支持幼儿的已有经验参与学习，而且激发了幼儿真正的活动兴趣，促进思维能力的发展，同时也为后面的教学做了有效的铺垫。

（4）多样性

如果活动的导入方式过于单一，特别是落于俗套的导入，则不仅无法有效激发幼儿的活动兴趣，而且极易催生幼儿的倦意。因此，导入方式的设计上应注意多样性，特别是同一类活动内容的导入方式更要有变化，教师应不断探索并创新出幼儿喜闻乐见的导入方式，保持导入方式的新颖性，让幼儿常听常新，以不断激发幼儿参与活动的兴趣。

2. 导入环节设计的基本方法

（1）直观法

直观导入法指的是教师借助教具（实物、图片等材料）、多媒体演示等方式将活动内容引出的方法，包括教具导入和演示导入两种方式。直观导入法所具有的直观性、形象性符合幼儿直观形象思维的特点，因而是幼儿园教学活动中常用的导入方式。

教具导入方式，指的是教师以出示或介绍实物、图片、标本等教具材料的方式引出活动内容，激发幼儿的学习兴趣。如大班看图讲述活动"猴子学样"，教师出示一个愁眉苦脸的老头子肖像图片，问小朋友这位老爷爷的面部表情怎么样，为什么老爷爷会愁眉苦脸呢，到底老爷爷遇到了一件什么难办的事情呢。

演示导入法，指的是教师以演示实验、操作教具等方式，在引出所要学习的内容的同时，有效地激发起幼儿参与活动的好奇心，使幼儿产生要了解演示中所出现的各种现象及其形成原因的强烈愿望。演示导入法常运用于科学探究活动中，其目的是既激发幼儿探究学习的好奇心，又让幼儿明白学习的内容与任务。如，在大班科学活动"空气的秘密"中，教师采用实验演示方式导入。师：小朋友们，我在桌子上点燃了两根蜡烛，你们猜，如果我分别用一大一小两个玻璃瓶子罩住它们，会发生什么现象呢？（教师边说边动手操作）幼儿很快就发现两根蜡烛先后熄灭了。师：为什么两根蜡烛都熄灭了呢？为什么小的玻璃瓶中的蜡烛会先熄灭呢？……教师的实验演示，不仅直观，又能借助实验现象作为激发幼儿进一步探究的悬念，有效地将幼儿的好奇心、探究欲望与即将学习的新内容有机嫁接在一起，并将活动内容自然而然地贯穿在整个教学活动之中。

（2）游戏法

游戏法导入，指的是教师以幼儿喜闻乐见的游戏形式引入主题，通常伴有一定的游戏情境，而游戏情境创设有时是直接借助语言，以游戏的口吻形式进行的，有时是借助一定道具而创设的。如，小班谈话活动"假如我是孙悟空"，老师在活动导入环节出示孙悟空造型木偶，一边操作孙悟空木偶一边说："小朋友，今天，孙悟空到我们班级来了，你们高兴吗？他想和我们小二班的小朋友交朋友，你们愿意吗？""好，现在，假如你是孙悟空，你想对小朋友说些什么呢？"

（3）情境法

情境法导入，指的是教师根据教学活动内容，运用图画、音乐、故事表演等，创设了与教学内容相适应的场景和情境，使幼儿身临其境、感同身受，从而引发幼儿积极的情感体验，并主动参与到新的教学活动中来。如大班语言活动"家"，教师根据诗歌内容，事先在活动室周围创设了蓝天、白云、草地、河流、小鸟、小鱼等情境。活动伊始，老师请小朋友看一看，今天老师为小朋友布置了什么。在幼儿激动的情绪中，老师巧妙地将诗歌中的诗句与向幼儿讲解情境内容有机地结合起来。比如，蓝蓝的天空是白云的家，清清的河流是小鱼的家……这样的情境引入，既激发了幼儿学习的热情，又为后续学习活动的开展作了很好的铺垫，前后衔接，有序推进。

（4）设疑法

设疑法导入，指的是教师在导入环节时，结合活动内容，有意识地设计一些既符合幼儿认知水平，又生动有趣、富有启发性的问题，设置疑问与悬念，以激发幼儿旺盛的求知欲，调动幼儿学习的积极性。设疑的方式可以是自问自答，也可以是师问生答。设疑导入法有助于发动幼儿的思维翅膀，吸引幼儿注意，培养其分析解决问题的能力。如科学活动"食物哪去了"，教师可以这样导入："我们每天都要吃很多东西，可是这些食物都到哪里去了呢？"短短的一句话便能引发幼儿强烈的好奇心和探索欲望。教师在运用设疑导入法时应注意，所提出的问题一定要突出活动的主题与重点，不可繁杂，否则会给幼儿增加记忆负担。如果确实需要提出多个问题，那么这些问题必须是有联系的和层层递进的，既让幼儿能体验到挑战，又有信心和能力去加以解决的。

（5）温故法

温故法导入，指的是教师通过对已有知识的简要回顾与复习，或对幼儿已有经验的唤醒，对幼儿已有知识经验进行热身，再自然地将幼儿引导到新的活动内容的学习中来。运用幼儿已有的知识经验导入新的活动内容，能充分调动幼儿思维的积极性，降低幼儿接受新知识的难度，同时也使新旧知识有机联系起来，有利于提高幼儿的学习质量。

（6）直入法

教师在组织大班教学活动时，有时也会采用开门见山式的直接导入法，即教师用简短的几句话直接切入主题。直接导入法用时少，能使幼儿一开始就明白活动的任务，但由于方法比较单调，缺乏激情，趣味性弱，不易激发幼儿学习的兴趣，因而，应尽量少用或有控制地运用。

案例19：大班散文教学活动"有趣的落叶"的导入片段。师：请小朋友告诉老师，现在是什么季节？幼：秋季。师：秋天有什么特征？幼：树叶掉了。师：树叶是怎样掉的呢？是一起掉还是有前有后地掉呢？幼：是有前有后地掉。师：树叶有前有后地掉，怎么说才好听呢？幼：慢慢飘落。师：今天，老师要给小朋友们朗诵一篇有关落叶的散文……

本案例的导入环节是典型的教师与幼儿作简短谈话的直入方式，整个导入环节简洁、自然、切题。在导入一开始，教师便非常注意良好情绪情感氛围的营造。在谈话过程中，教师始终是以一种轻松优美的语调、语气来进行的，并且在轻松的谈话中很自然而形象地结合了语词的解释和丰富，反映了教师对主体环节中的学习内容与任务是非常熟悉的。在导入环节中，有机地将散文中所要学习的词语前置并予以有效解决，显示出教师对导入环节的深刻理解和具有较强的驾驭能力。

以上所介绍的几种导入方法或方式都有其一定的适用范围，教师在具体选用时，应根据具体情况综合考虑最佳的导入策略，同时，更需要教师发挥聪明才智，创造出新颖而有效的导入方法。

（二）学习环节设计的基本要求

学习环节是活动过程中的中心环节，也是活动展开与高潮环节，其在整个活动全过程中所占比重最大，也是师幼互动频率最高的活动环节。在学习环节中往往相伴随着幼儿的主动探究、操作与观察等学习行为，是幼儿积累与提升经验、建构知识、锻炼能力的关键性环节。教师在设计学习环节时应遵循如下基本要求。

1. 主体性

幼儿是活动中的主体，在学习环节设计中应体现幼儿在活动中的主体性地位，在活动权利的支配、活动时间的安排、活动氛围的营造上都应给予充分的考虑，让幼儿在学习环节中有充裕的时间和足够的信心去探究、操作与观察，乃至交流分享。

2. 问题性

学习环节是促进幼儿身心发展，特别是思维发展的关键环节，而思维发展带有很强的问题性，即思维是在问题的解决中得以锻炼和发展的。在学习环节设计中的问题性，指的是应创设一定的问题情境，让幼儿置于其中进行基于问题解决式的学习。实践表明，幼儿在问题情境中的主动学习，其所获得不仅仅是知识经验的积累，更是解决问题的方法和能力的锻炼。

3. 全体性

学习环节蕴涵着幼儿在整个活动中应该学习的具体内容与任务，而客观上幼儿的经验与能力发展是有个体差异的，因而要使得学习内容与任务做到面向全体幼儿，教师在学习环节设计中，学习任务的呈现方式与任务难度就要有层次性，以满足因材施教和幼儿个性发展的需要。

如，在组织户外体育游戏的时候，教师发现一些幼儿在走平衡木的时候出现了困难。于是教师在下一次体育活动中，准备了三种不同高矮、宽窄的平衡木，让幼儿在活动中自由选择。这三种难易程度不同的平衡木，满足了不同幼儿的需要，让每个幼儿都可以积极投入到活动中去。这既有利于让不同发展水平的幼儿在活动中获得成功和自信，又可以鼓励幼儿勇敢挑战自己的极限，促进幼儿的发展。在科学领域活动中，教师也通常会以小组活动方式，让幼儿进行具体的操作性探究，而各小组所提供的材料以及材料的操作要求往往也是不一样的，这其实就是学习环节设计中全体性要求的具体体现。

4. 适宜性

学习环节所蕴涵的学习任务的难度与挑战性，应与幼儿的已有经验与认知特点相适宜，既要有挑战又要与现有水平相匹配。学习环节设计的适宜性，就意味着在学习活动中，应尽可能让绝大多数的幼儿在学习中获得成功的体验，增强他们学习的信心与兴趣。

案例20：这是大班上学期的科学活动，其中有一个环节是让幼儿操作一个实验项目"不会掉的纸片"。该实验的主要步骤是：用一张小16开大小的牛皮纸，平放在一个装有半杯水的玻璃杯杯口上，右手扶住杯身，左手掌平放在牛皮纸上，用力将牛皮纸按在玻璃杯口（尽量使杯口四周都被牛皮纸盖住），然后快速将玻璃杯倒立，片刻后，左手掌缓慢而小心地移开，观察实验是否成功（即纸片能否被吸住）。教师在边演示边讲解之后（或许是教师忙着讲解，没有很好控制动作，直到第3次才演示成功），给每位幼儿人手一份实验材料。从活动现场来看，尽管每个幼儿在活动中都很投入，可以说是屡败屡战，但最终只有极个别能力较强的幼儿能如愿以偿地获得成功。伴随而来的是沮丧情绪弥漫在整个活动现场，后来教师也不得不草草收场。

本案例中，这个科学小实验的活动内容要让大班上学期的幼儿来完成是有难度的。姑且不考虑幼儿的腕部力量问题，将装有半杯水的玻璃杯迅速倒立这个环节，需要双手有较好的协调能力和较强的动作准确性，成人稍有不慎也会宣告实验失败。很显然，这样的实验在幼儿园科学活动中应是属于教师演示性实验类型，而非适合幼儿进行操作的实验活动。科学活动既要让幼儿去探究，又要关注幼儿在探究中的情感体验。试想，如果幼儿在探究活动中所获得的情绪情感体验是负面多于正面，那激发幼儿对周围的好奇心、兴趣与探究欲望的科学教育目标从何实现呢？本案例所展示的正是内容层面的不适宜。

同样的，在幼儿园课程活动中，也可以发现由于活动材料提供的不适宜性而影响学习环节的正常展开。如，在科学活动"会浮的鸡蛋"中，由于教师所提供的杯子的开口太小，导致幼儿将鸡蛋放入杯子后，既不方便幼儿再添放盐巴，更是无法有效地搅拌杯子里面的盐巴。在鸡蛋没有成功上浮之前，幼儿只好多次将鸡蛋取出来，要么是添加盐巴，要么是搅拌杯中的盐巴。活动材料提供的不适宜给幼儿的实际操作活动带来了极大的不方便，也直接导致幼儿的操作桌上到处撒满水滴，严重影响了活动的效果。

5. 灵活性

学习环节是幼儿与教师所创设的活动情境的直接互动，教师对幼儿的学习行为是可以预测，但却无法预先规定，因为幼儿的学习行为在客观上具有一定的不确定性。因而，教师在学习环节设计时应具有灵活性，以一定的弹性方式应对活动现场的学习情境。

如，大班科学活动"动物是怎样过冬"的学习环节中，教师和幼儿讨论哪些动物是需要冬眠的。就在大家都认为乌龟需要冬眠的时候，一位幼儿站起来说："乌龟不需要冬眠，我家里饲养的两只小乌龟到现在也没有冬眠。"

关于乌龟的冬眠问题，如果教师在环节设计时持灵活弹性的原则，那么，活动现场中该幼儿提出的不同看法或许在其意料之中，并不会感到有多大的奇怪，因为这个貌似教学过程中的"突发事件"，其实已在教师环节设计的预设范围内，此时教师完全可以采用开放的方式回应该幼儿的问题。如，师：这位小朋友说乌龟不冬眠，大家同意吗？（幼：略）师：为什么？（幼：略）师：好，谁愿意明天带乌龟来，大家一起养，看它到底冬不冬眠？……

相信教师这样灵活的回应，会引起幼儿更大的兴趣与探究欲望，幼儿在活动中也会显得更活跃更开心。这样突发的事件在教师及时而有效的回应下，使得活动无形中向幼儿开拓了一个崭新的、更直接的、更有意义的探究空间，体现了教育过程不是简单的传授知识的过程，而是创造机会让幼儿自主探究的过程，教师不仅是知识的传授者，更是幼儿学习的引领者、支持者、合作者。

（三）交流环节设计的基本要求

活动中交流与展示环节往往是幼儿经验分享、体验成功、观点融合、相互学习的重要平台，幼儿在学习环节中所体验的成功与快乐、所建构的经验与认识有与他人分享的需要和必要。教师在活动前就应做好交流环节的设计工作，以提高活动中交流的质量。

1. 全体性

每个幼儿都有将他们在学习环节中的发现和体验告诉他人的需要和想法，幼儿的这一需要和想法，教师在交流环节设计上应加以充分考虑，要保证每个幼儿都有与他人交流分享的机会。

案例21：这是大班上学期故事创编"线条变变变"的活动片段，核心目标是能根据所提供的若干个圆点，发挥想象创编故事。幼儿虽然是初次接触这种新的创编故事的形式，但由于教师引导有方，幼儿对这种新的活动形式非常感兴趣，不仅懂得将相互间隔的若干个圆点用不同形状的线条连接起来，还创编出一个完整的故事。教师让幼儿分组操作完，就请幼儿拿好自己的作品坐回座位上，直接准备进行经验的分享。但这时候坐在座位上的每位幼儿

第三章 幼儿教师教学前的准备策略（下）

都很兴奋地摆弄着自己的作品，教师马上将幼儿的情绪暂时安顿下来，接着就提出要先请一位幼儿上来讲一讲他编的是什么样的故事。很显然，此时有许多幼儿都盼望着能有机会被教师请上来讲，于是这些幼儿忍不住地叫着"我、我、我"。听到幼儿的叫声，教师说你们声音太吵了，等小朋友安静了，才要请小朋友上来讲。幼儿安静片刻后，教师提要求说，等一下小朋友上来讲的时候，下面的小朋友要认真听，好吗？

第一位幼儿上去讲的时候，下面幼儿大部分都在关注自己的作品，勉强有几位幼儿在认真听。这时虽然大部分幼儿不注意听讲，但还没有弄出太大的声音出来。在第一位幼儿讲完后，教师作了简单点评，再请第二位幼儿上来讲时，就有很多幼儿忍不住站起来，将手举得老高，希望能被老师点到。在第二位幼儿上来的时候，大部分幼儿不仅在关注自己的作品，而且还发出了比较吵的声音（有的在反复摆弄自己的作品，有的边看自己的作品边自言自语，有的则开始悄悄地跟旁边的伙伴交流起来），教师只好请幼儿将作品放在大腿上不许动，但这也只能换来幼儿的片刻安静而已。在第二位幼儿开讲时，底下的幼儿也自发地断断续续地相互讲了起来……

在这经验分享环节的八分钟里，教师共请了四位幼儿上来讲，但并没有达到分享经验的目的。最后在幼儿"还有我、还有我"主动请缨的叫声中，教师说，老师知道小朋友的故事都编得很好，可是老师没有时间让你们上来讲了，小朋友可以将你们的故事放到语言角，再讲给别的小朋友听，好吗？……

在幼儿分组操作活动之后，教师通常会安排让幼儿将他们在分组操作中所获的经验（作品）进行相互分享，目的是让幼儿对自己的经验有个扩展和整合的机会，锻炼幼儿的口语表达能力以及培养幼儿的倾听能力。但在教育实践中，却时常出现事与愿违的现象。究其原因，固然与幼儿缺乏良好的倾听习惯有关，但教师在分享环节的设计与具体处理方式不当也是不可忽视的重要原因。

就本案例而言，幼儿刚完成了自己的作品，在教师的要求下回到座位，此时最想做的事，就是将他所创作的故事告诉别人，与同伴一起分享。而教师却只请个别幼儿上来与大家分享，这种处理方式也就意味着只有极少数的幼儿享有与他人分享经验的机会，对绝大多数幼儿来讲，他们想与他人分享经验的强烈愿望是难以得到满足的。在第一位幼儿上来讲述的时候，下面的幼儿虽是在关注自己的作品，但还没有弄出太大的声音（即对自己的行为还是有所克制的），可能是期盼着有机会成为下一位上来讲述的小朋友。但就在第二位小朋友上来讲述的时候，下面的幼儿便躁动了起来，眼看自己再也无望被老师叫到了，有的干脆自己与邻座的同伴相互讲了起来，有的则是更无奈地关注着自己的作品（把自己的作品翻来覆去地摆弄着）。显然，本案例在分享环节所出现的不理想的现场效果，其原因应是教师设计与处理不当所造成的。

其实，在本案例中该教师完全可以做这样的处理：在幼儿已坐回各自的座位后，可先安排一定的单位时间，让幼儿跟旁边的同伴相互讲一讲各自的作品，教师在满足每位幼儿都想讲述与分享的基础之上，再请一至三位幼儿上来讲述（老师可以这样说：刚才小朋友都把自己所创编的好听的故事讲给旁边的小伙伴听了，老师听到某某小朋友讲的故事很好听，小朋友想不想也来听一听他编的故事是怎样的，和你编的一样吗），当然，如果你觉得有必要，借这一机会给幼儿做一个范讲也是完全可以的。

除了上述的处理方式外，教师有时也可以将分享环节的相关内容，以化整为零的方式，安排在教师分组指导的过程之中，或是请幼儿将作品带回家讲给家长听，请家长将幼儿讲述的内容记下来，第二天再请幼儿将在家里所讲述的故事作品交上来，教师再根据上交作品的质量，有选择性地请个别幼儿上来与大家分享一下他们的好经验。

2. 目的性

交流环节的功能不仅仅满足幼儿经验分享的需要，也是促进幼儿经验提升与欲望激发的重要途径。因而，在交流环节设计上，教师请个别幼儿在集体面前交流与展示着他们各自的经验与技能时，要对所交流与分享的经验技能的代表性或典型性进行适当的考虑。所谓的代表性是指能代表班上大部分幼儿的现有水平，让班上大部分幼儿都能体验到活动所带来的成功喜悦；典型性指的是班上个别幼儿比较有独特创意的、比较高水平的作品，目的是激励班上大部分幼儿更进一步探究的欲望。

3. 流畅性

活动过程中的交流环节一般安排在幼儿的操作活动之后，而幼儿在操作探究活动中所获得的相关经验，往往对教师所创设的探究情境有一定的依赖性。理想的交流环节应该是与幼儿探究活动的情形相一致，是幼儿探究环节的自然延伸。

案例22：大班科学探究活动"筛子的秘密"，活动的核心目标是感知筛子可以用来帮助人们分离混在一起的东西，感知分离物与筛子空洞大小的关系。在幼儿进行第二次迁移新经验的探究活动中，全班大部分幼儿已经顺利完成操作任务，并按规定将被分离物分类放在指定的塑料框里。但还有一组小朋友因为没有掌握好正确的分离方法，也不懂得运用新获取的新经验来解决问题，仍在努力地完成教师的任务。此时，教师说，请已经完成任务的小朋友坐在位子上，跟同伴交流一下你是怎样分离东西的。同时，又请两三位小朋友帮忙这组小朋友，教师也亲临现场指导。很快，这组小朋友在大家帮助下就完成了任务。教师马上组织幼儿开展活动经验的交流与分享……

案例中，幼儿操作后的经验交流环节是教师精心预设的，在组织这一环节时，教师完全遗忘了刚才还在焦急地等待那一组迟完成任务的小朋友的情境。准确来说，这个经验交流环节是接在这组迟完成任务的小朋友之后的，而不是其他幼儿成功操作之后。因而，教师在组织经验交流时，完全可以将这组小朋友遇到的问题，以及后来他们在同伴帮助和教师指导下如何顺利完成任务的情境展示出来，再让全体幼儿展开相应的讨论交流与共享。如果教师能将这个现场生成的问题纳入其中，则不仅显示了教师较强的临场应变能力，同时也能使得整个活动进程显得更为流畅而自然。

4. 多样性

多样性指的是在活动中交流方式的设计上要有变化。从交流组织形式上可以是小组交流、同伴交流、个别交流、集体交流；从交流时机上可以是活动中交流（边操作边交流）、活动后交流（操作后再交流）；从交流媒介形式上可以是口头交流、演示交流，其中演示交流又包括展示式交流和视频式交流。

展示式交流，一般用于有作品展示的教学活动，如美术作品、数学作品、拼插活动等教学活动类型。而视频式交流通常运用于所交流的经验具有较强的情境性，借助视频再现幼儿要交流的经验所依附的活动情境。如在幼儿游戏活动中，活动的最后环节通常是幼儿游戏经验分享与交流，由于幼儿无意记忆占优势，在游戏中还能玩得有板有眼，但在经验分享与交流时却往往已记不得自己的具体行为（具体是怎样有声有色地玩的），特别是对于小班幼儿来讲更是如此。因而，要让经验分享与交流活动得以有效进行，就得运用现代教育技术手段来再现幼儿当时的活动情境，如采用数码摄像机对幼儿精彩活动片段进行拍摄，或用数码相机拍下幼儿精彩的活动瞬间，再置于电脑上播放，以帮助幼儿再现活动的过程。实践表明，此举既可以有效吸引幼儿的注意力，引发他们的关注，也便于活动者本人借助录影或照片，唤起自己的记忆，主动地回忆与重现当时的活动情景，把自己的经验提供出来与大家共享。

从交流的性质上可以是讨论式交流和介绍式交流。其中，讨论式交流指的是幼儿就某一话题，将各自关于该话题的经验呈现出来，并以经验为载体展开相应的讨论。讨论过程可能会伴随着观点的争论、碰撞、修正与整合的过程。因而，在讨论式交流时，教师有必要进行适当的组织与指导。在观点碰撞过于激烈时，或是观点内容过于同一导致交流无法深入时，教师都应及时介入并加以引导。介绍式交流，指的是教师请某位拥有典型性经验的幼儿在集体面前做交流，以引起其他幼儿的关注，或唤起他们相关的经验，为开展相应的活动做好经验和兴趣方面的热身准备。如，请有去过自助餐厅用餐经验的幼儿，利用早谈期间给全班幼儿就其周末跟家长去吃自助餐的经验作个介绍。由于幼儿受表达水平及经验完整性程度的制约,这种典型性经验的介绍式交流,有时需要教师的现场补充与提醒,才能顺利地完成。

多样性的交流形式,在客观上要求教师应根据活动内容性质和交流目的选择适宜而新颖的交流方式。

(四)评价环节设计的基本要求

教师评价是教师对幼儿在活动中的表现等情况进行反馈的一种重要方式,教师对幼儿在活动中的评价行为可以说是无处不在的,哪怕是在活动中教师对幼儿的操作投以一个鼓励的眼神,也是对幼儿活动表现的一种评价。但作为活动全程中的一个相对独立的评价环节,往往是置于学习环节或交流环节之后,是教师对幼儿在整个活动中总体表现的一种反馈。由于评价行为带有很强的导向、激励作用,因而,教师在评价环节设计时应考虑如下基本要求。

1. 发展性

发展性指的是教师在活动中的评价行为应有利于幼儿今后的发展,体现出评价环节的正向功能。因而,教师在评价环节中应坚持正面评价,要积极寻找值得表扬与肯定的闪光点,通过评价树立起幼儿参与活动的信心,激励幼儿继续探究学习的欲望与兴趣;应多采用纵向式评价,让发展水平处于不同层次的幼儿都有机会获得教师的正面肯定,让每个幼儿都能看到自己在原有水平上的进步。

2. 明确性

教师在评价环节上易出现评价过于笼统,不够具体明确,对幼儿发展缺乏指导意义。在实践中,常出现教师对幼儿在活动中的表现或活动作品的肯定与鼓励过于笼统,未能给幼儿明确的努力方向。特别是在幼儿美术作品评价中,常常以"画得很漂亮""画得很好"等笼统带过。其实,类似于对幼儿美术作品的评价,可以通过具体指出作品中最吸引人的部分来进行肯定与鼓励。比如,"你画的鱼色彩好丰富,让我数数看有几种颜色,哇!你一共用了8种颜色。这是一条颜色好丰富的漂亮的鱼哦,如果能把它养在鱼缸里有多好呀!"显然,这样的评价不仅肯定了幼儿具体的优点,同时也为幼儿指明了努力的具体方向。此评价活动若是在全体幼儿面前开展的,则教师对该幼儿的表扬与肯定,不仅可以让当事人明白他因何而被表扬,今后应该如何继续努力;同时也让当观众的幼儿清楚他们因何而鼓掌,进而明白他们需要学习的地方。

3. 针对性

针对性指的是,教师对幼儿的评价应该事先有明确的目的性,评价的侧重点要突出而明朗,即要评价什么,采用什么方式评价,应在评价开展之前加以考虑,以充分发挥评价的教育功能,而不是漫无目的性地随性发挥,或事无巨细面面俱到地评价一通。

案例23[①]:这是大班社会活动"我爱家乡"评价环节的片段描述。该活动的核心目标是:"知道我们的家乡是个了不起的城市,喜欢和爱护我们所居住的城市"。老师在活动结束时,为了进一步激发起幼儿爱家乡的情感,进行了一番总结式评价:"通过今天这个活动,我们知道了自己的家乡在××,还知道了在我们的家乡有美丽的名胜古迹(列举了家乡几乎所有的名胜古迹)……我们的家乡真美呀!我们每个人都要热爱自己的家乡,长大后更要建设好我们的家乡,要让我们的家乡更美好(老师憧憬了家乡可能的变化和发展)……今天小朋友的表现都很棒(老师表扬了一大串名单)……"

本案例中,教师在活动结束环节的评价属于面面俱到式的总结性评价。可以想象,这样全景式评价需要相对较长的时间,而对于已经活动了大半时间,且活动也已行将结束的幼儿来讲,他们所需要的可能是及时地放松与调整自己。特别是在幼儿动手操作成分比较少的社会领域活动中,幼儿在活动开展到后期,可能更需要有个"动一动"的机会来进行活动状态的自我调节。经验表明,幼儿在当下活动的需要能否得到满足是决定他们学习质量的重要因素。在本案例中,冗长而泛指的评价环节下,我们完全可以想象幼儿的活动兴趣是不高的,甚至可能出现频做小动作等破坏活动常规的行为,教师所

---

① 改编自吴鸽英:《教师语言运用失当的几种现象》,载《早期教育(教师版)》,2008年第8期

作的这样的评价活动与幼儿当下所需是不一致的，也无法达到教师在评价时希望幼儿获取的活动效果。

从活动评价的要求来看，案例中教师的评价内容过于繁杂空泛，没有明确的评价指向，评价内容的针对性不强。教师应紧紧围绕"爱家乡"这一核心目标，进行画龙点睛式的评价，将幼儿在活动中所获得的经验与相应的情感体验给予明确的梳理与提升。如，"通过今天的活动，我们知道了自己的家乡是个了不起的城市。我们小朋友不光要从心里喜欢它、爱护它，长大以后更要把它建设好，让它变得更漂亮，让更多的人都喜欢它"。

4. 多样性

多样性指的是应采用丰富多样的评价方式进行评价，从评价主体看可以是师对幼评价、幼儿间互评；从评价形式看可以是集体评价、小组评价、个别评价；从评价手段看可以是精神评价、物质评价；从评价方式看可以是横向评价、纵向评价等。

5. 客观性

客观性指的是教师对幼儿水平的评价应该是客观的，是建立于对幼儿真实水平基础上的评价。在活动中要做到对幼儿进行客观评价，教师就要善于对幼儿的活动全程进行观察，而不能仅局限于依据活动结果作评价。

案例24：这是小班下学期末结构游戏"拼插乌龟车"，即将两个类似碗状的花篮倒扣在一起，然后在其中一个花篮上拼上乌龟的脖子和头部（活动材料是塑料雪花片）。该活动的重点是学习用镶嵌的办法将两部分连结在一起。从整个活动情况来看，由于难度偏大，班上绝大多数幼儿并没有按照老师的要求去拼插，而是做一些以前拼插过的比较简单的作品。在这个活动中，笔者无意中拍摄到一位小女孩为完成老师的要求，整整坚持了近14分钟。

在该小女孩进入笔者拍摄视野时，她已经将两个碗状的花篮拼好，正在完成镶嵌连结工作。小女孩在埋头努力了五次而又未获成功后，第一次抬头瞄一下周围（此时班上的许多小朋友都在玩自己拼好的简单作品），然后将另一部分拆散，重新拼得牢固一些，并接着进行第六次努力。在第六次努力做镶嵌连结时，小女孩曾一度将一端固定好，眼看就接近成功了，但最终还是失败了。面对第六次的失败，小女孩非常沮丧地抬头三次分别看了一下执教教师、观摩老师和正在拍摄的我，并将拼完的作品拆散改拼相对简单一点的"乌龟车"（即直接在拼好的碗状的花篮上拼插上乌龟的脖子和头部）。拼完后小女孩就去教师那儿要了一条纤维绳子系在"乌龟车"的头上，并提起这"乌龟车"晃悠晃悠地游荡，结果把"乌龟车"的身子晃掉了，最后小女孩手上提的只剩下"乌龟车"的脖子和头部……

案例中，从结构技能的运用和游戏的坚持性两个指标来判断，足以认定该小女孩在游戏中所展现出来的结构游戏水平是较高的。本案例可以充分说明教师对幼儿游戏观察的重要性。如果教师在指导幼儿游戏的过程中有观察到这位小女孩，那么，教师不仅应及时地给予适当的指导和帮助，也肯定会为这位小女孩所展现出来的游戏水平而折服。但遗憾的是，在活动的最后我们所能看到的仅是小女孩手中的那份再简单不过的作品，如果就此来判断这位小女孩的游戏水平，则显然是误判了。看来要对幼儿的游戏水平作出较正确的判断，还有赖于教师的细心观察。

在本案例中，教师对这位小女孩没有尽到观察与指导的责任。当然，要求教师在每一次活动中都要观察与指导到每位幼儿，这在客观上是不现实的。但须知在本案例中教师对该幼儿的忽略，这一可能是无心的忽略对幼儿的发展是有显著性影响的。如果教师在该活动中观察到该小女孩在完成"乌龟车"的连结工作所出现的困难，并及时地给予适当的指导，比如在小女孩连结"乌龟车"时，教师可以帮助她固定住一部分或一端；或者直接示范部分连结方法和工作，余者再和幼儿一起完成。那么，对这位小女孩来说，她所获得的不仅仅是能顺利地完成自己主动挑战的"最近发展区"，使建构技能上一个新的台阶，获得极其宝贵的新的建构经验，在建构技能的学习与发展上获得了一次难得的学习与飞跃的机会。更为主要的是，她在这次大胆的尝试中所获得的成功喜悦而建立起相应的信心，使其日后敢于迎接更大的挑战。但遗憾的是，她在本活动中不仅在建构技能上没有新的收获，就活动的感受而言还是失败与沮丧等不良的情绪体验。

(五) 过渡环节设计的基本要求

教学活动中过渡环节的设计，主要直接体现在过渡语的设计与运用上。过渡语的精心设计与巧妙运用，可以使教学活动结构严密、层次清楚、自然流畅、浑然一体，不仅有利于幼儿建构与积累活动经验，更能使教学活动增添艺术的魅力；反之则可能会使人感到杂乱无章，影响教学活动效果。

1. 相关性

相关性指的是教师在设计过渡环节时，要充分考虑各活动环节之间的内在联系，然后再以一定的方法将这些联系或明或暗地呈现给幼儿，让幼儿通过这些方法由上一个环节顺利地进入下一个环节的学习。过渡环节设计的相关性是活动环节自然过渡的前提。

2. 启发性

启发性指的是教师在过渡语设计与运用上，除了充分发挥其所应担负的环节过渡之效，还应尽可能在环节过渡上对幼儿的探究欲望起激发作用，驱动幼儿的思维状态有效地转入下一环节的学习活动中去。

3. 简洁性

教学活动的过渡环节对教学活动各环节起着承接转换的辅助作用，它虽然重要，但非教学活动的主体环节，在运用时不能喧宾夺主，浪费过多的教学活动时间。因此，过渡语应简洁明了，忌拖泥带水，拖沓冗长。

4. 多样性

单调刺激容易引起机体的疲劳，同样，过于程式化的过渡语设计与运用，长期使用，也会因缺乏新意，导致对幼儿思维失去有效激活作用。

过渡环节的多样性具体体现在类型上的多样。根据过渡环节所起的实际作用，可以分为悬念式过渡、小结式过渡、迁移式过渡、直入式过渡和铺垫式过渡。

悬念式过渡的目的是通过过渡环节激发幼儿探究欲望，引导幼儿主动思考。悬念式过渡一般以问题方式呈现，有利于幼儿带着问题主动地参与学习活动，自主寻找问题解决的答案，使活动过程成为幼儿主动、快乐的学习过程。

小结式过渡一般运用于教学环节转换过渡之间或教学环节结束之际。教师在上个教学环节的活动内容结束之后，用简明扼要的语言，择其重点作一小结，然后过渡到下一个要组织与开展的活动环节。小结式过渡能把教学活动的重点再现出来，给幼儿加深印象，巩固教学活动效果。

迁移式过渡指的是以幼儿所学习的活动内容为载体，通过联想、类比等方式进行知识经验的迁移，以使环节显得紧密衔接。如在社会领域活动中，通常教师讲述完一则故事后，会向幼儿提出相应的迁移性问题，如"假如是你，你会怎么办呢"，要求幼儿联系实际生活，调动自己已有经验进行合理迁移。

直入式过渡指的是教师直接导入下一活动环节内容，用语简短，干净利落，内容鲜明，入题迅速。这种方式直接切入主题，简单明了。

铺垫式过渡顾名思义就是借助过渡环节，为幼儿开展下一环节的学习活动做好知识经验或情感上的铺垫，以减缓环节间衔接上的坡度。铺垫式过渡的处理方式有时是将后续环节的相关内容有机前置，提前让幼儿在过渡环节热身；有时则是把上一环节或活动的前半部分所学的主要内容进行及时整理，然后再过渡到下一活动环节。

（六）结束环节设计的基本要求与方法

结束环节是一个完整的教育教学活动必不可少的有机组成部分，一个好的结束应该是下一个活动的开始。因而，精心设计一个适宜而有效的结束方式是很有必要的。教师在结束环节设计时应着重考虑如下的基本要求。

1. 结束环节设计的基本要求

（1）交替性

在开展教学活动中，通常采用"交替"的办法调节幼儿机体，减少疲劳，让幼儿始终保持着充沛的体力、浓厚的求知欲望与兴趣，从而达到提高活动质量的目的。如活动状态的动静交替和活动场所的室内外变换等。教学活动结束方式的设计，应善于结合整个活动过程（特别是活动的主体部分）设计的具体情况，灵活运用交替原则。若活动过程的主体部分是在"静"的状态中进行，则在结束方式的设计上应适当结合"动"的形式；若活动过程的主体部分是在室内进行的，则在结束方式的设计上可适当采用户外活动的形式等。

如在幼儿文学作品学习活动中，通常是"先静后动"，即活动过程的前面部分基本上是属于偏向"安静"的学习状态——对作品内容的理解及情感基调（主题思想）的把握等；后面部分（包括结束方式）一般是采用偏向"动态"的学习方式——采用对作品的朗诵、复述或结合动作表演等建立在欣赏感受基础之上的创作活动来结束。

（2）整合性

整合教育的观念，可以说是幼教课程改革以来较为人们普遍接受，且在实践中努力践行的一种教育观念。显然，在活动结束方式的设计上，也应尽量地将整合教育的观念有机地渗透进去，如教学方法或活动内容的综合等。比如"学习6的加法"数学活动中，在该活动过程的主体部分已运用了操作法、演示法等基础之上，结束方式的设计可采用游戏法，即让幼儿通过玩打扑克游戏的形式来结束本活动；在绘画活动中，可以要求幼儿用比较连续完整的语言，向同伴讲述自己作品的形式，结束该活动。

（3）适宜性

适宜性指的是教师在结束方式的设计上，应考虑到具体的活动内容性质的不同及年龄班差异等因素，选择与之相匹配的结束方式。如，美术活动一般以讲评作品方式结束，数学活动常以游戏法、操作法或练习法等方式结束，文学作品学习活动常以表演方式结束等。即使是同一领域同一种活动类型，结束方式也往往存在着明显的年龄班差异，如同是看图讲述，小班常以示范小结法结束，中大班则常以评价法，即以讲评幼儿讲述情况的方式结束等。总之，在结束方式的设计思路上，务必要尽量做到全面分析，综合考虑。

2. 结束环节设计的基本方法

(1) 游戏法

游戏方式为幼儿所喜爱，游戏法也是最为常用和适用范围最为广泛的结束方式。特别是一些旨在让幼儿巩固加深或是迁移所学内容的教学活动的结束部分，尤为常见采用此方法。

(2) 讲评法

讲评法主要是将活动情况（包括知识、技能的掌握情况，品德行为、个性品质的培养与发展情况等）反馈给幼儿，让幼儿的优点或不足能及时地得以巩固或纠正，以利于幼儿身心更好地发展。具体的活动讲评工作可由教师、幼儿或师幼共同来承担。

常用讲评法结束的教学活动，如以讲评幼儿作品方式结束的美工活动，以讲评幼儿讲述的优点及存在问题来结束的语言活动（看图讲述），以讲评幼儿作业完成情况而结束的数学活动等。

(3) 小结法

如果教师想让幼儿对整个活动所涉及的应该掌握的知识或技能有较完整的清楚的认识（印象），则通常采用小结法方式结束活动。如科学教育中的小班观察活动"认识小鸡"，教师常以小结小鸡的主要外形特征和生活习性的方式来结束活动；语言教育中的诗歌、散文仿编活动，也常以将幼儿所创编的内容进行串连小结的形式结束。

(4) 表演法

为使幼儿对整个活动内容有更深层次的理解体验与感受，常用表演的方式来结束活动。这种结束方式常见于幼儿艺术学习活动（音乐、美术及幼儿文学作品学习）。

(5) 自然法

自然法指是在活动过程的进行中，认为无需再另外设计一个专门的结束方式，而直接以简短的语言作简单的交待来结束该活动。如科学教育中的小实验操作活动，可以以请幼儿把操作材料投放到科学区，并交待想玩的幼儿还可以在自由活动等时间继续去玩的方式结束活动。有时也可以以交待幼儿回家后告诉爸爸妈妈今天所学的新本领，或留问题让幼儿回去思考等方式自然结束。

（6）复习法

在新教授的活动内容快结束时，有时也可以采用复习已学过的有关内容来结束。这种方式常见于语言教育中的诗歌活动、音乐教育中的歌唱活动等。

（7）悬念法

教育是激发幼儿产生问题，而不是消灭幼儿的思维。一个好的活动结束方式所带给幼儿的不应全是句号，而应鼓励让幼儿带着更多的问号来结束本活动。悬念法就是在活动结束之时，教师基于幼儿在活动中所建构和积累的新经验，以问题的方式为幼儿制造在生活中迁移运用新经验的悬念，促使幼儿学以致用，或激发积极发现新问题的探究欲望。

比如，在大班数学活动"数字真有用"中，教师在活动结束时，以问题的方式给幼儿留下悬念："今天，我们通过学习，懂得了数字在我们生活中的用处可大了，请小朋友放学回家后，找一找家里、路上、公园里等地方，还有哪些数字真有用呢？找到的小朋友，明天来告诉老师和其他小朋友。"

以上所总结的这七种结束环节的方法，仅是为大家设计与运用时提供一个参考。教师要善于结合实际情况，不断探索总结，灵活运用。

第三节　领域渗透策略

一、领域渗透的类型与路径

（一）领域渗透的类型

幼儿的认知发展水平决定着他们认识事物的方式是整个的，以整个的方式进行学习，即整体性学习是幼儿学习的基本特征之一。而在领域课程背景下，幼儿整体性学习方式往往易被人为地割裂，给幼儿经验获得的整体性、有机联系性带来极大的威胁。因而，加强领域间的横向联系成为幼儿园课程建设的共识与基本路向。

　　尤其是在教育整体观、课程整合观的影响下，倡导领域间的相互渗透，使各个不同的课程领域之间产生有机联系，从而实现课程的整合，已是幼儿园课程发展的必然趋势。《指南》也在"说明"部分明确指出，"儿童的发展是一个整体，要注重领域之间、目标之间的相互渗透和整合，促进幼儿身心全面协调发展，而不应片面追求某一方面或几方面的发展"。所谓领域渗透指的是在凸显领域核心价值的基础上，通过有目的的相互融入的方式，以使不同领域的内容能在某一领域学习活动中发生有机的联系，以增强幼儿经验获得的有机联系，确保幼儿经验获取的整体性。

　　在课程实践过程中，领域渗透类型又可以分为"目标类隐性渗透"和"内容类显性渗透"。"目标类隐性渗透"指的是在幼儿身心发展中，有些基础性能力、学习品质或习惯的养成是属于所有领域应共担的任务，在领域学习活动中不能将该活动的价值仅局限于本领域，而应将这些"共担的培养任务"有机地融入在该领域之中。比如，幼儿语言能力的培养问题，语言作为一种交际工具和学习工具无处不在。在语言领域培养活动中，幼儿语言能力的学习与培养是以显性而直接的方式进行的，但其实所有的教师都是幼儿语言学习的教育者。只是承担非语言领域活动的教师，在组织其他领域学习活动中，是以一种比较隐性的方式让幼儿来感受、理解与学习语言。比如，在科学领域活动中，教师将幼儿比较零碎的回答，以一定的句式将之整合，并反馈给幼儿，为幼儿完整清晰表达提供某种示范，这其实也是在贯彻领域渗透的思路。"内容类显性渗透"指的是在某领域学习活动中，明显将其他领域学习内容以一定的形式进行有机融入。比如，在艺术领域（音乐）学习中，请幼儿将所学习与理解的歌曲内容以画画方式表征出来；在艺术领域（美术）学习中，请幼儿将所创作的绘画作品，编成故事并讲述出来，等等。

　　根据领域渗透活动产生的方式，又可以分为"预设式领域渗透"和"生成式领域渗透"。前者指的是领域渗透的内容、时机与方式，即"渗透什么""何时何处渗透""用何方式渗透"已作好预先的规划。后者指的是领域渗透的内容、时机与方式，并没有作明确的预先规划，而是根据领域学习活动展开的实际情况，灵活而巧妙地将相关领域内容随机进行渗透。

（二）领域渗透的路径

领域渗透的路径，即领域渗透的基本思路，可以将拟渗透的领域，视为本领域学习活动的教学手段或形式进行间接融入，或将拟渗透的领域的核心经验视为本领域的学习目标，或是在开展本领域学习活动时，直接将相关领域的学习内容渗透其中。

一是将其他领域的学习内容作为开展本领域活动的教学手段进行渗透。如，在科学活动"认识天气"活动环节设计中，教师让幼儿用绘画的形式设计各种天气图示，这就是在科学领域活动中将艺术领域（音乐、美术、舞蹈）作为教学手段进行间接而有机的融入。在此类领域渗透活动中，艺术往往只是活动中的一种表达手段，或是活动中某一具体形式，而非教师在组织该领域学习活动的重点，要处理好"活动手段与活动目标"的关系，不宜在活动中强调艺术技能、技巧，即切勿出现"喧宾夺主"现象。

二是将在"领域课程"背景下，将本属于某领域所直接承担的某种特定能力的培养任务进行有机渗透。如，"学会与他人友好相处"，按思维定势是属于社会领域的学习内容，但在艺术活动"礼貌歌"活动中，教师结合歌曲学习，将"学习与他人相处的技能"作为该活动目标之一进行处理。此类领域渗透活动，一般是该领域学习内容本身蕴含了其他领域的活动价值，即将渗透的领域学习目标，在该领域学习活动中确实占有一定的比重。这样的领域渗透活动的实践形态，其实已偏向于整合活动类型，已难以将之归入具体某领域的学习活动。

三是直接将其他领域学习内容进行有机融入。如在语言活动"月亮姑娘做衣裳"中，直接渗透了对月亮这个自然现象的认识，这就是语言领域活动中融入了对科学知识的认识。如艺术领域（美术）活动中，幼儿学习用橡皮泥塑苹果，教师可以配合手工的操作步骤，即兴编一首儿歌："搓搓搓，搓成一个小圆球，上下轻轻压个坑，中间再插一根柄。"通过念儿歌、做手工，使幼儿动手又动脑，既能顺利完成美术教学活动任务，又能使幼儿受到美的熏陶，提高口语表达能力。再如，在中班健康领域活动"鞋带蝴蝶结"中，除了教会孩子系鞋带的方法，避免走路时摔倒之外，还可以引导幼儿讨论"如果我不会系鞋带，应该怎么办"这样的话题，让幼儿形成基本的交流、倾听和社会交往能力。这样的处理方式，其实就是在健康领域的教学中渗透了人际交往和社会适应的成分，不仅能促进幼儿社会性的成长，同时也提高了教学活动实施的效果。

二、领域渗透案例分析

现以科学领域（数学）学习活动内容的渗透为例，说明如何进行领域学习活动的有效渗透。

（一）在科学领域（科学）活动中渗透数学学习内容

案例 25：这是中班下学期科学活动"站起来"，活动提供的主要操作材料是人手一张纸质比较硬的 A4 大小的白纸，活动的主要目标是让幼儿想办法让平放的纸张"立"起来。教师在幼儿操作后，组织幼儿进行经验分享，其中有一位小朋友是通过对折两次的方式，让纸张在桌面上站立起来。教师提问该幼儿时，该幼儿说，他将纸张折了四次。或许是教师观察得比较不仔细，或是幼儿的回答明显与他的实际操作不相符合，教师立即以反问方式回应：是折四次吗？你上来给大家演示一下。该幼儿上来演示后，教师重复他的演示后说，你是将纸张对折两次，不是四次。然后，教师又继续组织他的经验分享环节。

本案例中，教师通过反问和让幼儿作现场操作，以及自己演示的方式，来纠正幼儿错误的回答。让幼儿在事实面前纠正自己的错误，这样的互动行为是可以的。但细究，则不难发现，其实教师完全可以通过这一"纠错"的现场操作演示的特定情境，有机地向幼儿渗透二等分和四等分的概念。比如，我们将这纸张边对边、角对角对折一次，这张纸张就可以分成一样大小的两部分；如果对折的纸张，再对折一次，也就是这张纸张连续对折两次，那么，

第三章 幼儿教师教学前的准备策略（下）

这张纸张就可以分成一样大小的四部分。

（二）在语言领域活动中渗透数学学习内容

案例26：小班上学期语言活动"过生日"。活动的主要目标是尝试用语言描述小兔、小猴、大象的主要特征；学说"祝你生日快乐！这是我送给你的礼物"。活动的主要教学手段是以PPT形式出示小鸡、小兔、大象的形象，以及小鸡、小兔、大象分别要送给小鸭的礼物。教师问小朋友会不会唱生日歌，并与幼儿共同唱生日歌形式导入。今天老师有一位好朋友要过生日。（师出示PPT）你们看是谁呢？哦，是小鸡要过生日。活动的基本环节是老师分别出示小兔、小猴子、大象，并引导幼儿描述小兔长长的耳朵、小猴子长长的尾巴和大象长长的鼻子。紧接下来教师问幼儿，你们猜一猜，三只动物会带什么礼物给小鸡呢？并结合PPT引导幼儿说出小兔、小猴、大象送给小鸡的礼物是大白菜、大米和毛毛虫（此时PPT所显示的分别是一棵大白菜、一堆白大米和四只毛毛虫），并引导幼儿学说"小鸡生日快乐，祝你生日快乐，这是我送给你们的礼物"。很显然的，在该活动过程中，教师着眼于引导幼儿弄清楚动物送的礼物是什么，以及学说"祝你生日快乐！这是我送给你的礼物"。

本案例虽是语言活动，但从教学资源充分利用的角度来看，其实教师在引导幼儿观看PPT，说出小兔、小猴子、大象送给小鸡什么礼物的同时，完全可以渗透数的概念。如，小兔子送一棵大白菜给小鸡，小猴子送多少米粒给小鸡呢？我们一起来数一数，哇，有许多米粒。大象送给小鸡的毛毛虫有几只呢？哦，有4只，大象送了4只毛毛虫的礼物给小鸡……如果教师能有意识地渗透基数教育，其实也是无形中给幼儿量词表达作示范。

（三）在游戏活动中渗透数学学习内容

案例27：大班上学期民间游戏活动"打香烟壳"，游戏参与者可以是两人，也可以是多人。游戏玩法是每人一只手拿一个折好的等腰三角形的香烟壳，另一只手用力将香烟壳打出去，香烟壳飞最远的小朋友优先拿起他的香烟壳，去打别的小朋友的香烟壳，打中者即将对方的香烟壳收入囊中，最后以每位小朋友手上那个塑料筐里的香烟壳的多少来判定输赢，乃至谁是冠军。活动结束后，老师组织小朋友进行经验分享与交流。该教师先问的第一个问题是，小朋友刚才是怎样玩的？接着又问，你们玩打香烟壳游戏最后是谁赢了？其中有一位小女孩上来回答说，我赢了。老师说，哦，你们这一组你赢了，该小女孩点了点头，老师追问了一句，那你赢了多少呢？该女孩忍不住伸出四个小指头说，我赢了4个。老师说，哦，你真棒，赢了那么多……

从案例中来看，该小女孩说她赢了四个香烟壳，其实有可能她是真实的，即她原来塑料筐有6个香烟壳（每人筐里的香烟壳都是一样的），现在变成10个香烟壳；也有可能她说的只是她赢了别人4个香烟壳，但她输掉的香烟壳，她没有计入，即事实情况是她并没有赢这么多或有可能并没有赢。我们认为，既然小朋友已经有赢多少的概念，再加上大班幼儿数学教育要求也有"能通过食物操作或其他方法进行10以内的加减运算"。老师在当时的回应中，其实应让该小女孩上来说一说，她赢了4个是怎样算出来的。老师可以请小女孩上来操作演示一遍。如果小女孩演示正确了，老师无疑是让她的数学经验为全班幼儿提供一个难得的分享机会，班上其他小朋友可以从同伴的操作中获得一次难得的学习机会，即以儿童教儿童。当然，如果该小女孩操作演示的方式是错误的，教师也可以就此机会，给小朋友一次正确的学习"10以内加减运算"的情景式教学的好机会。显然的，案例中该教师的回应方式缺乏在游戏中有机渗透数学教育的意识，缺乏怎样在回应过程中，让幼儿获得更丰富更有价值的经验的意识。

（四）在区域活动中渗透数学学习内容

案例28：这是小班上学期的区域活动"搭宝塔"，老师在该区域提供了大小不一的瓶瓶罐罐，有奶粉罐、可乐易拉罐、蜜饯罐等低结构化的材料，让幼儿利用这些材料去玩一些类似围合与垒高的建构活动。幼儿用这些材料垒出了不同高度的"宝塔"，有的是三层，有的是两层。在活动经验分享时，老师也只是泛泛地对这个区域稍加点评一下：建构区小朋友也垒了很漂亮的宝塔……

第三章 幼儿教师教学前的准备策略（下）

本案例中，其实教师在讲评该区域活动情况时，可以将数学内容的学习有机渗透进去。比如，可以让幼儿比一比最高是的哪一座高楼？数一数最高的那一座高楼一共用了几个罐子，大中小罐子各用了几个？教师也可以用盖印章的方式或画画的方式将每次幼儿垒高的罐子总数记录下来，作为下次进入该区域活动，幼儿挑战上次记录的依据。教师采用幼儿能看得懂的方式将区域活动情况记录下来（可以配发相应的照片），既是帮助幼儿记忆，也是有意识地向幼儿渗透统计记录的方法。

（五）在健康领域（体育）活动中渗透数学学习内容

案例29：这是大班下学期体育活动"斗鸡"（民间游戏），活动核心目标是练习单脚站立和单脚跳，发展腿部力量和身体的平衡能力。该活动有个环节是这样设计的：让幼儿单脚站在所折的报纸上，报纸折得越多次报纸面积越小，意味着幼儿单脚站的支撑面积就越小。在活动中教师只顾着引导幼儿将报纸对折后，直接单脚站在所折的报纸上，比赛谁站的时间最久，或是能否坚持到教师所规定的时间……

本案例中，教师在引导幼儿对折报纸时，其实可以有意识地引导幼儿观察：我们边对边、角对角把报纸对折一次后，报纸大小发生了什么变化？哦，对折后报纸变成为原来的一半；我们一起把对折后的报纸打开看一看，小朋友有没有发现报纸被折成了两个一样大小的长方形。先让幼儿感受一下报纸对折后的变化，感知一下什么叫做二等分，再进行单脚站立也不迟。同样的，在报纸对折两次、三次后，也可以引导幼儿去比较一下对折一次与对折两次、三次的变化，进一步感受四等分、八等分的数学概念。当然，在引导幼儿感受等分时，不必告诉或请幼儿记住是什么等分这样的数学术语，但应该引导幼儿直观去感受对折后报纸到底变成几个一样大小的长方形或正方形。案例中，教师没有做这方面的数学知识的渗透，应该说是该教师没有渗透式数学学习活动的意识。

第四节　活动留白策略

一、活动留白的类型与意义

（一）活动留白的类型

"留白"即"留有空白"，本是中国国画中的一种艺术手法。艺术的相通性使其逐渐渗透于建筑、音乐、影视、文学创作等诸多领域。"留白"运用于教育领域，始于 20 世纪 80 年代的初中语文课堂教学之中，并逐渐引起教育工作者的关注。但在幼儿园教育教学活动中，对"教学留白策略"的关注度较低，所能查阅的相关文献数量较少。

国画或书法作品中往往因为有留白而使得画面显得灵动，意境富有想象余地。作为幼儿园教育教学活动的设计，借鉴国画或书法创作中的留白技术，通过恰到好处的"留白"，给师幼留下广阔的创造空间、积极的互动时间，无疑也是提升活动质量的一种有效策略。

在教学设计中的留白处理，不是简单的空白，而是教师有意而为之。根据留白设计的具体情况，可以将活动留白分为"预设型留白"和"生成式留白"，前者指的是教师根据活动内容对留白进行精心设计，即对"为何留？留什么？何处留？何时留？"等问题作比较周密的考虑；后者指的教师在活动的组织与开展过程中，根据与幼儿互动的实际情况进行随机而灵活的"留白处理"。

根据留白处理策略在活动中所出现的时机，可以将活动留白分为"活动过程的留白"和"活动结束的留白"。"活动过程的留白"包括环节设计和师幼互动（问答互动）留白处理。其中，环节设计的留白是为更好地呼应幼儿、生成相应活动做准备；师幼互动的留白，主要包括问题思考时间和问题思考答案的留白，其主要为幼儿思维、想象的发挥留出一定的思考时间，以及为幼儿思考质量留出创造的空间。"活动结束的留白"指的是通过制造"悬念性"的留白，以激发幼儿更进一步探究的兴趣，或为活动延伸做准备。

根据留白处理的具体内容，又可以将之分为"空间设置留白""材料投放留白"和"材料玩法（材料使用）留白"。"空间设置留白"指的是在幼儿活动空间的划分与设置上，特别是在区域活动中，教师预留出一定的空间给幼儿自主活动，即教师未对该空间活动内容进行具体的限定，幼儿在这"空白空间"要进行什么样的活动，全由幼儿自主商定。"材料投放留白"指的是教师在材料投放的种类和数量上超出活动内容开展之所需，旨在通过多投放的活动材料，增加幼儿与不同材料间互动的机会，以提升幼儿在活动中的学习质量。"材料玩法（材料使用）留白"指的是教师对材料的玩法或使用方式持开放的思路，即允许幼儿对材料的使用与教师的预设不一致，并鼓励幼儿对材料有创造性的玩法。

（二）活动留白的意义

1. 体现教学过程的实质

教学活动中的留白是一项双边的活动，教师的工作是"预留"，幼儿则负责"补白"。留白策略符合教学是师幼共同完成的一项双边活动，而非教师的"独角戏"；"预留"是教师主导作用的体现，"补白"是幼儿主动参与的表现。教师在教学活动的留白思路，既体现了教师对幼儿主体参与活动的尊重，也是建构主义知识观和学习观在教学中的具体运用，即知识是主客观相互作用的产物，知识的获得需要学习者主动参与，并积极与环境和他人互动，知识是"建构的"而非"灌输的"。同时，教师对留白策略的运用水平，如"为何留？留什么？何处留？何时留？留几次？""幼儿能补白乎？补什么？如何补？"等有关"留白"策略运用的时机、程度、频次，也反映了教师的教学素养。

2. 为生成活动创造空间

教师在教学中主动运用留白策略，意味着该教师在活动过程中会安排相应的时间，以让幼儿去完成"补白"工作，并会以比较开放的思路去接纳幼儿多元的"补白"方式。留白策略的运用，因需要安排出一定的时间给幼儿去思考，就在客观上可以给"紧张的教学节奏"适当减速，让课程活动节奏与幼儿思维因合拍而产生较好的共鸣效果。"补白"既是幼儿的兴趣点、关注点，以及具体的想法与相关经验水平的反映，又是幼儿想象、创造性思维等能力发展水平的体现。教师在面对幼儿"补白"时，也能较好地根据幼儿在"补白"中的反映，及时做好呼应工作，有的放矢地生成出相应的活动。

二、活动留白的设计思路

1. 生成的目标

在目标导向模式为主的课程中，活动留白设计的最高层次就是目标设计上的留白。在活动目标订上，教师习惯于采用行为性目标，即所拟订的目标是具体化、可观测与可操作的。在行为性目标下，教师极易出现为目标而目标的高控性教学行为，并给留白策略的有效运用带来一定阻碍。

因而，在活动目标的制订上，应打破行为性目标占统治地位的单一局面，积极地引入表现性目标和生成性目标。生成性目标强调教育目标在活动过程中的生成，它认为教育目标不是固定不变的，而具有动态性。在活动目标达成度的认识上，应由过去过度关注目标的预设性，转向于关注目标的生成性，即评价活动效果，应从目标导向转向过程导向。倡导生成性目标，即意味着教师在活动目标制订上已有"留白"的空间。目标的留白，能使教师在活动过程中更加关注幼儿个体间发展差异，以及幼儿在活动中所获得的实际的有益经验。

2. 开放的玩法

材料的使用方式，或以所投放的材料为载体的玩法，其实更多的是取决于教师的教育观念。通常而言，低结构的材料的玩法是开放而多元的，但如果教师人为地限定了低结构材料的使用方式，那么，低结构材料的玩法也可能是单一的、高结构的。

比如，区域活动"好玩的蛋宝宝"[1]，教师提供的材料有纸卷筒、旧报纸、贝壳、积木、橡皮泥、毛巾、玉米、矿泉水瓶、瓶盖，以及相对比较完整的干净的蛋壳等低结构材料。如果教师对幼儿提出的操作任务是将蛋宝宝站起来，那么，其实就是限定了幼儿与材料互动的多种可能性，有犯"低结构材料高结构玩法"之嫌。相反的，若教师给这些低结构材料予以开放式的玩法，即不去具体限制幼儿与材料互动的方式与任务，大胆让幼儿发挥主体性，自主探究如何玩蛋宝宝，则幼儿完全有可能出现若干的玩法，如修补或拼凑蛋壳、滚蛋壳、旋转蛋壳、往蛋壳里面填东西、将蛋壳放在水中、玩"炒蛋"（幼儿将掉在地上的碎蛋壳，如获至宝地捡起来放进小杯子里，然后一点点压碎，拿到娃娃家中"炒蛋"，并请同伴"吃"）等。

这里所指的开放的玩法，更主要指的是面对高结构的材料，教师应以"留白"的思路，鼓励幼儿以创新性的、多元化的方式使用高结构材料，而不能仅仅拘泥于所预设的"玩法"。如，某老师在科学区加入了新的教具"龙卷漩涡"[2]：她在一个塑料瓶内装八分满水，再利用一个特制扣环"神奇妙接器"，和另一个空塑料瓶连接起来，当水从上端的塑料瓶流向下方的塑料瓶时，会产生像龙卷风的漩涡，该老师相信孩子一定会被此现象吸引，可以藉机引发孩子们的讨论。

在开放学习区的时候，有两位小朋友一起操作"龙卷漩涡"，但是老师发现她们并不是在观察水中的漩涡，而是隔着塑料瓶的水互看对方，甲对乙说："你的眼睛变大了。"乙对甲说："我看到你的牙齿了。"两个人开心地在讨论隔着水所看到的彼此的脸部。该老师在一旁倾听孩子的对话，过了一段时间之后，加入她们的讨论。在此案例中，该老师虽然对新加入科学区的教具有预设期待，但在实际观察了幼儿的操作情形之后，并没有打断两个孩子的讨

---

[1] 王海霞：《中班科学区域活动"让蛋宝宝站起来"案例分析》，载《福建教育（学前）》，2015年第5期

[2] 臧莹卓编著：《婴幼儿学习环境——理论与实务》，新北：群英出版社，2012年版，第5章第31页

论，要求孩子一定要注意看漩涡，反而顺着孩子正在感兴趣的话题加入讨论，问她们发现了什么。该老师能调整自己原先的期待，而从孩子的兴趣出发，虽然当下孩子的讨论与漩涡无关，但是在整个过程中，孩子已经自然地在接触科学，展现研究事物的观察力了。

再如[①]，美工区的材料非常容易吸引孩子前来探索，只要在桌上放一大块面团或是陶土、黏土，孩子很快就会发现，而且迫不及待地开始拍一拍、敲一敲、捏一捏、搓一搓，他们随心所欲地捏塑这块黏土，把它想象成各式各样的东西，多么富有想象力和创造力啊！但是在实践中不难发现这样的情景：某陶艺老师在幼儿园教导全体小班孩子捏出事先设定好的主题"大象"，结果一会儿这个孩子说我不会，一会儿那个孩子说我捏不出来。最后就在老师一一欣赏每个孩子的作品时，顺便运用巧手神不知鬼不觉地帮忙大家。课程结束时，总算人人都有一只相去不远的大象，陶艺老师将作品带回去晒干釉烧好。几个星期后，3岁多的孩子每人都带了一只自以为是自己做的大象回家，他们的家长可能还把这件作品当成宝摆在家中。在整个学习过程中，还在摸索阶段的孩子，不仅不能享受创作的乐趣，发挥自己的想法，还要急着模仿老师教的超过自己能力的内容，老师则忙着帮助每个孩子，也不轻松，这样的方式是一种"双输"的策略。

3. 充足的材料

为幼儿操作活动提供充足的材料，其实就是为幼儿活动在材料选择上留有余地，让幼儿拥有充分的选择空间。这也是教师在材料提供上对幼儿活动提供留白的具体做法。有的教师对区域材料提供存在着误区，认为区域活动材料提供多了，一是会分散幼儿注意力，二是幼儿专注于某种材料，另外的材料就浪费了，因为在同一时间玩不了那么多材料。其实，如果材料提供过少，在实际活动中很容易出现幼儿很快操作完这些材料，然后就进入无所事事的状态。多提供一些活动材料，在幼儿选择活动材料上留一点白，其实就

[①] 臧莹卓编著：《婴幼儿学习环境——理论与实务》，新北：群英出版社，2012年版，第7章第9页

是增加幼儿在活动中的选择机会，和生发更多有趣活动的可能。

4. 富余的空间

在区域活动空间的划分上，很多幼儿园都是相对固定的，一般是以容纳5—6位幼儿为单位来计算班级区域活动设置的具体数量。如果从留白的角度来考虑，可以适当增设1—3个"富余的区域"，在区域活动空间留白，为满足幼儿临时生发的兴趣提供一种可能。如果在区域活动设置上过于刚性，这也是有悖设置区域活动的初衷。

5. 多元的路径

在具体某一活动方案设计上，教师往往对该活动的行进路径预设得过于单一，没有为活动可能产生的路径进行比较多元的预设，或预留多种可能性。对幼儿教师而言，活动方案只是活动的一种行动方案，教师需要根据活动实施的实际情况进行必要的调整与生成。从留白的角度考量教师活动路径设计问题，则教师应该在活动的路径上多作几种假设，以更好地回应幼儿当下的兴趣，从而使活动的展开，因活动路径的留白处理，显得灵动而有生气。

第四章　幼儿教师教学中的实施策略（上）

教师在教学活动中的实施行为主要包括教师教学行为的控制和调节，即教师在教学活动过程中如何根据计划的要求审查行为的正确性，并进行及时调整，以更好地做好与幼儿的互动工作，提高教学活动质量。教学活动中教师的具体实施策略，主要包括现场观察策略、现场互动策略、情绪调控策略和经验提升策略等基本策略。

第一节　现场观察策略

一、现场观察的涵义与方法

（一）现场观察的涵义

如果说教学活动是师幼全身心投入的一种特殊的认识与实践活动，那么，教师认真观察幼儿的表现和倾听幼儿的心声，则是其全身心投入教学活动的重要前提。因为没有对幼儿当下情况的了解，就无法对幼儿进行有效互动和因材施教。对教师而言，现场观察技能和现场倾听技能都是教师必须掌握的教学基本功。所谓现场观察，指的是教师凭借自身感官及必要的辅助工具（观察表、录音录像设备），在组织教学活动过程中对活动现场的运行状况，特别是幼儿在活动中的语言、表情和行为表现，进行有目的的直接观察，通过观察获取信息并对信息进行分析判断，以及时调整自身教学行为，提高教学活动质量。

（二）现场观察的方法

教师在日常教学活动中的现场观察，应该与作为旁观者的研究人员有区别，教师更多的是依赖自己的专业敏感性以及自身专业素养，对现场活动情况进行即时的在场观察，以现场观察所获得的相关信息作出相应的分析与判断，并及时调整自身的教学行为。当然，现场观察所获得的信息也可以作为教学后反思或对后续活动进行修正的依据。因而，对幼儿教师现场观察而言，适宜推行比较简易的观察方法，如目视观察法[①]、清单记录法和轶事记录法。其中，目视观察法主要运用于高结构的集体教学活动，而清单记录法主要运用于低结构活动，如区域活动、游戏活动等，轶事记录法可以运用于幼儿一日活动中的各活动类型。

目视观察法是教师在不中断正常教学活动情况下的一种比较简便的现场观察方法，需要教师具备边组织活动边观察的技能。目视观察法能否发挥作用，与教师的教学经验和专业水平有很大关系，教师的教学经验越丰富，对幼儿发展特点越了解，就越能捕捉到幼儿具有典型意义的行为，越能明白什么内容需要观察，以及最佳的观察时机。能否进行有效的现场观察，在某种程度上是优秀教师与一般教师区别的重要指标。

目视观察法又可以分为扫视法、巡视法、盯视法和凝视法。扫视法主要是用于了解班级的整体动态，掌握整体教学运行状况的一种观察方法。教师在组织教学活动伊始，常用3—5秒的时间迅速扫视全班，可以起到组织教学，集中全体幼儿注意力的作用。当然，扫视法也可以成为师幼之间交流渠道。比如，教师向全体幼儿提出问题后，在候答的短暂时间内就可以通过扫

[①] 王秋海编著：《新课标理念下数学课堂教学技能》，华东师范大学出版社，2004年版，第38页

视法，从幼儿的表情神态中了解幼儿对该问题的理解程度，以有目的地对个别幼儿进行个别提问。

巡视法主要运用于幼儿在进行小组活动或个人活动等场合。巡视法是教师对幼儿开展有效的个别指导的重要保证，因为在施予活动指导之前，如果教师没有开展充分的观察，教师随后的活动指导的针对性与适宜性也就无法得以有效保证。同时巡视法也是活动得以正常进行的基本保证，教师可以通过现场巡视，发现活动中的异常情况并及时处理。巡视法在具体运用中，可以结合其他观察法进行，比如清单记录法，对一些重点观察的特定行为出现与否以及出现的频率进行观察。

相对于前两种面向群体的目视观察法，盯视法和凝视法是一种个体观察法，主要用于需要对幼儿个别关注与指导的场合。比如游戏活动的盯人观察法，就是在整个游戏过程中盯住某特定幼儿进行系统观察，了解其游戏水平，以便进行有的放矢的指导。盯视法的作用，既可以通过个别交流，用目光鼓励幼儿大胆回答问题；在讲解时，当发现有幼儿不注意听讲，或在做小动作时，短暂的盯视也有助于他们及时警觉，并对自己在活动中的违规行为进行克制与纠正；或是教师在巡视时发现个别幼儿出现值得关注的情况，盯视可以更加深入地了解情况，便于采取下一步行动。而凝视法是比盯视法更加关切、专注地对个体进行观察的方法，它是教师在与幼儿互动时，一种边观察边思考，或对幼儿活动带有欣赏性质的观察。

清单记录法就是教师将要观察的行为项目排列成清单式的表格，然后通过观察，检查核对该行为是否出现以及出现的频率的一种方法。清单记录法属于高结构的观察工具，观察比较系统，记录快捷，但信息比较局限，行为背后的相关背景信息无法在记录表中体现。清单记录法可以在幼儿分组自由活动时，教师巡视幼儿活动，进行有目的的观察记录。

轶事记录法是指简短地记录幼儿在活动过程中出现的有价值的偶发事件。这些偶发事件可能涉及幼儿的社会性、认知、情感和身体等方面发展的状况。轶事记录法可以在当场采用速记方式做记录，也可以在活动后通过回忆进行

第四章　幼儿教师教学中的实施策略（上）

事后追记。但不管是当场记或追记，都应要保证记录的客观性，关键信息要凸显，唯此，所做的轶事记录才具有后续分析与研究的价值。

二、现场观察的内容和意义

（一）现场观察的内容

教师现场观察的目的就是了解现场教学活动运行情况，以及时对自身教学行为进行调整，确保教学活动质量。教师除了要了解现场观察的常用方法，还要清楚现场观察的内容，即观察什么。

教师现场观察的内容，主要包括幼儿在活动中的学习态度、学习效果两大方面，即幼儿参与活动的主动性与积极性、幼儿在活动中操作的自主性与有效性。教师现场观察的活动载体是依观察的目的而定的，可以泛指所有的教学活动类型，也可以特指某一特定领域活动。比如，教师想了解某班级或某幼儿对角色游戏中新设置的游戏主题的兴趣程度与游戏水平，那就只能在组织角色游戏活动中有意识地对该游戏主题进行有目的的观察。而如果教师考查的是师幼互动情况，则可以在一日活动中的各环节进行有目的的现场观察。

教师在现场观察的具体着力点，一是幼儿在活动中的行为动作，二是幼儿在活动中的神态表情。教师在观察幼儿的行为动作时，要善于捕捉幼儿动作的细微变化，如在摆弄操作材料时，幼儿的动作是迅速的、迟疑的还是特别缓慢的，教师从这些动作的细微变化，就可以研判幼儿对活动的认知情况，因为对幼儿而言，思维源于动作，动作是思维的外部表现。

教师观察幼儿的神态表情，包括目光的观察、面部表情的观察和形体的观察。目光的观察，可以了解到幼儿在活动时目光是期待的、急切的、专心致志的，还是困惑的、茫然的、游移不定的。眼睛是心灵的窗户，幼儿的目光往往是其内心情绪的真实流露。有经验的教师不仅善于从幼儿的目光探析幼儿的内心状态，而且也能够通过现场观察幼儿在活动中所表现出来的面部表情，了解幼儿在活动的学习状态。如，困惑——眉头紧锁，嘴唇闭拢；理解——双眉舒展，面露微笑，频频点头；专心听讲——目光凝视，神情专注，嘴唇微张；心不在焉——目光游移，表情木然；不耐烦——双眉紧锁，焦躁不安，左顾右盼等。

幼儿在活动中所表现出来的各种面部表情，在其形体上也会出现一些相应的变化。如，专心听讲时，身体微微前倾，昂头挺胸；困惑不解时，摇头挠首，交头接耳；不耐烦时，会不自觉地摇晃身体，坐姿东倒西歪等。对于幼儿的种种体态语言，只要教师平时多多注意观察，仔细分析品味，就能够在现场活动通过观察了解其中蕴涵的奥秘。

（二）现场观察的意义

1. 有利于预防现场活动中突发事件的发生

现场活动的突发事件虽然具有偶然性和不确定性，但有时突发事件在发生之前也会表现出一些前期征兆。有经验的教师通过细心观察，可以捕捉到这些征兆，并及时作出处理，防患于未然。如，发现一位幼儿在抓前面同伴的头发，教师就可以不动声色地通过临近控制、表情暗示等策略警告他，使他打消恶作剧的念头，有效防止两位幼儿在活动现场的进一步冲突，保证整个活动的顺利开展。

2. 有利于及时捕捉活动环节衔接的契机

在活动过程中，活动环节的衔接是否自然，直接影响到整个活动过程的流畅性。一般来讲，教师在活动设计时，对活动环节的过渡衔接方式是有作预先的安排。但由于活动现场是变化的，如果教师能够通过现场观察捕捉环节衔接的信息与时机，则无疑会使活动环节的衔接显得更为生动而精彩。

案例30：这是大班"我也能站稳"科学活动片段，活动核心目标是"积极探索让物体站起来的多种方法"。教师在活动中提供的操作材料主要有三大类：能站稳的物体，不能站稳或站立的物体，以及一些帮助不能站稳的物体站稳的辅助材料。

活动的第一环节是让幼儿熟悉与操作材料，感知有的物体可以站稳，有的则不能站稳，并以小组为单位作操作记录。因为操作难度相对较低，幼儿都能在较快的时间内准确地完成任务。在幼儿操作过程中，执教教师发现有一位小朋友将一本笔记簿以张开的形式让它站稳，但同小组的另一个小朋友纠正他说，笔记簿站的时候不能张开，要合起来，而合起来的笔记簿是不能站稳的。由于被纠正的小朋友没有争辩，所以在记录表上也就没有出现"有歧义的结果"。教师对此现场观察的信息并没有很好地加以利用，而是按原定方案，将五个小组的记录表张贴在黑板上，并用一张大的记录表对幼儿操作结果进行归类，共同得出哪些物体可以站稳，哪些物体不能站稳的结论。

教师紧接着就提出一个问题：请小朋友动脑筋想一想，怎样让不能站稳的物体站稳呢？以问题形式让本活动进入第二个操作环节，即探索让物体站起来的多种方法……

案例中的执教老师在现场观察与指导中曾观察到这位小朋友的操作情况，却不懂得加以有效地利用，这反映了该教师的教学机智欠缺，未能捕捉到这一教育契机。其实，教师在用图表归纳幼儿操作结果时，完全可以在得出统一操作结论的同时，将自己在现场观察到的例子抛出来让幼儿作更进一步的讨论：刚才老师在你们的记录表上看到笔记簿是不能站稳的，但老师刚才发现，在操作中就有一位小朋友的笔记簿是可以站稳的，想不想知道他是怎样让它站稳的呢？然后，教师可以直接再现幼儿的操作，也可以请该幼儿上来演示，再引导幼儿作相应的思考：笔记簿到底是能站稳还是不能站稳呢？进而导出可以以什么方式来帮助不能站稳的物体站稳，将活动过程自然地过渡到第二个环节。这样不仅可以使得活动环节的过渡更加自然流畅，而且也能对一些爱思考的敢于有不同想法的幼儿，给予一个很好的鼓励与肯定，彰显教育应积极鼓励幼儿大胆思考与探索，培养幼儿创造性思维的价值取向。

3. 有利于发现促进幼儿学习和发展的机会

课程是为促进幼儿发展服务的。在课程教学过程中，通过观察，发现与捕捉幼儿学习和发展的机会，并采取一定的干预措施，这样的教学活动无疑最适宜幼儿，最利于促进幼儿获得最大程度的发展，是教师在课程实施过程中应该追求的有效教学行为。

案例 31：这是中班下学期结构游戏"拼插交通工具"的活动片段。其中有一组是拼插飞机，有一位小男孩分别用红色和黄色的花片拼完机身和尾翼，最后再用黄色的花片拼飞机的机翼。机翼刚拼完后，小男孩高兴地端起飞机，准备放在老师指定的展区。刚走两步就发现机翼两边不一样长，他马上回到原位埋头将比较短的那边机翼补长，就在他差不多完成补长工作时，坐在他对面的同伴指着飞机另一边本来是比较长的机翼说，哦，你飞机的这个翅膀太短了。小男孩二话没说，又赶紧将另一边机翼也加长一些。男孩拼插一两下，也没有很详细地检查这两次补长后的机翼到底是否一样长，就心满意足地端起飞机走向展区。其实经过这两次的补长，此时机翼已经有点不堪重负而稍弯了下来，机翼不一样长也就被掩盖了。

本案例中小男孩的行为，反映出他可能存在的两种情形：一是可能态度比较马虎，在最后补长后也没有再次检查到底补得是否一样长，在同伴提醒说飞机的另一边翅膀比较短时，他也没有认真核实同伴的意见正确与否，便二话不说马上加以补长；二是可能没有掌握判断两边机翼是否一样长的正确策略，他所采用的是凭直观感觉来判断的。不管是何种原因，教师如果在观察中发现了这一情况，则应加以及时干预。

教师可以尝试作这样的指导：在小男孩准备送飞机去展区时，用提问的方式提醒他看看所拼飞机的两边机翼是否一样长。如果在老师的提醒下，小男孩能意识到自己的错误，并能用正确的方式解决，则说明他所犯的错误是因马虎所致。如果在老师的提醒下，小男孩还未能判断出个中错误，则可以判断其错误确实是因为他还不能正确判断两边机翼是否一样长。如果是后者，则教师应比较敏感地意识到这其中蕴涵着可促进幼儿学习和发展的契机。教师可以进一步启发幼儿，可用什么办法来判断呢。比如可以用自然测量法来比一比，也可以用数数的办法进行准确比较。除外，还可以更进一步引导幼儿思考可以用什么办法来使它们变得一样长。显然，除了可以用"补长法"，同样的也可以用"截短法"。案例中所出现的如何判断两边机翼的长度，以及如何使两边机翼一样长的问题，其实就是幼儿应用数学知识解决实际问题的一次好机会。

4. 有利于及时捕捉游戏发展的生长点

如何在幼儿游戏活动的观察与指导中,有效帮助幼儿催生新的游戏主题,或丰富幼儿游戏活动的情节,推进游戏活动的进一步发展,这是教师在组织与指导幼儿游戏中的重要任务。现场观察则是教师对幼儿游戏行为有效指导的前提和重要途径。

案例32:这是小班下学期角色游戏的活动片段,进入数码摄像机拍摄视线的是一组小朋友在玩"肯德基"游戏。游戏总共时间为近23分钟,游戏人数最少时是5人。游戏刚开始共有10人参加,其中有4位幼儿头戴肯德基服务员的红色帽子。在简单布置一下游戏场地后(老师有稍作帮忙),幼儿就各就各位忙开了。大部分幼儿在摆弄完玩具后,慢慢地开始进入了有简单游戏情节的环节……游戏玩到近12分钟时,一个手上抱着布娃娃的小女孩来买东西,她逗留了1分多钟,便一只手抱着布娃娃,另一只手拿着从"肯德基"买来的"可乐"(一个纸杯和塑料勺子)返回娃娃家。过了3分钟,小女孩过来还了纸杯,又马上返回娃娃家……

本案例中所反映的是典型的小班幼儿的游戏水平,即摆弄玩具、对游戏材料感兴趣和有简单游戏情节的出现。案例中,该组幼儿的游戏角色和游戏的伙伴较为稳定,说明该小组幼儿的游戏发展是属于较高水平的,这除了与该班教师平时重视游戏过程的指导有关外,从现场观察来看,所投放材料的逼真性,特别是所提供的与现实生活中极为相似的"肯德基"服务生的帽子,无疑对小班幼儿游戏角色意识的强化有很大的相关。

本案例值得探讨的是,在看似平静的游戏中出现一个亮点,即在游戏进行到第12分钟左右,那个手上抱着布娃娃的小女孩的出现,尽管她的出现仅有1分钟,但对于整个近23分钟的游戏来说,这1分钟可以说是最精彩的瞬间。这一精彩瞬间其实就是游戏发展的一个颇具有挑战性的生长点,如果该班教师能够在现场观察中捕捉到这一亮点,就可以在游戏经验交流与分享环节时,将这一亮点在全班上放大,让小朋友知道以后玩"肯德基"游戏时还可以发展出这样的情节——送餐服务。当然这一情节的演绎或许对小班幼儿来讲是蛮有挑战的，但相信这一建基于幼儿游戏经验基础上的挑战是可能跨越的，即使无法跨越，教师本身也应具备捕捉亮点，并努力将亮点放大的意识。本案例可以给人们这样的一个启示，幼儿游戏发展的生长点，往往就是幼儿在游戏活动中所展露出来的亮点，或者说是游戏的精彩部分，而精彩的捕捉却往往又需要耐心的等待，精彩蕴于耐心的等待之中。

5. 有利于了解幼儿的经验，评量教学效果

幼儿的经验水平是可以通过寻常活动表现出来的。教师可以通过现场观察的途径，了解幼儿已有的经验水平，进而对平日的教学效果进行自我评估，并依此提出相应的教育教学措施。

案例33：这是小班下学期角色游戏"玩具店"。教师在玩具店旁边放置了一个纸盒，纸盒里投放了一些数目不等的圆点卡片，供幼儿作为游戏中的钞票来使用。小朋友来"玩具店"买玩具时就必须先自己去取"钱"，然后再用"钱"买玩具，卡上有几个圆点就可以买几个玩具。营业员点数一下卡上的圆点数量，再拿出相应数量的玩具给顾客……

本案例所描述的游戏情景，说明幼儿已能在游戏活动尝试运用所获得的数学知识。幼儿在游戏中能顺利地完成买卖活动，反映出他们已能较熟练地运用所学相关的数学知识，至少说明他们在"圆点"与"实物"之间的数量关系上能建立较准确的对应关系。当然，从圆点卡片的投放上，也可以看得出教师是独具匠心的，即借圆点卡有效地嫁接起"游戏"与"教学"的内在联系。

游戏既是幼儿复习巩固，或是灵活运用已获得的知识经验的重要途径，也是评量教学效果的重要形式。在观察幼儿游戏时，如果发现幼儿在某方面发展上有不足，或是经验上有欠缺，应引起教师的重视，并采取有效的措施加以弥补。比如，幼儿在游戏活动中不懂得运用礼貌语言，或缺乏有效的交往策略与他人交往，这至少从某种程度上说明了教师平时在这方面的教育工作做得不够扎实，在此方面工作需要进一步加强。

6. 有利于及时捕捉幼儿的兴趣，生成相应的课程活动

在现场观察中，教师可以在经意或不经意间发现幼儿具有课程价值层面的兴趣，并依此生成相应的课程活动。

案例34：这是大班角色游戏"小吃店"的活动片段。小吃店里设有经理一位，服务员三位，其他小朋友则扮演客人，有的在小吃店点菜，有的在品尝店里的各种小吃，也有的则在聊天说笑着……游戏开展了一会儿，来了一位手里拿着一把纸扇的小朋友，他边神气地摇着扇子边喊着"我要吃一碗××"。此时，小吃店里其他小朋友的目光都被这把纸扇吸引住了，纷纷围了过来，争着向这位小朋友借扇子看一看，到底这把纸扇是啥样的，扇子上画的是什么，小吃店里一下子就"热闹"了起来。老师走过来瞄了一下，很快地和小朋友们一起研究起这把扇子……在游戏结束时，老师特地请该小朋友上来介绍他这把扇子的来历，同时老师也告诉了小朋友们说，这把扇子漂亮的画是用嘴巴吹出来的，下次活动老师准备请小朋友一起来学一学这一画画的新本领。据了解，后来该老师真的就此生成了一节很成功的吹画美术活动。

这是一个从游戏中生成课程活动的典型案例。案例中教师对幼儿在游戏中所出现的"非游戏行为"（小朋友围在一起"探讨"起这把纸扇），不是简单地加以制止或是采用其他巧妙的转移方法，这至少说明教师在处理幼儿"非游戏行为"上还是比较慎重的。教师"瞄了一下"后耐心地蹲下来与幼儿一起"探究"，说明教师对当时幼儿这一关注点的课程价值作了比较准确的判断，具有较强的课程意识。而在游戏结束环节将这一"意外事件"展示出来，此举，一是表明教师对幼儿兴趣点的支持，二是可以激起其他幼儿的共同关注，并让已关注的幼儿有了进一步探究的欲望。后来该教师就此开展了一节很成功的吹画活动，这应是意料之中。因为对幼儿来说，兴趣就是学习的最好老师。此案例从一个侧面说明了，游戏与课程至少存在着这样的一层关系，即游戏可以作为课程活动生发的一个有效途径。

教师在活动现场中通过细心观察，还有可能发现幼儿在活动中，特别是在游戏中常有"惊人之举"。比如：平时难得能有几分钟安静的幼儿，在游戏

中却能安静地坚持很长时间；平时不爱说话的幼儿，在游戏中却能与同伴眉飞色舞地侃侃而谈……这些在游戏中才展露出来的难得的水平，其实就是幼儿潜在的真实水平或是幼儿的最近发展区。

三、现场观察的基本要求

在现场观察中，教师要有意识、有目的地观察和监控整个教学过程，这样才能根据观察到的情况，随时对现场活动进行调控。

1. 目的性

观察本身不是目的，观察的真正目的是为了促进幼儿的发展，为了完成集体教学的目标，为了实现师幼之间的有效互动。因而，教师在观察前要有明确的观察目的，以及确定与之相适应的观察范围、对象、形式和方法，即看什么，为什么看，怎样看等相关问题，要做到心中有数。如果教师事先没有明确的观察目的，就难以把握观察的重点，难以对复杂的现象进行取舍，更难以对观察的过程进行有效的控制。那么所获得的观察结果难免是零乱的、琐碎的，不利于进一步的分析总结。

2. 计划性

教师在现场观察的计划性可以适当有别于教育科研活动中的科学观察，但在开展观察之前对观察点的事先设置，对拟在何时何地观察何事何人等相关工作，必须做一定的统筹安排。有经验的教师在观察前会选择具有代表性的观察对象，掌握良好的观察时机和选择便于观察的位置，以突出所需观察的对象。

3. 客观性

教师在现场观察的过程中，一是要避免对被观察者的活动主动施加人为的影响，更不能主观虚构。二是要对被观察对象的信息作及时而完整的记录。由于开展现场观察的教师有繁重的带班任务，教师的现场记录往往是瞬时的，因而应采用一些自己能够理解的关键词、符号等作迅速记录，且应在活动室事先准备好一些记录的工具，如纸笔、夹子等，便于教师随时取放。在现场快速记录的基础上,教师还应在事后及时追记。教师在记录观察信息时,特别是一些描述性文字记录,要有较完整的情境信息,如果教师仅记录幼儿说的几句话或几个动作,没有记录与行为相联系的背景信息,就会给随后的分析带来主观性的影响。

4. 连续性

如果要通过现场观察了解幼儿在某一领域发展的水平,教师就要在一定的时间内对被观察幼儿进行多次、反复的观察,唯有借助连续性的观察记录,才能对幼儿发展水平作出比较正确的判断,避免以偏概全。教师在做连续性观察时,有必要根据每次观察的情况做后续观察设计,以提高现场观察的质量。

第二节 现场倾听策略

一、现场倾听的涵义与意义

(一)现场倾听的涵义

倾听,顾名思义,指的是身体前倾着听谈话人讲话,表现出对谈话人和谈话内容感兴趣,是在专注地听、细心地听、欣赏地听。幼儿教师在教学过程中的现场倾听,指的是幼儿教师为促进师幼有效互动,提升师幼互动质量,以专注的态度和以理解为目的,对幼儿的各种表达(言语表达和非言语表达)进行聆听。现场倾听不仅是幼儿教师用耳在听,更是幼儿教师用心在倾听幼儿、理解幼儿。倾听促进了幼儿教师与幼儿心灵的沟通,使幼儿教师与幼儿得以共同成长。

(二)现场倾听的意义

1. 倾听是建立良好师幼互动关系的基础

倾听体现着教师对幼儿的理解与尊重,是建立良好师幼互动关系的基础。倾听受教育者的叙说是教师的道德责任,善于倾听则是教师的基本素养,也是当前新一轮课程变革要求教师必须掌握的教学基本技能。在日常生活中的交谈活动，认真倾听对方的谈话，应是一种基本的社交礼仪，其体现出倾听者对诉说者的尊重，也反映出倾听者较高的素养。

受传统"师道尊严"等因素的影响，在教学活动中，幼儿教师对来自幼儿的诉说（谈话）往往忽略了必要的倾听。幼儿教师能认真倾听幼儿的谈话，就意味着幼儿教师尊重幼儿，真正将幼儿视为教育的主体，师幼间的关系是平等的"我—你"的人与人的关系。有了教师的倾听，幼儿也同时能从中获得一种心理上、情感上的满足，感受到教师对他们的尊重与关爱，他们也就自然而然愿意亲近教师，愿意与教师积极互动，也才能在活动的过程演绎出真实而高质量的师幼互动。

可以这样说，倾听，有助于教师放下"师道尊严"的架子，使教师与幼儿的交往能处在一个平等的平台上展开；倾听，有利于拉近教师与幼儿的距离，使教师能了解、走进幼儿的世界。倾听是教师尊重幼儿的一种体现，也是教师对幼儿实施有效的教育活动的前提。有了倾听，教师才能设计出接近幼儿生活经验的游戏；有了倾听，教师才能了解幼儿认知能力的发展水平，才能在幼儿的最近发展区内将新知识和幼儿已有的经验融合在一起，让幼儿在学习活动中不断体验成功带来的快乐，而产生继续学习新知识的欲望，从而促进幼儿心智发展。

2. 倾听是幼儿养成良好行为习惯的途径

要求幼儿学会倾听他人讲话，并具有良好的倾听习惯和倾听技能，这是幼儿园语言教育的重要目标之一。而对于幼儿良好行为习惯的养成，基于日常活动中的观察学习则是有效而重要的途径。教师在与幼儿接触中，若能以身作则对幼儿进行真诚的倾听，则无疑为幼儿行为习惯的养成树立了良好的学习与模仿的榜样，对幼儿学会倾听并养成倾听习惯起着潜移默化之效，同时也可以大大提高幼儿的口语表达水平。

教师倾听幼儿的谈话。无疑是教师通过自己的行为告诉幼儿：老师在意你的谈话。这不仅能给幼儿带来一种心理满足感，而且可以大大激发幼儿说话的热情和欲望，使得幼儿以后更愿意开口说话，更愿意诉说他的心事、想法与感受。同时，教师还可以通过倾听幼儿的谈话，了解幼儿口语发展水平，对幼儿语词的丰富、语句表达的规范性等语言经验给予及时的帮助与纠正，从而提高幼儿口语表达能力。

二、影响教师现场倾听质量的因素

教育是一种沟通，教育离不开倾听，倾听是教育的基础和前提。但在现实中，教师对幼儿的回答听而不闻，虚应其事，煞有介事地作"嗯、哦、好"等空洞的回应现象却时有发生。教师在教学活动中现场"失聪"的原因可能有如下两大因素。

1. 观念因素：没有确立先进的教育观念

教师受传统教育中的"教师中心论"思想影响，认为师尊幼卑，师为幼纲，在教学活动中忽略了幼儿是人、是发展中的人的本质属性，无视幼儿的主观能动性。在这种思想和教育观念的指导下的教学模式必然是"师教幼学、师讲幼听、师问幼答"，教师在教学中处于一种居高临下的地位，对幼儿的叙说往往就会出现不认真听，不全听，不正确听的现象，而幼儿却只能是被动地倾听。

主体性教育理论告诉我们：教学活动的过程就是幼儿学习与成长的过程，幼儿的学习与成长应该是自主的，谁都无法替代；教师在教育中要确立起幼儿的主体地位，教学中师幼关系是"我—你"平等的人际关系。教师要真正成为幼儿学习过程中的支持者、引导者、合作者，那么，教师首先就要学会倾听幼儿，只有学会倾听才有可能了解幼儿、走进幼儿的世界。倾听是教师对幼儿生命个体的尊重，是教师对教育教学要义的领悟，是教师在教育实践中贯彻主体性教育理念的最好方式。

2. 能力因素：没有掌握相应的倾听技巧

教师的倾听是一种主动的互动行为。在听的过程中，教师不是机械地被动式地听，而是需要眼神、表情、头脑等高度参与其中，特别是头脑要不停地高速运转，以及时听辨出幼儿叙说的意思与思路，在适当的时机，还要通过提问、共情等方式，使师幼间的听与说走向互动、走向深入。

而在现实中不难发现，教师在组织教学活动过程中，对师幼互动过程中的叙说信息，由于受教学经验和专业理论知识制约，无法有效地了解幼儿的真正思路与想法，无法发现并欣赏幼儿理解问题上的独特性。教师所关心的是幼儿的回答是否与其所设定的正确答案相符，幼儿的反应是否与教师事先准备好的活动方案设计一致。同时，也缺乏必要的技巧与幼儿进一步有效沟通，如采用追问、反问等方式，让幼儿的叙说信息进一步具体化、明朗化，以作有效的分析判断。有的教师在倾听幼儿叙说时，由于眼神不对、表情不到位、同感不及时而严重影响了现场倾听的质量。

三、现场倾听的基本要求

（一）明确现场倾听的任务

1. 修补幼儿的信息

师幼互动中，有时幼儿表达的语言内容不太正确，有时是表达方式不恰当，有时是表达不完整。这就需要教师进行认真的倾听，并对幼儿叙说中所发出的信息进行必要的修补。

如，教师问："生活中水有什么用呢？"幼儿答："开水可以洗澡。"在教师看来，幼儿的回答是错误的，开水很烫，肯定不能直接用来洗澡。但幼儿的回答是根据其生活经验而来的，即洗澡的时候往往要用温水（幼儿不能区分"温水"和"开水"）。如果教师能够意识到这一点，那么教师的回应性语言应该是这样的："是呀，冬天天冷，洗澡要用到温（热）水，水可以用来洗澡！"教师基于倾听后的有效回应，既尊重了幼儿的语言表达，又使幼儿的语言表达更加清楚、完整、准确。

2. 领会幼儿的思路

在幼儿的反馈语言中，常出现幼儿回答与教师的问题思路不一致的现象，教师应努力通过倾听理解幼儿的意思，欣赏幼儿回答的思路并接受幼儿不同的见解。同时，在幼儿叙说的基础上，积极引导幼儿。

如，教师问："这些菊花花朵一样吗？"意思是让幼儿比较花朵的颜色、形状等。而幼儿却说："菊花的花朵是绿的，外面是白色的。"面对幼儿答非所问的这一情况，教师应该敏感地意识到，师幼在面对同样的菊花图片时，他们的关注点可能是不同的。教师应顺着幼儿的关注点巧妙地将他们引导到该活动的观察目的，而不是简单地斥责或回避幼儿。教师在倾听幼儿回答时，不是简单等待幼儿给出教师心目中既定的答案，而是要有一种努力去读懂幼儿思路的职业习惯。案例中，幼儿的回答其实透露出幼儿也已观察到这些菊花的"不同"的信息，如果教师明白了幼儿这一思路后，可以顺势而导地回应幼儿："是呀，你看得真仔细！菊花的中间和外面是不一样的。找一找，真的不一样吗？那还有什么不一样？"

3. 捕捉幼儿的精彩

儿童的世界是想象的世界、诗意的世界。儿童的思维有其独特的表征方式，在成人眼里看来或许是难以理解的一些表征方式，只要你耐心去倾听去感受，或许就能捕捉到其中的闪光点。

案例35：这是中班下学期绘画区域活动的片段。在上午的绘画活动区中，有一位小女孩边画边高兴地与同伴交流她画的内容，或许是有几许兴奋，生活老师被吸引过来。老师看到小朋友的画面上同时画了两个太阳，画面内容大致是这样的：画面的中间偏左一点画了一棵大树，大树上半部分稍往中间偏右，树枝上开满了花朵，大树下半部分没有分叉的树枝，只是粗壮的树干，大树底下是草地和几棵开满花的小树。在大树右上方画了一个太阳，同时在大树树干的左下方靠近草地的地方也画了一个同样大小的太阳。

老师看到这一高一低的两个太阳，笑着跟小朋友说，哦，画了两个太阳，一个是表示太阳掉下来，是太阳落山了吗？小朋友看到老师关注她画的两个太阳，高兴地回答道，不是掉下来，是不同地方的太阳，然后笑着指着画面右上方说，这是美国的太阳，又指着画面左下方说这是法国的太阳，说完忍不住朝同伴做了一个鬼脸，然后独自哈哈笑起来……

案例中，在该小朋友与同伴、生活老师交流的过程中，笔者始终站在一旁进行观察，以上就是观察的实录。后来该小朋友将作品张贴在自己的作品栏上，因为够不着，请笔者帮忙张贴，画本来是竖着画，贴的时候则是横着贴，这无形中又增加了外人读懂该画的难度。从案例描述中可知，如果教师没有就作品与幼儿进行互动，没有倾听幼儿的回答，而是简单地以成人的视角去判断幼儿的作品，则可能会犯上自己都不知道的错误。

"哦，画了两个太阳，一个是表示太阳掉下来，是太阳落山了吗？"应该说教师发起的互动是民主的、是探询的、是宽容的，是允许幼儿在同一张画面上画上两个同样的太阳，并企图去读懂幼儿画上两个太阳的意图，同时也希望幼儿表达自己的想法和意图。而从幼儿所回答的"高的地方的太阳是美国的，低的太阳是法国的"，可以推断出该幼儿已具有朦胧的时差概念，这个时差概念有可能就是该幼儿的最近发展区。如果是该班教学老师捕捉到这一寻常时刻中的精彩，或许还能生成相应有关讨论时差的活动。比如在集中交流时，让该小朋友向大家说一说为什么她画了两个太阳，是不是不同的地方看到的太阳在天上的位置是不一样的……这样的精彩是可遇而不可求的，这样的精彩是幼儿在教育中获得最大发展的最好契机，这样的精彩有赖于教师的专业敏感性，更仰仗于教师耐心倾听的专业素养。

（二）掌握现场倾听的技巧

1. 耐心倾听

教师在教学活动中对幼儿叙说的耐心倾听，就是教师对幼儿尊重的直接表现，也是进一步开展有效倾听的基础。有了教师的耐心倾听，幼儿才能感受到自己的叙说被教师所重视，而更愿意将自己的想法表达得更完整而清楚；有了耐心倾听，教师也才可能从幼儿的叙说中捕捉幼儿叙说中的精彩部分，也才能有从容的心态和时间去解读幼儿的思路。

在现实中，常有教师一旦发现幼儿的回答与自己预设的答案不相符合时，就会表现出不耐烦的神情，或直接粗暴地打断幼儿的发言，剥夺幼儿继续发言表达的机会。殊不知，教师对幼儿的叙说不予以认真倾听的这种行为，不仅会让幼儿感到不受尊重，挫伤了幼儿日后继续积极发言的信心和自尊心；同时，也会给其他幼儿带来心理上的压力，即因生怕被教师打断发言而不愿意主动发言。

其实，教师在面对幼儿发言"错误"时，不仅更应耐心倾听，鼓励幼儿"再想一想，再说一次"，不轻易地打断和制止幼儿说话，而且要努力解读幼儿"发言错误"背后的思路及其真正要表达的意思；有时还有必要通过递词的方式让幼儿将意思表达完整，或是借助重复、追问、反问等方式，让幼儿将深层次的意思表达清楚。精彩往往产生于耐心等待和激烈碰撞之中。教师耐心的倾听，特别是面对幼儿所谓"发言错误"的耐心倾听，所锻炼的不仅是自身专业倾听能力，同时也有利于营造一个让幼儿愿意表达、踊跃表达的宽松课堂氛围。

2. 专心倾听

现场倾听是一种师幼间的互动，教师在倾听幼儿发言时并不是单方面的听一听而已，而是在必要时要给予及时的回应。教师在教学现场要保持与幼儿间"听—说"的良好互动，就要对幼儿的叙说进行专心的倾听。

专心倾听就是对说话者保持一种高度的注意与警觉，对说话者保持一种关注，比如眼神注视、及时回应等；而警觉则是对说话者保持一种敏感，包括言语信息和非言语信息的敏感。教师除了认真接收和分析对方已经通过词语表达出的内容外，还应密切关注其语言本身（如语音、速度、节奏、音调高低等）的种种变化，关注其体态的伴随动作，要善于从说话者的话语层次、手势体态、情绪流露中去捕捉、抓住话语的要点，推知其言外之意和未尽之意，以真正听懂说语者的话语意图。教师对幼儿的倾听保持一种高度的敏感，就能及时准确地捕捉幼儿瞬间的情感体验，并及时进行反馈，使幼儿深切感到被理解，这样的"听—说"互动才有可能朝着更深入的境界迈进。

教师每一次的现场专心倾听，既是活动现场中一次师幼对话的开始，更是一次师幼思想交流和行为调整的开始。一个具有良好现场倾听意识和习惯的教师不会仅仅满足于听到了幼儿的言辞，她还善于倾听言辞背后的思绪和性情、欲望和需求，并加以热情地呵护和细心地引导。

3. 用心倾听

用心倾听指的是教师善于在参与中倾听幼儿的叙说。倾听不是目的，而是一种教育的途径和手段，这就要求教师在倾听了幼儿的叙说后，要进行必要的、积极的引导。教师在现场中的用心倾听就是主动参与幼儿的发言，在师幼"听—说"互动中，教师不是简单的倾听者，而是互动中的积极参与者。

说话活动是言者与听者双方共同的事，倾听不是单向地听对方独白，而是一种双向交流过程，听者必须不断地以某种形式作出与言者的倾诉相应的反应，或以口头语言，或以体态语言，成功的交流有赖于双方积极的参与。在倾听中，教师要经常用点头、微笑等方式表明自己一直在注意听；同时适时地加入一些表示自己听清楚的话，如"是吗""我明白了"等；用"接着说""以后呢"等语言激励幼儿往深处去思考，诱导幼儿大胆完整地表述自己的想法。

四、现场倾听策略的案例分析

案例36：这是中班"哪里在动"科学活动片段，活动的核心目标是通过探究发现，知道身体的许多部位都会动。在活动的开始，教师与幼儿玩了一遍"木头人"游戏，目的是通过"定型"让幼儿去体会保持身体不能动（僵直）的感受。游戏结束后，教师请幼儿坐回原位并组织了活动经验分享的环节。

教师问："刚才我们玩'木头人'游戏时，小朋友要站得一动不动。现在请小朋友来告诉老师，刚才你站得一动不动的时候，身体感觉怎么样？""感觉自己站得直直的。"看到这位自告奋勇上来回答的小朋友的答案并不是自己所期望的，教师就"嗯嗯"地请小朋友坐下。在连续提问了好几位幼儿后，眼看幼儿的回答越来越"五花八门""不得要领"，教师只好用暗示性很强的语气向幼儿抛出一个"是否式"的提问："你们刚才一动不动的时候，身体感觉舒服吗？"幼儿似乎是"心领神会"般地一起回答"不舒服"。于是教师就

顺利地进入事先设计的下一步……

本案例所展示的是大家再熟悉不过的情境。案例中教师在活动开展过程中，存在着努力将幼儿思路调整到教师预先设计的路线上来的严重倾向。在此我们想探查的是该教师的倾听技能。该教师虽也有在听幼儿的回答，但这种"听"不属于真正意义上的倾听，因为真正的倾听，应该是一种理解和欣赏，理解幼儿回答的意思，欣赏幼儿回答的思路。显然，本案例中教师是在听自己所期望的正确答案。

该教师对幼儿的回答并没有很认真地加以理解，没有进一步地探究幼儿所回答的真正意思是什么。没有理解幼儿回答的意思，就不懂得幼儿回答的价值，也就自然不懂得欣赏幼儿的回答，所以教师也只能是礼貌地"嗯嗯"示意幼儿坐下。教师的这一处理方式，不仅可能会挫伤到幼儿思维的积极性，而且也会影响到整个活动的流畅性。在现场中，就有一位小朋友回答"站得直直的像一棵树"。此时教师如果能对该幼儿的回答再作进一步的解读，并顺着幼儿的思路进一步加以诱导，比如接着幼儿的回答继续与幼儿互动——"如果让你一直站着一动不动，你喜欢吗？为什么？"这种基于倾听的互动，则可能有助于使整个活动较自然地进入下一步。

如果教师掌握了倾听这一技能，那么她就能较好地判断幼儿抛来的球的方向与距离。也许幼儿因力量不足，没有抛到教师预期的位置，而是将球抛到这个位置的"前方"，或者说是"偏左"、"偏右"，那么教师只要往前一步，或将手往前一伸，或者再稍加努力地向左或向右侧身跨一步，也许就可以很好地接住幼儿的球，而不至于让幼儿满怀信心抛来的球纷纷悄然落地。可以说，学会倾听是有效互动的基础。教师在平时的教学实践中应有意识地提醒自己，培养自己的倾听水平与习惯。唯此，才能真正转变观念，切实改善自身的教学行为。

第三节　现场回应策略

一、现场回应的涵义与类型

1. 现场回应的涵义

现场回应策略指的是教师在现场教学活动过程中，对幼儿所表现出来的行为、语言等反应做出及时应对的方法和方式。现场回应是建构有效的师幼互动的重要途径之一，回应的恰切性、适时性直接影响到师幼互动的质量。如果按照瑞吉欧教育体系中关于师幼互动的"抛接球"隐喻，那么，教师的现场回应指的就是教师要抓住孩子丢过来的"球"，并以一种孩子想继续与教师玩的方式把"球"抛回孩子。显然，教师要想顺利而高质量地完成现场回应，就必须在现场观察与倾听的基础上，经过专业分析与判断，再作出专业的回应。

活动现场存在着诸多不确定因素，这些因素决定了幼儿在活动现场可能产生的反应不尽相同，产生的场合、时机、方式和类型存在着较大的不可控制性，因而，会给教师的及时回应能力带来很大的挑战。有不少教师在现场回应工作上存在着不到位的现象。如：态度上回应不到位，表现为视而不见，对幼儿的问题不予理睬，装作不知道；或是敷衍了事，对幼儿问题的回应缺乏认真态度，不予重视，采取应付式回应。技能上回应的不到位，表现为本末倒置，对幼儿问题的回应未能抓住重点和关键处，捕捉不到有价值的问题进行深入回应，而对无关的问题作低效的回应；回非所应，教师的回应未能针对幼儿的问题，应答离题千里，无法满足幼儿的需要；不知所措，面对幼儿出现的问题，不能更好地进行价值判断，无从应对。因而，树立科学的儿童观、教学观，掌握必要的现场回应策略，对提高教师现场活动质量有着重要的意义。

案例37[①]：这是一个有关教师在组织开展角色游戏活动前的发问与现场回应的片段，游戏主题为"开商店"。教师轻声地问小朋友们："在我们幼儿园的前面有一长长的路，是什么路呀？"小朋友们大声地答道："××路。"教师又用夸张的语言问："××路上开了许多的商店，你在××路上看到过什么商店呢？"一个小女孩回答："我看过肯德基店。"教师回应说："你看见过肯德基店，真不错。"有一个小男孩回答："××路上有阿英煲，我过生日的时候还去阿英煲吃饭呢。""是吗？这个你也发现了，真不错。"教师又继续问："那××路上，除了有饭店，还有其他的店吗？""还有水果店呢，我和妈妈也去买过水果的。"另一个小女孩抢着说。"哦，你还看见过水果店呢。"教师回应。

本案例中，"开商店"角色游戏活动的重点应该不是开什么样的商店，而是幼儿开完商店后，懂得怎样玩（游戏），如商店的工作人员（有无比较特别的工作服饰等），工作职责（在上班时要做什么工作，有何相应的职业行为等）。教师本应围绕这一活动重点进行相应的提问，也才能使提问（发问与追问）体现出较深层次的师幼互动质量。但案例中师幼间的问答所反馈出来的信息则是平面而单薄的，缺乏应有的深度，立体性和目的性都显得明显不够。师幼间的问答不应只停留于开了哪些商店，而应有效地引导幼儿思索这些商店是怎样开的，必要时还可以请个别小朋友上来做行为上的示范，以唤醒更多小朋友的经验，为后续的活动（开展游戏）做经验上的唤醒与准备。

2. 现场回应的类型

根据教师对幼儿在现场活动中的回应方式与目的，可以划分出不同的现场回应类型。从回应所面向的对象来说，可分为个别回应和集体回应。前者有可能更多地出现在课堂活动常规管理上。如某幼儿出现做小动作等影响他人正常学习，教师巧妙地以一定方式及时回应，及时制止了该幼儿的违规行为。当然，也有可能幼儿的问题是有教育价值的，但仅局限于该个别幼儿的

[①] 朱慧纺、施建萍主编：《展现群言堂的精彩——幼儿园集体学习活动中师幼互动的魅力》，上海教育出版社，2011年版，第110页

兴趣，这时也可以采用个别回应，且这种回应通常是延时回应，即答应幼儿活动后在某个时间会答复他。后者的回应，则显然是该问题具有集体性质，是大家需要解决的共同问题。

根据回应的目的，可分为淡化型和深化型回应，前者指的是需要回应的问题不具有课程活动层面的价值，教师的回应目的是想转移、淡化或悬置幼儿的当下反应；后者是指教师回应的问题具有课程层面价值，教师旨在通过回应而引发高质量的师幼互动，以促进幼儿的发展。从回应的效果来看，有有效、无效、负效、高效、低效的回应。从回应时间而言，有即时回应和延时回应；就回应方式而言则有直接回应和间接回应、语言信息型和非语言信息型回应；等等。

例如，在玩垂钓的区域游戏中，幼儿用带有磁铁的鱼钩钓上木夹子（木夹子上有铁丝做成的弹簧）。现场效果显示幼儿非常专注于该活动，且能够非常娴熟地进行操作。但如果教师认为既然幼儿专注地投入于自己的活动，就没有必要对活动中的幼儿采取积极的回应。那么，此时活动的意义充其量只是局限于手眼协调能力的锻炼而已。其实，如果此时教师能给予幼儿深化型的回应，如能适时地追问："你是怎么做到将'鱼'很快地钓上来的呢？为什么能够钓上来呢？这些积木玩具能被钓上来吗？"教师回应的这些问题就有助于幼儿作进一步的思考和探索，将简单的游戏操作活动衍生为科学探究活动，幼儿就可以从中获取更加丰富的经验。

从回应的效果来看，有有效、无效、负效、高效、低效的回应；从回应时间而言，有即时回应和延时回应；就回应方式而言则有直接回应和间接回应、语言信息型和非语言信息型回应；等等。

例如，在一个中班体育活动中，某教师在活动的第一个环节设计了让幼儿讨论并探索过竹梯的各种方法（竹梯平放在地板上），有三位幼儿分别在小朋友们面前成功尝试了三种过竹梯的办法，即双脚交替踩在竹梯的两侧、踩在竹梯的横杆、踩在竹梯横杆间的空"方格"中依次前进。此时，又有第四位幼儿踊跃上来尝试，该小女孩采用双脚交替踩在竹梯单侧外沿（类似于走平衡木），由于难度偏大，该小女孩连续地尝试走了三小段路程，每一次都是走两三步就无法保持身体平稳掉了下来。老师在现场着急地看着该小女孩的勇敢尝试，只是简单地鼓励着，却未提供适切的支持。后来该小女孩只能失败地回去……很显然，面对该情境，该教师只是采用简单的"加油"这一语言信息型的回应与支持，这是远远不够。教师在评估该小女孩尝试难度的基础上，应该采用非语言信息型回应方式，即行为型回应，比如，在该小女孩第一次失败后，就应主动介入走近该小女孩，伸出一只手让该小女孩搭着，与该小女孩共同完成她的挑战活动。诚如是，则既肯定了该小女孩勇于挑战自我的勇气，满足了该幼儿的挑战需求，又可以派生出过竹梯的一种新方法，即两人合作过竹梯。

二、现场回应的方法

1. 顺应法

顺应法指的是，在活动现场中，教师对幼儿当下的关注点作课程层面价值的考量，并采用顺应方式，对幼儿的关注点进行回应。一般而言，顺应式回应通常是教师有意地沿着幼儿所关注的问题的思路进行逐步推进与深入，并由此生成相应的互动行为。

案例38[①]：大班散文诗欣赏"雪花"活动片段。教师提出："下雪有很多美好的事，谁能说说？"蕊蕊站起来："老师，下雪也有不好的，昨天爸爸要带我去划船，因为下雪就不能去了，我不喜欢下雪。""我也不喜欢下雪……"顿时活动室里你一句"下雪好"，她一句"下雪不好"争得面红耳赤。教师问："有什么好的？有什么不好的？"于是，孩子们开展了一场别开生面的"小小辩论赛"，把下雪的"好"与"不好"一一讲了出来。

案例中，教师只用了聪明机智的一句话"有什么好的？有什么不好的"，并以实际行动支持了幼儿展开相应的辩论活动，便将幼儿从"好"与"不好"

[①] 谭俟：《浅论语言活动中教师对幼儿即时生成问题的回应》，见：http://www.cnsece.com/news/2010112/n59268943.html

的无意义争吵中，引导到了有价值的"下雪有什么好？有什么不好"这一问题的探讨上来。这不仅满足了当下幼儿的关注点，同时也赋予了幼儿所关注的焦点学习价值。

教师将幼儿间无序的争吵引向有序的辩论，使得争辩的双方都能将各自所主张的理由和观点阐述清楚。幼儿在阐述个人的观点与理由时，他必然得调动起已有的生活经验，并力求将观点与理由阐述清楚，这其实是对幼儿口语表达能力最大锻炼与提高的绝佳机会。从这一点来看，该教师的处理方式充分地体现了当前语言活动中"凸显语用价值"的学习观。同时幼儿在参与辩论的过程中，也有助于加深他们对"下雪与人们生活的关系"的认识与理解，丰富了他们的相关经验，对后续进一步欣赏《雪花》这一散文诗起到很好的知识与经验的铺垫。案例中该教师采用富有教学机智的顺应方式回应幼儿，可谓是取得了一举两得之效。

2. 提升法

幼儿的年龄特点决定了他们思维的肤浅与片面，在回答问题时往往容易出现表述不够清晰、比较零散不完整的现象。此时教师应在充分倾听幼儿回答，尊重幼儿并顺应幼儿的思路的基础上，及时作出有效的回应。如对幼儿的回答要进行适当的梳理、重组、提炼和总结，在帮助幼儿将零碎的经验系统化和条理化的同时，也为幼儿的语言表达提供榜样，提升幼儿的语言学习质量。

如，在阅读绘本《活了100万次的猫》中[①]，教师让幼儿讨论他们都见过什么样的猫。幼儿有的回答"白色""黑色"，有的回答"大的""小的"，有的回答"调皮的""贪吃的"，等等。显然，幼儿的回答比较片面、粗浅。对此，教师就运用总结提升方式进行回应："小朋友们见过各种各样的小猫，有不同颜色的，有不同形体的，还有不同性格的……"教师的回应帮助幼儿梳理和概括了他们的回答，为促进幼儿语言表达的精确性和概括性提供了学习

---

① 张虹：《绘本阅读中教师有效反馈的策略》，载《早期教育（教师版）》，2011年第3期

榜样。

再如，在阅读绘本《狐狸爸爸鸭儿子》中[①]，教师问："狐狸是如何孵蛋的?"幼儿答"挖洞""放草""放上蛋""趴在蛋上"……幼儿的回答显然比较散乱和平淡。对此，教师采用了重组提升方式回应幼儿："狐狸首先挖了一个洞，然后放上草，接着放上蛋，最后趴在了蛋上。"教师的回应中采用"首先、然后、接着、最后"等一系列连词，无疑为幼儿既有逻辑性又有创造性的语言表达提供了学习榜样。

3. 反问法

教师对幼儿所提出的问题没有给予直接解决，而是将幼儿所产生的问题反向地抛给幼儿，让幼儿自己想办法去寻找问题的答案，即为反问法。教师在与幼儿现场互动时，幼儿常常会通过提问方式与教师发起互动，特别是在科学探究活动中，幼儿往往会向教师提出许多"为什么"的问题。面对幼儿的疑问，教师如果直接告诉幼儿正确的答案，反而会剥夺幼儿思考、假设、推理的机会。教育不是要消灭幼儿头脑中产生的问题，而是要激发幼儿积极主动地探究与思考。在面对幼儿的提问，教师不能简单地将幼儿抛给教师的问号转换成句号，而是应激起幼儿更大的问号或更多的问号。

反问法回应方式一般常运用于以下四种情形：

一是教师在与幼儿作现场互动时，面对幼儿所提出的问题，教师会出现一时无以应对的现象，采用反问法方式进行回应，通过将问题交给幼儿去讨论与思考，为教师思考问题的答案赢得一定的时间，可以暂时缓解教师一时反应不过来的尴尬局面。

二是教师认为幼儿所产生的问题是幼儿经过努力可以解决的，采用反问法回应可以激发幼儿继续探究的欲望，让幼儿明确思考的方向，增强幼儿探究的信心。

如，在探索"水的特性"活动中，有幼儿问："为什么水不从管子中流出

[①] 张虹：《绘本阅读中教师有效反馈的策略》，载《早期教育（教师版）》，2011年第3期

来?"教师可以反问幼儿:"你认为我们怎样才能使水从管子中流出来?"教师的这一反问不仅可以让幼儿明确探究的方向,引导幼儿去思考解决问题的办法,同时也是在向幼儿传递着这样的信息:你提出的问题是有价值的,这个问题也引起了老师的兴趣,老师也在关注着这个问题。这无形中可以增强幼儿继续探究的信心。

三是教师认为幼儿所提出的问题蕴涵着利于发挥幼儿想象的元素,幼儿可以基于已有经验与认知水平做出奇思妙想式的回答,教师运用反问法,激起幼儿打开想象空间,尽情享受想象的快乐。

如,有一天,老师带小朋友们去公园看花展。公园里的花可多了,红的、绿的、蓝的、黄的、紫的,姹紫嫣红。还有很多蝴蝶在花丛里面飞来飞去。孩子们可高兴了,围着老师问东问西。忽然小文问老师:"老师,花为什么会开?"老师停顿片刻微笑着反问道:"小朋友们,你们说说花为什么会开呢?"小朋友们接到老师的问题后,一下子就说开了:"它睡醒了,她想看看太阳。""她一伸懒腰,就把花骨朵顶开了!""她想和小朋友比一比,看谁穿得最漂亮。""她想看一下小朋友会不会把她摘走。""她也长耳朵,想听一听小朋友唱歌。"……最后,老师也顺着小朋友回答的思路接着说:"花特别懂事,她知道小朋友都喜欢她,就仰起她的小脸,笑了!"听到这儿,小朋友们全都看着老师笑了。[①]

幼儿在参观花展,面对"花儿为什么会开"这一问题而作出各种生动有趣的回答,放飞思绪的精彩场面,全赖于老师在现场回应中机智地采用了反问法。如果当时老师采用直接回应方式,即"花开了,是因为春天来了",那师幼的现场互动可能就此戛然而止。

四是教师在与幼儿互动时,受个别幼儿的行为和言语的影响,其他幼儿因思维定势而出现了"跟风"的现象,教师可以运用反问法回应方式,以促使幼儿及时转换思维方式。

[①] 袁宗金著:《回归与拯救——儿童提问与早期教育》,高等教育出版社,2008年版,第212页

如，在语言活动中[①]，教师打开图书的第一页，页面上一位小朋友在哭。教师问幼儿："小朋友为什么会哭？"小朋友们的回答是："因为老师批评他了，所以他会哭""他上幼儿园迟到，被老师批评所以哭了""他上课不认真听讲，老师没奖给他五角星，所以他哭了"。小朋友的回答受到当时的群体导向力的禁锢，使问题的讨论陷入一维的答案之中，教师成了导致画面上小朋友哭的原因的唯一来源，现场教学场景处于尴尬的局面。面对幼儿的跟风，教师沉着地调控好自己的情绪，采用幽默的表情与姿态说："小朋友们，难道你们的不高兴都是由老师引起的吗？"于是，一句调侃使小朋友们不禁笑了出来……随后他们回答道："可能他病了，感觉身体不舒服，因为觉得难受所以就哭了""我猜可能是他心爱的玩具找不到了，非常伤心，所以就哭了起来""他没有朋友一起玩，觉得很孤单，心情不好，所以哭了"……

试想，如果此时教师一味地问幼儿："还有呢？""还有别的呢？"以此来期望小朋友们有不同的回答，或以不悦的乃至责怪的口气来面对小朋友的表现，换来的可能会是幼儿继续单一的回答甚至是冷场，师幼之间的互动将会陷入平淡无味的状态，教师也会因幼儿的回答始终到不了自己期望的境界，而失去教学的激情。

4. 随机法

随机法是指，当教学活动过程中突然出现了意料不到的偶发事件，影响了教学的正常进行，此时，教师以沉着的态度，根据偶发事件的性质，从容地运用以变应变、随机调整的方式，因势利导地进行回应，以巧妙地解决了偶发事件，保证教学活动的顺利进行。在随机回应方式中，教师应善于发掘偶发事件中的积极因素，巧妙地加以利用，因势利导地解决问题。

如大班诗歌活动"摇篮"[②]。活动开始了，教师富有表情地朗诵着诗歌《摇篮》，小朋友们被老师亲切而富有变化的语调所感染，再加上柔美的背景

[①] 周金玉：《幼儿园教师的教育机智及其专业化成长》，见：http://www.cnsece.com/news/20101224/n72579188.html

[②] 林萍：《课堂教学中教师行为对幼儿学习情绪的影响》，《幼儿生活化教育环境的研究成果汇编》（内部资料），第 97 页

音乐，小朋友们进入了一个教师精心营造的唯美的诗歌意境之中。正当小朋友们听得津津有味时，棋棋小朋友突然喊道："老师，你身上有蚂蚁！"其他小朋友们一下被棋棋的喊叫声吸引住了，着急地问道："蚂蚁在哪儿呢？"正在进行的活动被迫停止了。老师往身上看看："是呀，蚂蚁在哪儿呢？"小朋友们纷纷围到老师身边："老师，我帮你找！"老师并没有因为活动现场的混乱状态而生气，而是说："快请棋棋小朋友帮我找找吧，他能发现蚂蚁，说明是个细心的小朋友。"棋棋一听可乐了，果真在老师的衣领上找到了一只蚂蚁。老师摸了摸棋棋的头说："谢谢你！你的眼睛可真亮！这样吧，我们一起来找找图片上有哪些东西是星宝宝、花宝宝的摇篮吧。相信大家的眼睛都像棋棋一样亮！"小朋友们的注意力很快又转移到诗歌的学习上来……

案例39[①]：这是大班数学活动"学编应用题"。小朋友正在认真听讲，突然，一张教学用的小燕子图片从移动式的黑板上掉了下来，小朋友立刻被这一突发情况吸引住了，有的小朋友提醒老师说，老师，小燕子掉了；有的则直接走上去帮老师捡图片。小朋友议论纷纷，一时间课堂上出现了混乱的局面。这时候，陈老师拍了拍手，示意大家安静下来，然后从地上捡起小燕子图片，微笑着跟小朋友说："这可真是一只调皮的小燕子，竟然不听燕子妈妈的话，擅自掉队了。小朋友你们说，原来黑板上有 8 只小燕子，这只小燕子掉队后，黑板上还剩几只小燕子啊？"小朋友的注意力立刻被拉了回来，开始认真地算起老师刚才布置的"趣味应用题"。

类似以上案例所描述的现场活动中的"小插曲"并不鲜见，一旦出现"小插曲"，小朋友立刻会被吸引，甚至会"议论纷纷""乱作一团"，正常的教学活动秩序被打乱，再完美的教学设计也会突然中断。面对这样的教学事件，有的教师可能会冷处理，静等片刻之后继续正常教学；也可能训斥吵闹的小朋友，甚至会责怪小朋友常规不好，要求小朋友保持安静。

案例中教师的巧妙处理，特别是那句带有自我解嘲意味的话，"这可真是

---

① 王萍：《教育现象学视阈中的教育机智》，载《教育科学研究》，2012 年第 4 期

一只调皮的小燕子，竟然不听燕子妈妈的话，擅自掉队了"，使活动现场的局面出现了转机，教学秩序由"乱"转"稳"。而老师紧接着的那句话，"小朋友你们说，原来黑板上有8只小燕子，这只小燕子掉队后，黑板上还剩几只小燕子啊"，则显示出教师临场处理的教学机智，教学秩序又由"稳"转"巧"，有效地将教学活动中意外的消极事件，转化为积极的教学契机。

5. 简约法

简约法是指教师在对幼儿进行现场回应时，基于对幼儿所生发问题的价值判断，围绕活动目标，对幼儿的问题采用较直接而简约的方式进行回应，较快平息偶发事件，顺利地保证了现场教学活动秩序的正常开展。

案例40[1]：在"搬过来，搬过去"活动中，该活动目标是"围绕故事，发现、推断遇到问题的原因，并尝试解决问题；在解决问题的过程中感受朋友间相互关爱的情感"。活动一开始，教师说："今天我请来了一对好朋友，看看是谁。"小朋友们注意力一下子就集中到了多媒体课件上，"是长颈鹿和鳄鱼"。有个小朋友满是疑问地说："鳄鱼要吃人的，怎么和长颈鹿在一起呢！"教师马上回应："故事中的长颈鹿和鳄鱼它们是一对好朋友。"

案例中，教师在呼应幼儿的回答时很有目标意识，回应时直接围绕目标，削枝强干，重点突出，不为互动而互动，不被幼儿的问题牵着鼻子走。因而，教师在面对幼儿貌似突然却又合乎逻辑的疑问的回应上，紧扣本活动目标"感受朋友间相互关爱的情感"，作出简洁而明确的呼应，"故事中的长颈鹿和鳄鱼它们是一对好朋友"，直截了当地把幼儿的疑惑拉回到活动的主题，使活动得以顺利而有序地开展。相反，如果教师简单地顺着幼儿的问题进行互动，则可能会远离本活动的核心目标，造成不必要的时间浪费。

6. 留疑法

对幼儿生成的问题，教师无法作出正确的回应，且又认为该问题具有探究价值，那么，教师可以将幼儿的问题作为活动后的疑难问题，留给师幼共

---

[1] 朱慧纺，施建萍主编：《展现群言堂的精彩——幼儿园集体学习活动中师幼互动的魅力》，上海教育出版社，2011年版，第32页

同继续探究，此即留疑法。如果教师采用了留疑法回应幼儿的问题，并承诺幼儿将在活动后对该问题进行探究与答复，那就一定要信守诺言，以保护好幼儿的积极性和求知欲。

案例41[①]：在大班故事活动"城里来了大恐龙"中，当教师讲到大恐龙把自己的身体作为一座立交桥，让汽车、行人从它身上走过，有孩子直接向老师发问："老师，现在为什么没有恐龙了？""这个问题老师也不知道，你们可以回去问问爸爸妈妈，查查有关的资料，明天再来告诉我，好吗？"老师回答道。

案例中，教师对于孩子即时生成的"为什么现在没有恐龙"这一问题，在确实不知道如何回应的情况下，坦然地告诉孩子，并将问题抛给孩子，让他们自主地探索学习。因为有了兴趣作基础，加上老师留给的疑问，孩子们肯定会很积极地寻求答案，后续的互动中，在教师的有效引导下，说不定可以就此开展一个有关恐龙的主题活动。

7. 淡化法

淡化法指的是面对幼儿生发的问题，特别是有关活动常规的问题，有时需要教师在活动现场作淡化处理，避免现场强化式的回应带来不必要的尴尬局面，将问题的进一步回应与处理留在活动后。淡化法回应方式往往离不开教师的沉着冷静，与果断准确地作出反应的教学机智。

如，有一天何老师发现了纸篓里有一块豆腐干，问班上的小朋友是谁扔的，可是，谁也不肯承认。何老师没有就此事兴师问罪，更没有勃然大怒，她知道有些小朋友自尊心比较强，怕受批评，犯了错误不敢在集体面前承认。何老师认为不妨将此事暂且放一放。游戏结束时，何老师让每位小朋友上来，到老师耳边说句悄悄话，谁扔了豆腐干就自己告诉老师，老师保证原谅他和替他保密。结果就有一位小朋友将扔豆腐干的事在说悄悄话时告诉了何老师，同时也认了错。何老师轻声对那位小朋友说："挑食不好，这次老师原谅你，

---

① 谭佚：《浅论语言活动中教师对幼儿即时生成问题的回应》，见：http://www.cnsece.com/news/2010112/n59268943.html

第四章 幼儿教师教学中的实施策略（上）

现在这秘密只有你和老师知道，可是不改正的话，这个秘密大家都会知道的。"[1]显然，案例中何老师用这种方式处理，既达到了教育目的，又不损害幼儿的自尊心。

案例 42[2]：这一天，潘老师和本班幼儿正进行着分享阅读活动。正当大家沉浸在阅读带来的快乐之中时，室外的天气却突然发生了巨大的变化，原本晴空万里、艳阳高照的天空转瞬间就变得昏暗阴沉、浓云密布了，骤起的大风把幼儿园的树木也吹得东倒西歪，颇有些"山雨欲来风满楼"之势。随着室外天气的突变，活动室那些原本打开的窗户被大风吹得不时发出"乒乒乓乓"的响声，室内的光线也顿时变得昏暗起来，仿佛夜晚突然降临了。

天气的骤变让潘老师感到有些意外，她急忙起身去关闭那些被风吹得"乒乓"作响的窗户，以免窗户上的玻璃被打碎了。关闭本班全部的窗户后，潘老师才想起来，幼儿们还在暗淡的光线下进行阅读呢。于是，潘老师将活动室内的日光灯全都打开，以便幼儿能继续进行阅读活动。然而，室外的光线实在太昏暗了，以至于活动室内即使打开了所有的日光灯，也仍然被笼罩在一片暗淡昏黄之中。为了孩子们的视力健康，潘老师决定让他们收拾好自己看的图书，终止今天的分享阅读活动。

正当全班幼儿忙于收拾图书的时候，一个叫潇潇的小朋友突然喊了起来："老师，嘉伟说不好听的话了。"听到潇潇的喊声，潘老师一怔，她不假思索地问道："潇潇，嘉伟说什么不好听的话了？"潇潇连忙回答道："嘉伟说，老师真傻，天黑了也不知道开灯！"听了潇潇的回答，潘老师并没有生气，她只是觉得应该提醒和批评一下嘉伟，让他知道以后说话应该有礼貌。可是，还没等潘老师开口叫嘉伟，就听见活动室的各个角落里突然间响起了"嘻嘻，老师真傻！""嘻嘻，老师真傻！"的声音。孩子们的声音虽然不大，但是此起彼伏，不绝于耳。听见全班幼儿都模仿嘉伟说"老师真傻"，潘老师真的感到有些生气了，她大声地喊着嘉伟的名字，叫他到自己的身边来。听见潘老师

---

[1] 黄娟娟主编：《优秀幼儿教师教育行为研究》，上海教育出版社，2002年版，第107页
[2] 陈迁主编：《幼儿园教育的50个细节》，福建教育出版社，2011年版，第209—210页

那愤怒的声音，再看看潘老师那生气的表情，嘉伟吓得"哇"的一声哭了起来。这时，在活动室里，"嘻嘻，老师真傻！"之声和嘉伟"哇哇"的哭声交织在了一起，犹如奏响了一支不和谐的交响曲……

　　面对幼儿突然"说错话"或"做错事"的情况，教师到底应该如何正确处理呢？不同的教师会有不同的处理方法。一般来说，遇到这类突发事件，教师首先应淡化其他幼儿对这句错话或这件错事的注意。之所以要先进行淡化处理，其目的就是要减少这句错话或这件错事对其他幼儿的不良影响，避免其他幼儿效仿，同时，这样做又可以保护当事者的自尊心，避免当事者陷入难堪的境地。

　　在本案例中，当潇潇告状说"老师，嘉伟说不好听的话"之时，潘老师可以轻轻地说一句"老师知道了"，而不去追究嘉伟到底说了什么不好听的话。这样淡化处理后，其他幼儿就不会再对这句话产生兴趣了，后续其他幼儿模仿说"老师真傻"这样的情况也就不会发生了。等事件作淡化处理之后，教师可以寻找合适的时机，对"说错话"或"做错事"的幼儿进行恰当地帮助与引导。以本案例来说，在嘉伟被人告状这件事过后，潘老师就可以找个恰当的时机，悄悄地问潇潇，嘉伟到底说什么了。知道答案后，潘老师不应直接去批评嘉伟，而应该悄悄找到嘉伟，和蔼可亲地对他说："你是一个聪明的孩子，知道天暗了要开灯，这很好；但是你说'老师真傻'这句话确实不好听，别人听了，会认为你是一个没有礼貌的孩子。现在，你能不能想一想，如何换一句合适的话，这句话要既有礼貌，又能提醒老师解决室内光线暗的问题。"在老师的启发下，相信嘉伟一定会想出"请老师帮忙把灯打开"之类有礼貌的话。此时，潘老师就可以及时肯定嘉伟，告诉他："这样说真好听，这才是有礼貌的好孩子，以后要多说些这样的话。"在得到老师的教育引导与鼓励后，嘉伟一定会愉快地接受老师的建议，而不会出现"哇哇"大哭的情景了。

　　8. 转移法

　　转移法指的是针对幼儿生成的问题，教师先对该问题是否有潜在课程层面价值进行一定的分析与判断，并对具有潜在价值的问题进行点拨，将其有效地引向显性的价值方向。

如，在"春节"主题活动中，在谈到"最喜欢的春节食物"时，凡凡说："我最喜欢吃春卷，可是为什么春卷煎了会发黄？"典典回答："油的品牌不一样！"教师马上回应："刚才典典说了一个很好听的词——品牌。""油有哪些品牌？"孩子们说完各种不同品牌的油以后，教师接着说道："我们的衣服、食品、汽车都有不同的品牌。"在活动中，当幼儿提到"春卷为什么煎了发黄"这一问题时，教师清楚地知道，这种化学反应，现在是无法向幼儿解释清楚并让幼儿明白的，即使教师能够解释也没有太大的价值。因此，教师巧妙地运用了转移视线这一方法，将幼儿的视线转移到了对各种不同物品的"品牌"上面来，引导幼儿关注生活中的各种品牌图案的含义，激发幼儿探究周围事物的兴趣与欲望。

案例43[①]：大班数学活动"分蛋糕"。活动从导入环节开始就一直开展得很顺利，幼儿配合也相当好。就在教师即将进入"分蛋糕"环节时，一位调皮的小男孩提前偷偷地跑到另一侧，尝了尝蛋糕的味道。教师发现后，轻轻地把这个男孩子挽了过来，柔声问道："蛋糕好吃吗？"该幼儿不好意思地点头。"蛋糕这么好吃，我们可不能独自吃完，要和大家一起分享，对吗？"男孩子又点了一下头。"我们班有这么多小朋友，蛋糕却只有一个，你会怎么分呢？"……

也许在一些教师眼里，这位小朋友的行为是属于捣乱性质的，应该给予批评纠正。但案例中这位富有教学机智的教师，却能以专业化的思维方式转换看待问题的角度，及时而巧妙地将貌似捣乱的行为与本活动目标紧密嫁接起来，转换为具有课程价值的问题，有效地化解了现场偶发事件而造成的课堂危机，巧妙地化"危机"转为"契机"，使活动中纯属节外生枝的"小插曲"，成为活跃与烘托现场活动氛围的催化剂。

---

① 黄哲芳：《从课堂实录看幼儿园教师的教学机智》，见：http://blog.fhedu.net.cn/UploadFiles/2008-5/72423.27673290.doc

9. 悬置法

在现场教学活动中，幼儿可能会提出一些教师意想不到的问题，有的问题与本次活动关系不大，有的问题一时教师很难回答和解释。这时教师可以采取悬置法方式进行现场回应，将这些问题留待活动后去解决，或鼓励幼儿自己去寻求答案。

如，在创编故事《小兔拔萝卜》的活动中，一位幼儿向老师提问："图画里的萝卜这么小，为什么小兔还拔不动呢？"这是一个比较难回答的问题，如果讨论下去会影响活动主要目标的达成。这时教师说："这个问题提得很好，不过现在时间很紧，我们把故事编完了再来讨论，好吗？"幼儿都认为教师说得很有理，都赞成活动结束以后再来讨论，这个问题被暂时悬挂起来。教师这样回应，既不挫伤幼儿求知的积极性，又能鼓励他们自己分析问题、解决问题，同时保证了现场教学活动的正常进行。

案例44[①]：散文活动"下雨了"即将结束，孩子们在老师的钢琴伴奏声中，高兴地边唱边表演着歌曲《下雨了》。唱着唱着，一个孩子突然跑到老师的面前，抬起头认真地问道："老师，为什么会下雨呢？""现在是要你唱歌，你干嘛跑到我这里来了，回座位上去！"孩子转过身，遗憾地皱着眉头往回走去。

案例中该幼儿能提出这样有价值的问题，说明了他爱动脑筋，也很想知道问题的答案。对于正在组织集体教学活动的教师来讲，这种与本活动主要目标关联不大的偶发性问题确实不好回应，但并不等于无法以合适的方式予以回应。其实教师完全可以采用悬置法回应，先用鼓励的话肯定孩子，然后直接告诉他，等歌曲唱完后会告诉他为什么会下雨，但是现在在唱歌时要认真唱，等下老师才会告诉你。这样处理既可以保证原教学计划得以顺利进行，又可以有效地保护幼儿的好奇心。相信该幼儿在得到教师这样的回应下，会更认真地投入到该歌曲的学习之中。

当然，如果该问题教师课后仍无法及时给予幼儿准确的答复，也可以再

---

① 谭俭：《浅论语言活动中教师对幼儿即时生成问题的回应》，见：http://www.cnsece.com/news/2010112/n59268943.html

采用留疑法进行处理，即将问题作为活动的延伸话题，让师幼共同作进一步的探究，共同寻找问题的答案。而本案例中教师的回应方式，无疑是对这位兴致勃勃地将自己的疑问和好奇反馈给教师的小朋友"当头一棒"，严重挫伤了该幼儿的学习积极性，扼杀了该幼儿的求知欲。

10. 退位法

对幼儿在活动中表现出来的一些一时无法准确释读的行为，此时，教师不武断地从成人的视角给予评判式的回应，而是采用适当的暂时退位方式，让幼儿走向前台，给幼儿一个进一步表达的机会，根据幼儿的具体表现再做评判。退位法回应方式有利于教师更好地观察、分析与判断，可以有效地避免因时间仓促而导致误读误判幼儿的行为，影响师幼互动质量。

如，在主题绘画活动"可爱的动物"中，小朋友画了许多蘑菇送给小兔子吃。当小朋友们拿着五颜六色的蘑菇送给小兔子时，有个小朋友的画进入了教师的视线："你为什么给小兔子吃的都是黑蘑菇？""老师，漂亮的蘑菇是有毒的，小兔子吃了会死的。"如果该教师没有采用退位方式回应，让幼儿有机会自己的表达想法，而是贸然地去对幼儿作品进行评判，甚至批评了该幼儿，抹杀了孩子的思想和情感，则显然是一种教学上的失误。

案例45[①]：在"美丽的秋天"这一命题绘画活动中，老师让小朋友用色彩与图案表现秋天的景色。一开始海伦画的是一片片小树叶从大树妈妈身上飘落，有的在空中跳舞，有的在地上打滚，画得真不错，还体现了秋天的特征。可是当老师再次回到她身边时，只见画面上多了一团团黑色的线，好好一张画就这么毁了。在作品交流与分享时，老师请小朋友来介绍自己画的秋天，海伦也介绍了自己的画面内容："秋天来了，小树叶长大了，大树妈妈抱不动它们，又怕小树叶跳到地上会摔倒，就请龙卷风叔叔来帮忙，把小树叶卷到安全的地方。"瞧，这孩子的想象力多么丰富，老师差点儿错怪了她……

幼儿的世界不同于成人，幼儿的世界是诗意的，而成人则是现实的。因

[①] 黄竞瑜：《主题化美术活动中教师角色转变》，《幼儿园主题化美术教育研究》（内部资料），第41页

而，幼儿表征外部世界的方式也异于成人，不能简单地以成人的视角为标准去衡量幼儿所表征的方式。特别是在幼儿绘画作品中，往往是造型夸张，构图出格，想象奇特，如汽车可以在天上飞，苹果可以当房子，星星可以在地上玩……教师对幼儿所表征的方式如果一时无法进行准确的解读，采用退位法这样的现场回应方式无疑是一种比较明智的选择。

11. 预设法

交流讨论是师幼之间互动的重要环节，在交流讨论中，教师如何发起有利于师幼互动的话题，如何积极回应好幼儿抛来的球，并以幼儿保持想继续玩下去的兴趣的方式抛给幼儿，是十分重要的。由于在讨论中存在着许多不确定因素，许多教师对于如何有效回应幼儿可能作出的意料之外的回答感到十分担心。

教师确实无法规定幼儿在互动中的行为，但是可以预测幼儿在活动中可能出现的行为，特别是在与幼儿以问答形式而展开的互动活动中，教师所发起互动的问题应该有充分的理由，也就是说，教师有责任基于对幼儿生活经验与认知发展水平，合理预测幼儿对该问题的可能性回答，然后基于幼儿可能性回答的基础上再作出可能性的应答。实践表明，很多现场灵活回应的背后，就有教师在这方面日积月累的"苦练"，是教师在磨练中建立起来的一种自动化程度的应急反应系统。

以方案教学活动著称的瑞吉欧人也明确指出[1]，"假如成人已经想到一千种假设，那么我们很容易接受出现一千零一甚至二千种假设的事实。当成人自己曾经想过许多可能性时，会持开放的角度去面对新的想法，也比较容易接受未知的事物。只持有一个假设会导致成人将全部的注意力集中在该问题"，因而，认为有效的师幼互动在于充分的预设（准备）之中。特别是对于新教师来说，预设策略是做好活动过程中有效应答幼儿行为工作的重要保证。

---

[1] C. EDWARDS, L. GANDING, &. FORMAN 编著：《儿童的一百种语言——瑞吉欧·艾蜜莉亚教育取向进一步的回响》，新北：心理出版社，2000年版，第249页

第四章　幼儿教师教学中的实施策略（上）

如，中班美术活动"小罐头"[①]，活动目标是"在故事欣赏中寻找与紫色相协调的颜色，体会各种颜色都能调配得很好看；通过理解故事，体会每个人都有各自的长处，从而获得自信"。活动的开始，教师是以唤醒幼儿生活经验导入的："你们吃过罐头食品吗？你认为哪种罐头食品最好吃？"如果教师对幼儿回应能作较充分的准备，即预设策略丰富，如预测幼儿的可能回答一："没有吃过"，教师拟采取解释策略予以回应"就是装在瓶子里的或铁罐里的食品"。幼儿的可能回答二："最好吃的是糖果"，教师拟采取引导策略予以回应"有没有吃过放在罐头里的菜呢"。幼儿的可能回答三："罐头食品没有营养的"，教师拟采取解释策略予以回应"罐头食品可以保存很久，也有一些营养，可是，它不是新鲜食品，不能多吃哦"。……

教师若能在活动前作好较充分的准备工作，就有可能在幼儿回应的基础上进行较高质量的互动，使活动有声有色地深入开展下去，而不至于如蜻蜓点水般浅尝辄止，或给人一晃而过的走过场的印象。

在活动设计过程中，教师一旦养成了能站在幼儿的视角去思考问题的好习惯，并根据思考结果作出回应的预设策略，即使在现场中会发生第四、五种回答，教师也能处变不惊，从容应对。相反，如果教师对幼儿回答只作唯一的预设，那么，就可能无法很好地通过师幼有效互动而达到预期的目标。

12. 将就法

将就法指的是在师幼互动时，由于幼儿的回应出现意想不到的结果，教师通过采用将错就错的方法进行权宜式处理，并在这一权宜式的互动过程中积极寻找有利的回应方式和回应时机。将就法是一种将"死棋"变成"活棋"的比较高水平的技巧。

案例46[②]：这是社会活动"说说我的优点"活动片段。师：谁愿意来讲讲自己的优点？幼：我没有优点，缺点很多。师：（愣了愣）是吗？那你愿意

[①] 李慰宜，林建华著：《幼儿园绘画教学手册》，华东师范大学出版社，2009 年版，第 205 页
[②] 周金玉：《集体教学活动中教师的口语回应》，载《幼儿教育（教育教学版）》，2009 年第 7—8 期

告诉大家你有什么缺点吗？幼：别人说我的缺点是贪吃，所以很胖；妈妈总说我记不住她跟我说的话，记性不好；还有，我画画总是画得不好，还会把衣服弄脏；不过我力气很大，在幼儿园每次都是我去搬桌子。师：其实，我发现你是个有很多优点的孩子。（幼儿茫然）师：第一，你每次都能为大家搬桌子，说明你很爱劳动；第二，你能把自己的缺点讲给大家听，说明你很诚实；第三，大家都听明白了你刚才说的话，说明你语言表达能力强。数数你有几个优点了？幼：我有三个优点了，谢谢老师！师：你很有礼貌，又多了一个优点了。（幼儿欣慰地笑了）

案例中幼儿"爆出冷门式"的回答，确实出乎教师意料，也是一些教师眼中答非所问的错误答案。如果该教师缺乏丰富的互动经验或较高的教学机智水平，其通常的反应是先纠错，比如"要听清楚老师的提问，老师是请你讲优点，不是讲缺点"，或是先以"哦，真的没有优点吗"等方式敷衍回应，再强调一下"老师是请你们讲优点，不是讲缺点"，然后再转请别的幼儿回答。

案例中，该教师可谓处事不惊，将错就错地让该幼儿继续表达下去，然后在幼儿表达完毕后，机智地来个意想不到的"回马枪"，从优点的角度去解读幼儿所说的缺点。教师将错就错的回应方式可谓是峰回路转，神来之笔，连幼儿都感到惊讶，"我有三个优点了，谢谢老师"。这样的巧妙回应既使师幼互动顺利进行，又机智地回到既定的互动任务，同时也让幼儿明白了自己也有很多优点，是"一箭三雕"的巧妙回应。

13. 生花法

现场回应的生花法，顾名思义指的是教师在与幼儿互动过程中，对幼儿某活动细节进行巧妙而有效的点拨，使得貌似缺点的活动转向富有意义的方向发展，在整个现场回应中起着朽木生花之效。教师要掌握这种高超的回应方式至少需要具备两个重要前提条件，一是教师本身对幼儿活动始终能抱持一种欣赏的心态，要用发展的眼光看待幼儿成长中的不足与错误；二是要有打破思维定势，换个角度灵活地思考问题的思维习惯。

第四章　幼儿教师教学中的实施策略（上）

如，在大班美术绘画活动中，教师发现有一位幼儿画的饼干画面有点脏，教师灵机一动对幼儿说："哇，你是在画芝麻饼干吗？芝麻饼干可香啊！"听了教师的话，幼儿顷刻面露惊喜，自信地在饼干上点满芝麻，并在画芝麻饼干的基础上，继续发挥想象画了很多不同品种的饼干。试想，如果该教师采用责怪幼儿不懂得保持画面整洁的方式回应该幼儿，则可以想象该幼儿在本活动中绘画肯定又是另一种状态。

案例47[①]：户外体育游戏活动"老狼老狼几点了"主要是锻炼幼儿的快跑与躲闪能力。通常教师扮演老狼，小朋友们扮演小羊，"小羊们"跟在"老狼"身后问："老狼老狼几点了？"老狼说："一点了。""老狼老狼几点了？""两点了。"……当老狼回答"十二点了"时，就可以马上转过身去抓"小羊"，"小羊们"四散逃窜，逃得慢的就被"老狼"抓住了，被抓住的"小羊"就要当一回"老狼"。有一次，老师带小朋友们做起了这个户外游戏，忽然康康不跑了，还故意往"老狼"怀里钻，说他不怕"老狼"，小朋友们纷纷嚷嚷说他们也不害怕"老狼"，正常的游戏秩序一下子打乱了。老师问他们为什么不怕，他们摆出了理由：他们有主人，主人有枪；他们有鞭炮；他们有火把等等。

知道了幼儿的思路后，老师就和他们商量，让他们选择一位"猎人"，带领"小羊"使用"鞭炮鞭炮炸老狼"、"火把火把吓老狼"、"开枪抓住坏老狼"三种武器去活捉"老狼"。这样，"小羊们"快速奔跑，追赶"老狼"，而"老狼"仓惶而逃。小朋友们为新玩法感到十分开心，而且这同样也实现了快跑与躲闪的训练目的。

该案例中，教师在面对幼儿在活动中的节外生枝——不按照既定的游戏规则进行游戏时，不是一味的训斥或苍白无力地强调所谓的游戏规则，而是能够及时了解幼儿的想法，并机智地顺应了幼儿的兴趣，将幼儿的兴趣巧妙地转化为新的游戏规则，并按新的规则开展活动。此举既满足了幼儿的兴趣

[①] 吕文娜：《用问题打开幼儿探索的大门》，载《中国教师》，2009年第7期

与需要，给旧游戏赋予了新玩法，增强了幼儿对游戏的新鲜感，活跃了现场活动的气氛，又能殊途同归地达到预定的活动目标。

下面的这个案例，是与上例的户外体育游戏活动"老狼老狼几点了"有着异曲同工之妙。

案例48：这是老师与幼儿在玩"照镜子"游戏活动。"照镜子"游戏的玩法与规则较为简单，游戏的口诀是"请你像我这样做""我就跟你这样做"。有一次，老师正在组织幼儿做这个游戏，当老师正边做动作边说着"请你跟我这样做"，却听到班上的"调皮大王"龙涛坐在椅子上，小声地说着"我不想跟你那样做"。老师边用眼神示意了他一下，边继续说"请你像我这样做"，但龙涛小朋友并不买账。其他的幼儿见状都在笑，也学龙涛的样子，游戏似乎陷入了僵局。此时，老师灵机一动，决定采用改变游戏玩法与规则的方式，对龙涛的调皮举动进行正面回应。老师暂停了正在进行中的游戏说："好吧，那龙涛小朋友，我们改变一下游戏规则，第一遍你跟老师做，第二遍我们学你做好吗？"龙涛听了，可乐了："好，看看咱们谁反应快。"

游戏重新开始，"请你跟我这样做，我就跟你这样做，我也可以这样做，你来学我这样做"。这样，龙涛很投入，做的动作都与老师不同。别的幼儿见游戏规则变后带来如此大的乐趣，争先恐后地说"我也要做跟你们不一样的"，"我还有其他的动作"。他们都仔细地看，认真地想，一开始还有点反应不过来，玩了几次之后，反应速度明显快了，有的还手舞足蹈，游戏氛围与游戏效果超乎老师的想象。

本案例中，对幼儿的调皮举动等不和谐的行为，教师既不是一味地逃避，更不是粗暴地压制，而是将幼儿在现场活动中的"不和谐"行为转化为积极的因素，有力地推进了整个活动的顺利开展，也正因为有教师对临场中突发事件的机智处理，而使整个活动显得格外精彩。如果在教师暗示该幼儿停止调皮举动无果时，在游戏似乎陷入了僵局的状态下，教师采取强行制止的方式，则容易使该幼儿对游戏产生反感，同时也会影响到整个游戏活动的顺利开展。细究案例中该幼儿的"不和谐"举动，很有可能就是该游戏对他已经失去必要的吸引力，或者说已经玩得有点不耐烦了，他打心底想采用另一种方式或规则来玩这个游戏，赋予旧游戏新生命。教师的机智回应无疑极大地满足了该幼儿的兴趣与需要，且游戏玩法虽然改变，但游戏在集中幼儿注意力、训练幼儿反应能力和模仿能力的功能却是不减反增。事实表明，这样的回应所取得的游戏氛围与游戏效果超出老师的预期。

14．探询法

教师在与幼儿互动过程中，对幼儿表达的意思理解不够清晰，或幼儿的回答明显出乎常理，在一时无法有效应对的情况下，可以采用探询式加以回应，即将问题反问幼儿，请幼儿将思路和想法回答清楚，教师依幼儿的再次回应情况而定夺具体的回应方式。探询式回应是给师幼互动一个缓冲过渡，避免贸然回应而挫伤幼儿互动的积极性，从而降低了师幼互动质量。

案例 49[①]：这是在谈论春天景色的一段师幼对话片段。师：春天到了，你们在街心花园、马路边、小区的绿地、公园里都看到些什么颜色？幼 1：春天到了，我看到树叶是黄色的。幼（众）：不对，春天的叶子是绿色的。师：别急，说不定他有自己的道理哦！××，你来说说春天里你在哪儿看到树叶是黄色的？幼 1：我在路边看到大树发芽了，一粒一粒的小芽看上去有点黄。师：春天，大树发芽了，嫩芽绿绿的还带点黄色，你们都发现了吗？

在案例中，当幼儿回答出"春天到了，我看到树叶是黄色的"，马上引起其他幼儿的一致反对。此时，教师并没有简单地附和班上幼儿的反对观点。而是先稳定大家的情绪，再以鼓励的方式支持这位想法出乎常理的幼儿进一步表达观点。当幼儿表达完之后，教师对幼儿仔细的观察给予了肯定，并对其他幼儿提出了对春天的绿芽做进一步观察的要求，以促发幼儿做进一步观察探究的欲望。试想，如果教师没有做探询式回应，让该幼儿有进一步表达的机会，而是马上反驳或制止，则对该幼儿来讲，其所失去的不仅是观点未能得以充分表达，个体经验没有得到肯定，而且会深深感受到被大家误解与

---

① 周金玉：《集体教学活动中教师的口语回应》，载《幼儿教育（教育教学版）》，2009 年第 7—8 期

积极性被打击的双重心理压力；而对教师来讲，则失去了进一步了解幼儿想法，以及发现幼儿仔细观察的良好学习品质，并加以肯定与鼓励的机会。

15. 迂回法

迂回法指的是，教师在与幼儿互动的过程中，面对幼儿的"答非所问"，顺应幼儿的思路，采用间接的方式回应幼儿，与幼儿保持良好的互动关系。

在教学活动现场中，不难发现这样的现象，有的幼儿在回答教师的问题时，有时所答的并非他所见的，而是他所想的。比如，教师出示一张春天的树的图片，问幼儿图片中的树叶是什么颜色的，有一位幼儿说是黄的。显然，此时幼儿回答的并不是当下他所见的这张图片上的树叶的颜色，他所回答的可能是他生活中遇到的而且印象比较深刻的树叶的颜色。如果教师以直接纠错的方式回应该幼儿，则互动就此结束。而该教师顺应了幼儿的思路，进一步问道："树叶是在什么时候变黄的呢？"该幼儿回答："是在秋天的。"老师回应："树叶到了秋天是会变成黄色的，但树叶到了春天又会变成什么颜色呢？"（教师边说边有意识地将该幼儿的注意力引向了黑板上的挂图上）此时，该幼儿面带微笑地回道"是绿色的"……

上述例子中，教师采用迂回法进行回应，符合幼儿的认知特点，也提升了师幼互动的质量，既能保护幼儿发言的积极性，又能有效地唤起幼儿已有的相关的生活经验。

第四节 现场追问策略

一、现场追问的涵义与类型

（一）现场追问的涵义

追问，即追根究底的提问，现场追问指的是教师在教学活动过程中，在幼儿回答教师提出的问题之后，有针对性地再度发问，以再次激活幼儿思维，促进他们对某一问题作更深入的思考，或作更清楚的表达。现场追问也有利于教师更深入地了解幼儿的学习过程和方法，以便及时调整教学行为，向幼儿提供具体的帮助和指导，从而有利于师幼互动更有效地开展。在动态的教学活动过程中，现场追问作为一种提问技巧，无疑是促进现场教学活动走向有效教学的重要的指导策略。

（二）现场追问的类型

1. 深化型追问

深化型追问指的是，教师在幼儿回答问题的基础上进行及时的追问，以激发幼儿进一步思考，调动幼儿思维的积极性，将问题往深处作更深入的思考，从而提升幼儿对问题思考的质量。深化型追问通常是在教师认为幼儿的回答停留在比较浅层次的思考，认为有必要引导幼儿作更深入的思索时使用。其往往生成于活动现场，但也有可能是属于教师事先所设计的递进式问题的预设范畴，初问浅显，在幼儿正确回答后，再逐步加深，引导幼儿对问题进行深入的探究，即作进一步的观察思考、操作探索或交流讨论。

如，在科学活动"苦瓜与青椒"中，教师问幼儿最喜欢吃什么蔬菜，一位幼儿说最喜欢吃的蔬菜是丝瓜，不喜欢吃的蔬菜是苦瓜。教师随之追问："同样是长长的形状，弯弯细细的身材，你为什么喜欢吃丝瓜而不喜欢吃苦瓜？"这样的追问无疑会激起幼儿更进一步的讨论，引导幼儿从口味上区别丝瓜与苦瓜的不同。

再如，在大班阅读活动"月亮的味道"中，当讲到小动物们一个个爬上朋友的背摘月亮时，教师与幼儿发生了如下对话：师：它们是怎么变得那么高的？幼：一个个叠起来的。师：它们又是怎么叠起来的呢？是随便叠的吗？幼：不是。大的动物在下面，小的动物在上面。师：再仔细看，大的动物都在下面吗？幼：不是，乌龟不是最大的，但它在最下面。师：为什么要这样叠？幼：因为乌龟的背是很坚硬的。"教师一连串的追问，让幼儿的观察越来越聚焦，越来越细致，也使得他们的思考越来越深入，有利于幼儿加深对故事内容的理解。

2. 点拨型追问

点拨型追问指的是，幼儿因受认知和经验的制约，无法直接察觉事物间的内在联系，对教师的问题停留在表层次思考，教师在幼儿回答的基础上，借助有目的的追问，给幼儿点拨启发，逐步引导幼儿找到问题的正确答案。特别是当幼儿的回答离正确答案只有一步之遥时，教师更应通过点拨型追问，帮助幼儿顺利到达终点，而不是直接告知答案。

如，在大班看图讲述活动"河马村长"中，第一幅图是许多小动物围在一起讨论谁当村长的事，小朋友们在读图时无法一下子就将图意准确地读出来，有的小朋友从图片上读到的是"图片的中间有张纸"，教师马上追问："大家围在一起，中间还有纸和笔，可能是在干什么？"有的小朋友回答"在开会"，教师就继续追问："看小动物的表情，它们在开什么会？或是会因为什么事情而开会呢？"经过教师的追问式启发，以及幼儿的进一步仔细观察，他们终于能做出这样的回答，"可能在讨论工作"。

3. 升华型追问

升华型追问指的是，教师在幼儿获取正确操作结果之后，通过追问形式，促使幼儿将蕴涵于行为背后的相关问题作进一步思考，并将之清楚地表达出来。

如，在有关物体平衡的一次学习活动中，一位小朋友在实验时偶然获得了成功，他迫不及待地要与教师和同伴分享他的快乐。教师在肯定他的成功的同时对他进行了追问："你是怎样让物体获得平衡的？"这问题顿时让该小朋友产生了疑惑："是啊，刚才还一直不能平衡，为什么现在却可以了呢？"教师引导说："你再仔细想一想，看看有没有新的发现？"该小朋友思考了一会儿，回答道："两块积木要一样大小的。"教师又继续追问："那是不是一样大小的积木随意摆放都能平衡？"小朋友说："不是的。"又仔细观察一番后，该小朋友说："两块一样的积木一定要摆放在天平架的两边，要一样远才能平衡。"教师再进一步追问："如果是不一样大小的积木是否能平衡？怎样才能

平衡?"……①

显然,在师幼的相互询问与应答中,不但该小朋友能直观地感受并建构有关物体平衡的相关物理经验,而且在教师的追问中,其实也在向该小朋友传递一种认知的网络图式,幼儿在与教师互动中,无形中也学会了对问题进行深入思考的方式。对该幼儿来讲,以后一旦再碰到类似的问题,他就有可能也会用不同的思考方法与路径去探索和发现。

4. 纠错型追问

如果说前面的追问类型都是在幼儿正确回答问题的基础上,那么,纠错型追问则是教师在面对幼儿错误回答的基础上而进行的追问。幼儿是在不断发生错误的过程中成长起来的,错误是幼儿最真实的想法和体验,也是值得教师去分析挖掘的鲜活的教学资源。如果教师对幼儿的错误置之不理,或把所谓的正确答案直接告知,显然是"错上加错"(幼儿犯错,教师也跟着犯错)。教师应该善于挖掘和发现幼儿错误背后所隐藏的教育价值,以引导幼儿从错中求知,从错中探究,在错误中获得发展。

案例 50[②]:在数学活动"量身高"中,教师出示一个小朋友的身高记录纸,问小朋友:"这是我们中班时的身高记录,看,这是谁的?""晨晨的。"小朋友们回答道。教师继续问:"她中班的时候有多高?"小朋友们又兴奋地说"112 厘米"。教师又继续追问:"谁能够在尺子上面找到晨晨中班时候的身高?"

君君走上来,指着标尺上"102"的位置:"是这里。""找对了吗?"教师问小朋友们。有些小朋友说:"错了,这是 102 厘米。""她找不出来怎么办呢?"教师又把问题抛给了小朋友们。"我来帮帮她。"贝贝说。"好,那就请你来帮忙吧。"教师对贝贝说。

贝贝走了上来,用手指着"112"的地方,教师问小朋友们:"这回贝贝

[①] 毕艳杰:《关于教师有效提问的几点思考》,载《幼教新视野》,2010 年第 3 期

[②] 朱慧纺,施建萍主编:《展现群言堂的精彩——幼儿园集体学习活动中师幼互动的魅力》,上海教育出版社,2011 年版,第 47 页

找对了吗?""对了。""我们给她一点掌声吧。"教师又追问,"贝贝,你怎么这么快就找到了'112厘米'的?""我是先找'110',再往上数两格的。"贝贝说。"那你为什么不先找'100',而要找'110'呢?"教师继续追问。"'100'离'110'太远了。"贝贝回答道。"原来要先在尺子上找到与它最近的长线旁边的数字,再往上数,这样就快了。"教师总结了贝贝的话。

案例中,教师在贝贝小朋友上来帮忙时,如果在贝贝小朋友答对后就直接结束本环节,则可能班上的小朋友在整个活动中的学习质量就因此而大不一样,因为班上的很多小朋友可能对贝贝为什么能找对,是怎样找对的(是怎么动脑筋思考)等相关问题是不晓得的。案例中围绕这个"问题纠错"所潜在的学习价值也就没有办法得以充分挖掘与利用,幼儿在本活动中也就会失去一次很好的学习与发展的机会。

案例中,教师通过两次巧妙追问(其实案例中所谓的"继续追问"是属于反问性质),了解贝贝小朋友的具体思维方式,即为什么做对以及怎样做对,最后教师面向全体幼儿的活动小结,其实是将贝贝小朋友的个体经验加以适当整理提升与概括,能有效地引导幼儿的思考方向和提升幼儿的学习质量。在本案例中,如果没有教师的机智而及时的追问,师幼互动质量也就无法提升,高质量的师幼互动也就无从谈起。

二、现场追问的基本要求

(一)追问要把握好尺度

教师在追问时要注意把握好尺度,要考虑到追问的适宜性和有效性,保护幼儿继续应答的积极性。教师追问的难度与幼儿已有回答问题的水平是递进的,但跨度不宜太大;教师追问的频率不宜过于频繁,避免产生过度的追问。难度过大和频率过高的追问,都有可能令幼儿感到无所适从,不知所措。

(二)追问要把握好时机

幼儿园集体活动的时间虽有大致规定,但不像中小学课堂教学有明确的课时概念，中小学课堂的教学课时是呈分割状的相对独立的课时单位，而幼儿园则是以半日为单位；同样的，幼儿园课程是以"经验—活动"为取向的，不同于中小学课程的"学科"取向，在具体教育教学活动中，没有像中小学课堂教学有明确的需要完成的学科教学内容；而且，受生成课程理念的影响，幼儿教师在组织具体的教学活动时有很强的灵活性和很高的专业自主度，幼儿园教学活动主张关注幼儿当下的感受，关注幼儿的兴趣和生活经验。因而，在活动中教师更应积极运用现场追问策略，以提升师幼互动质量。

以下所介绍的六种情况是教师对幼儿发起追问的较好时机。

1. 经验沉寂时

有意义的学习是幼儿将已有的经验迁移到当下新的学习情境中，而幼儿与新的学习情境相关的已有经验需要教师运用有效的方法去启发。现场追问策略有助于唤醒幼儿沉寂经验，引导幼儿有效地将已有的经验与当下新的学习情境有机联系起来。

案例 51：这是根据实习场理论设计的一个活动——"装修房子"，该活动的核心任务是要求幼儿以小组为单位，共同完成一座"房子"的内外墙"油漆"工作（涂上水粉颜料）。在"油漆"工作进展到一半后，有一位幼儿开始给"房子"的外墙上漆，因"房子"偏高够不着，该幼儿只好采用往上跳的方式来上漆。或许是效果不好（每跳一次都只能涂抹上一点点"油漆"），或许是这样太累了，该幼儿跑去向老师求助："老师，上面的地方我够不着。"教师稍微看了一下这位小朋友说："你自己想一想办法吧！"该幼儿犹豫一下，转身又回到原来的位置上。许是在想办法或是其他的原因，该幼儿站了好一会儿。这时，老师见状，就直接拿来一张塑料小凳子，告诉该幼儿："你可以站在小凳子上面上油漆。"……

本案例所描述的是一个涉及如何正确应对幼儿求助的问题。幼儿在活动中，特别是在探究性操作活动中，出现向教师求助的现象，说明该幼儿在活动中确实遇到了难题，而这一难题有可能是置于幼儿最近发展区内，蕴涵着非常丰富的教育价值，也即如果教师能给该幼儿提供有效的支持，则该幼儿有可能通过对这一难题的解决，获得许多有益的甚至是关键的经验。当然，这一难题也可能本身就超越了幼儿的最近发展区，无法将其作为教育资源来加以开发。

就本案例而言，其实教师完全可以运用现场追问策略，唤醒幼儿已有的相关经验。如，教师在幼儿发出求助后可以追问该幼儿："为什么你刷不到呢？"在幼儿回答后，教师可以接着以追问方式进一步启发该幼儿："你想一想，可以用什么办法让自己站得高一点呢？"也许在教师的追问式启发下，在唤醒了幼儿"让自己站得更高"的生活经验之后，他就会自主地找到解决问题的答案，即直接回活动室拿小凳子，并站上去继续完成"外墙"的涂抹工作。

2. 表述含糊时

幼儿在回答问题时，有时受认知水平、经验或语言发展等方面的制约，无法一下子将自己的想法表达清楚，会出现表达含糊不清或混淆不明等现象。此时，教师就有必要根据幼儿现场回答问题的具体情况，通过追问，在启发提醒幼儿理清表达思路的同时，也让幼儿有机会再次将问题表述得清楚而完整。如，在谈论"我爱我家"时，幼儿说："奶奶背我，衣服都湿了。"教师追问："奶奶为什么要背你？"幼儿说："因为我生病了。奶奶怕我累着，就背我上幼儿园。奶奶真的很爱我啊！"

3. 思考浅表时

幼儿在思考问题的过程中，往往只注重表面现象，思维也易停留在较浅的表象层面。此时教师就应该通过及时的追问，引导幼儿更深入地思考，提升幼儿理解的深度及广度，从而较好地把握问题的本质。

如，在阅读绘本《鼠小弟的背心》中，教师让幼儿猜测："接下来，谁会来借鼠小弟的背心穿？"幼儿往往会答出很多动物的名称。但教师不能就此为止，因为幼儿的理解还较肤浅。教师需要追问："为什么会是××来借鼠小弟的背心穿呢？"让幼儿的思考不仅仅停留在猜测的结果上，而是深入到猜测的依据上。不仅要让幼儿知道绘本中都有谁借穿了鼠小弟的背心，更要让幼儿深入地理解绘本中所隐含的借穿鼠小弟背心的动物越来越大这样一条内在线索。

4. 视野窄化时

在集体教学现场，有时会出现面对教师的问题，第一位上来回答的幼儿的答案引起了其他幼儿的跟风，而导致幼儿对问题的回答出现了视野集体窄化现象。特别是在一些比较发散性的问题，本身就希望幼儿能够发挥想象、调动各自的经验进行多元化的回答，幼儿视野的集体窄化会严重影响到师幼互动的质量。此时，教师就应该及时地运用追问，尽快打破幼儿思维的局限性。如，在谈论星期天在家干什么时，一个幼儿说："我帮妈妈洗碗。"其他幼儿的思维受其影响，都回答怎样帮大人做事。此时教师就可以作这样的追问："除了帮家人做事，还可以干什么？"

5. 亮点闪现时

在师动互动时，有时幼儿答非所问的答案，可能蕴含着值得教师去生成或有效利用的教学资源。此时，教师就应该及时追问，让幼儿在瞬间闪现的亮点闪闪发光，并上升为课程资源，或是有效地突破活动的难点，使活动进程得以顺畅开展。

如，大班科学探究活动"瓶子里吹气球"，该活动的核心目标是：通过幼儿操作，让幼儿感受气球吹气膨胀与瓶子内空气的关系。教师投放的操作材料是矿泉水塑料瓶（有钻孔洞的和没有钻孔洞的两种）和颜色各异的气球（教师事先将气球直接套在矿泉水塑料瓶瓶口上，气球球身置于矿泉水塑料瓶内）。活动一开始，教师在唤醒幼儿平时吹气球的生活经验之后，便让幼儿亲自尝试操作装有气球的两个矿泉水塑料瓶（有钻孔洞的和没有钻孔洞的两种），在边吹气的同时边观察瓶子里的气球能否被吹起来。

第一次探索操作完，幼儿发现了有的瓶子的气球是可以吹起来的，有的则不行。教师请幼儿探究一下，能吹起来的气球的瓶子到底有什么秘密。幼儿第二次探索的任务就是去观察与发现，那些能吹起来的气球的瓶子的秘密。在幼儿完成第二次探究操作后，教师请幼儿上来分享自己的发现，其中有位幼儿说，我在吹气球的时候发现握住瓶子的手上感觉到有风跑出来。该教师及时地抓住了这个具有亮点的发现，继续引导幼儿思考，为什么手上会感到有一股风吹出来的感觉呢。在教师的启发下幼儿再仔细观察一下瓶子，才发现原来塑料瓶子旁边有钻几个小小的孔洞……

6. 错误出现时

幼儿在回答教师提出的问题时，有可能出现回答错误的现象，当幼儿回答出错时，教师不应对此不理睬，或感到不耐烦，甚至耻笑幼儿，而是应该通过及时的追问，了解幼儿出错的根源在哪里，将幼儿的错误当作幼儿成长的契机，将教学中的错误当作是一项教学资源来认识，引导幼儿在错中学习与发展。

案例52：这是中班健康活动"食物的旅行"活动片段。教师借助多媒体将食物经过嘴巴、食管、胃、小肠、大肠等过程形象地展示出来。其中，有一段师幼对话是这样的：教师指着屏幕画面上胃的位置，问小朋友："你觉得胃像什么？"小朋友纷纷表达了自己的想法，其中有一位小朋友眼看自己没有机会被老师请上来发言，便在座位上很响亮地说："胃像心脏。"老师听到后马上纠正道："不对，胃像一个袋子。"

本案例中，幼儿的这一"响亮的回答"在成人看来是十足的错误。但小朋友为什么会说"胃像心脏"呢？他这一说法的依据是什么？教师并没有通过提问等方式去探究，而是直接以成人的标准作出明确而迅速的判断。儿童的世界是不同于成人世界，儿童拥有自己独有的逻辑世界。如果教师能耐心地让幼儿进一步将支撑他的观点的证据说出来，或许也能接纳或者谅解他的这种观点。当然，教师也可以等幼儿说出他的证据之后，再向他指出支撑他的观点的证据所存在的缺陷，使他意识到他的观点是不成立的，即让他在事实证据面前主动修正自己的观点。让幼儿意识到自己的观点的证据是有缺陷的，并能在事实证据面前主动修正自己的错误观点，这不仅能丰富幼儿的知识经验水平，更能让幼儿从小养成尊重事实的良好学习品质。

教师如何面对幼儿的错误，如何让幼儿在修正错误的过程中获得主动成长，这其实是值得教师去研究的，因为幼儿在其成长的历程中会出现许多错误。瑞吉欧课程理念认为[①]："在认识的过程中，答案未必一定都是正确的，错误可能引起重要的冲突。儿童正是在错误和冲突中，在检查自己和同伴的错误中发展正确的认识的。"

但遗憾的是，许多教师在面对幼儿的错误时，往往是迫不及待地将所谓正确的答案直接递给孩子，以为给了幼儿正确的答案，幼儿就会自动地将其错误的观点去除。事实并非如此，大多数的幼儿还是会坚持他们朴素的观点，也许可能会因屈服教师的压力，而违心地说出教师刚才递来的正确的答案。但这对幼儿来说，只是一种简单的复制过程，在其整个思维过程中也只有记忆的因素在起作用，这种简单的记诵并不能真正促进幼儿认知的发展。幼儿面对新的学习任务而产生认知冲突，其实是幼儿的思维方式不断地向高一层级的方向发展，认知冲突是幼儿学习不断前进的动因。

当然，在面对幼儿的错误时，如果教师觉得没有很妥帖的应对策略，诸如案例中这种对幼儿行为准则、认知方式并未产生威胁的所谓常识性的错误，宽容或默认幼儿的错误，也不失是一种权宜之计。也许随着其年龄的增长，经验的丰富，他会自动地纠正自己先前的片面的观点。教师采用无作为的处理方式，就好比幼儿向老师抛来的球，老师让它悄然落地，总比当着幼儿的面，将他抛来的球接住了，然后再用力地扔掉，对幼儿的伤害性程度可能会来得少一些。

案例中其实也反映了这样一种普遍的现象，教师在与幼儿互动时，一旦发现幼儿有错，总是迫不及待地将正确的答案告诉幼儿，反映了教师肩负传递正确知识的使命感过于强烈，总是生怕幼儿获得的知识不够正确，而影响了幼儿的成长。但是从后现代主义的观点来看，知识具有相对性和不确定性。对幼儿来讲，关键并不在于他获得多少正确的知识，而是掌握了获得知识的方法和精神。

---

① 亨德里克著：《学习瑞吉欧方法的第一步》，北京师范大学出版社，2002年版，第72页

第五章　幼儿教师教学中的实施策略（下）

关于教学中的实施策略，上一章集中讨论了现场观察与互动策略，本章所谈论的活动参与策略与兴趣因应策略也属于现场互动范畴，而情绪调控策略偏向教学组织问题，经验提升策略则偏向活动结束环节的常见教学策略问题，总体来讲，本章所谈论内容是上一章的有机延伸。

第一节　活动参与策略

一、活动参与策略的涵义及类型

教师要落实《幼儿园教育指导纲要（试行）》（以下简称为《纲要》）所提出的"教师应成为幼儿学习活动的支持者、合作者、引导者"这一要求的重要前提，就是要学会有效地参与幼儿的活动，并在参与的过程中履行支持与引导幼儿的职责，促进幼儿的发展。所谓活动参与策略，指的是在开始开展小组活动或进行区域活动时，教师在介入幼儿活动时所采用的方式与方法。教师对幼儿活动的参与是教师对幼儿学习活动进行有效指导的重要途径，也是教师专业发展水平的重要体现。

依据不同的划分方式，活动参与类型有不同的划分结果。如根据教师对幼儿活动的现场参与方式的不同，有直接式参与和间接式参与，平行式参与、交叉式参与和垂直式参与；根据参与的始发状态又可以分为主动式参与与被动式参与；根据教师在现场参与时所发挥的作用，有主导型参与和引导型参与等。

其中，平行式参与指的是，教师与幼儿处在同一小组或同一区域，通过开展与幼儿相同或相仿的活动，比如扮演同样的角色或使用同样的材料，努力引起幼儿的注意，让幼儿对教师的行为进行模仿，以达到对幼儿的活动起间接指导的作用。如，当教师观察到幼儿扮演的"妈妈"在娃娃区一直重复着在锅里炒菜的动作，游戏停滞在摆弄材料的水平，此时教师就可以扮演妈妈这一平行角色介入游戏，增加妈妈的角色与相应的角色行为，如妈妈去菜市场买菜、给娃娃穿衣服、带娃娃去医院看病、送娃娃去幼儿园上学等。教师在示范游戏角色行为时，要想办法吸引幼儿的注意力并让幼儿模仿，以帮助幼儿丰富游戏情节，促进游戏发展。教师的这种活动参与类型也可以称为间接式参与，或引导型参与。

交叉式参与指的是，在幼儿需要教师参与指导时，教师通过适当的方式参与，在参与的过程中对幼儿的活动进行有目的的引导，以提高活动质量。如，教师观察到幼儿在玩医院游戏时，发现医生在忙完医院场景布置后，就开始一直在简单地摆弄起药瓶，有的医生也开始在聊天说笑。此时，教师就可以通过扮演病人来医院就诊，在就诊过程中巧妙地引导医生要怎样给病人看病，如挂号、测体温、身体检查、开药、取药、打针、挂瓶等，病看完后还提醒医生要去娃娃家、幼儿园开展出诊业务。教师的介入显然大大丰富了游戏的情节，有效地推进了游戏的开展。这种参与类型也可以称为直接式参与，或主导型参与。

垂直式参与指的是，当教师发现幼儿在活动中出现严重违反规则、争执或攻击性等危险行为时，教师直接对幼儿的行为进行干预与引导。教师之所以要垂直式参与幼儿的活动,并在活动参与的过程中指导幼儿,是因为幼儿在活动出现了需要教师直接参与指导的问题。而这个问题如果不是在教师主动观察范围内发生的,教师是被动地被问题所牵引而参与的,此种情形也可谓之被动式活动参与。

二、活动参与策略的基本要求

1. 主体性

教师参与幼儿活动的目的是对幼儿活动施予有目的的指导,通过指导为幼儿的发展搭建支架,让幼儿获得自主活动的能力,指导是为了不指导。幼儿是现场活动的主体,即使是属于主导型的活动参与,教师在借助这种卷入式的活动参与形式完成了具体的活动指导任务之后,还是要尽量将活动自主权还给幼儿。在活动参与中,教师只能是整个活动过程的配角,而不应该是活动的主角。因而,教师在活动参与中应把握好介入的时机与分寸,既不能给幼儿活动带来负面影响,又不能越庖代俎,剥夺幼儿在活动中锻炼能力的机会。

2. 适宜性

教师在参与幼儿活动时,要根据现场情形,考虑切合实际的参与方式,并在参与过程中把握好介入与退出的时机与尺度,以体现活动参与的适宜性要求。

案例53:这是某教师组织的一次大班户外体育活动,活动内容为"花样玩球"。教师为幼儿提供可供"花样玩球"的材料有跳跳板、绳子、呼啦圈、高尔夫球棍等,教师引导幼儿认识材料并提出活动要求后,幼儿便开始自由分组并积极地进行探索。在幼儿自由探索过程中,教师始终饶有兴趣地参与幼儿一组又一组的活动,即直接参与一组幼儿活动后,又马上走向并参与了另一组幼儿的活动……可以这样说,教师始终是以伙伴的角色直接介入了幼儿的整个探索活动。

本案例所展示的是有关教师参与幼儿活动的情形。教师在活动指导过程中，如何有效参与幼儿活动？首先应先明确何为活动参与，换言之，教师参与幼儿活动的具体行为表现是什么。幼儿的活动是在一定的情境中展开的，正常的活动情境是有幼儿和执教教师在场的。教师在活动现场的一系列有目的的行为，比如现场观察，或作为伙伴角色的直接介入等，都是教师参与幼儿活动的行为表现。很多教师误将参与幼儿的活动理解为直接介入，于是在幼儿分组操作活动一开始，往往会在幼儿兴趣盎然的活动气氛下，作为活动中的某一角色直接介入其中。

如该案例所描述的情况，教师在巡回指导幼儿活动伊始，就直接参与了其中一组幼儿的活动，并以这种方式轮组参与过去。教师所采用的这种活动参与方式的最大不足，就是教师将自己的视线局限在整个活动现场中的某一点上，即所参与指导的这个小组，对整个现场活动情况无法多作整体性的把握。而对整个活动现场无法作较全面的观察与把握，就意味着教师无法判断哪一个小组或哪位幼儿是最需要指导或帮助的，诚如是，则教师所作的指导与帮助就犹如"好钢没有用在刀刃上"。当然，如果教师是基于现场观察决定直接介入某一小组，那么，也应该把握好活动介入的时机和具体介入的时间，即择机进入，适时退出，不能"身陷其中"。

其次是教师对现场活动中出现的不安全事故，无法作出迅速而有效的反应，特别是在体育活动中让幼儿自由探索不同器械的玩法，要求教师更应注意自己的站位，注意对整个现场活动情境的整体把握。

就当前教师对幼儿活动的参与指导现状而言，其实更应倡导教师应以现场观察为主。其主要理由，一是有助于教师养成对幼儿活动进行现场观察的习惯，以及提高自身的现场观察能力；二是有了现场的观察，教师的有效指导也才有保证，从而提高了教师对幼儿活动的有效指导能力；三是有助于幼儿安全教育工作在实践中得到充分的落实，减少幼儿安全事故的发生。

3. 发展性

在参与活动中指导幼儿，引导幼儿的发展，这是教师参与幼儿活动的目的所在。教师参与活动不是简单地将幼儿在活动中的问题用最直接的方式或最迅速的方式解决，而是要将在活动参与中所遇到的需要指导的问题，有效地导向课程价值层面，或引向有利于幼儿发展的方向上来。

案例54[1]：大班区域活动，一部分幼儿在语言区举办自编自讲故事会。琪琪小朋友正在为大家讲故事："一天，有一只小猴，它跑到树林里去采蘑菇……"刚讲到这里，下面的小朋友就叫了起来："不对，不对，是小白兔采蘑菇，小猴怎么会去采蘑菇呢？"小朋友们你一言我一语，把琪琪搞得十分尴尬。琪琪一时不知怎么办才好，只好用求援的目光看着老师。老师看见了，走过去用动作示意大家安静下来，想了想对大家说："老师和你们一起想一想，为什么小猴就不能去采蘑菇，而只有小白兔才能去采蘑菇呢？"顿时大家说开了，有的小朋友说："小猴不爱吃蘑菇，就不去采呀！"还有的说："小猴应该爬树摘果子才对呀！"……

老师认真听完小朋友们的议论，没有否定他们的想法，而是轻轻地点点头，微笑着说："你们能试着动一下脑筋，编一个小猴采蘑菇的故事吗？"在老师的提示下，有的小朋友说"小猴想换换口味"；有的小朋友编故事说"小白兔生病了，小猴帮忙采蘑菇……"；还有的小朋友讲了一个"小白兔过生日，小猴采蘑菇作为生日礼物送给小白兔"的故事。一个个生动有趣的故事在小朋友的想像中创编了出来。

在本案例中，教师以引导者的角色参与了幼儿活动。在介入过程中既没有因为琪琪小朋友孤立无援，帮助他压制其他小朋友，要求他们不许讲，也没有因为多数小朋友反对琪琪自编的故事没有逻辑性，而指责琪琪瞎说，而是巧妙地抛出了两个引导性问题，机智地进行现场指导。教师通过第一个问题，有效地引导幼儿调动已有的知识经验思考，"为什么小猴就不能去采蘑菇，而只有小白兔才能去采蘑菇"，并让幼儿展开议论，自由发表观点。在满足幼儿对问题产生疑惑而想表达各自观点的基础上，通过第二个问题"你们能试着编一个小猴采蘑菇的故事吗"，有效地激发幼儿创编故事的欲望。教师

---

[1] 黄兢：《师幼互动过程中教师的引导策略》，载《山东教育（幼教版）》，2004年第3期

在活动参与中所抛出的这两个问题，不仅及时为当事者排解了尴尬的局面，更在很大程度上满足幼儿表达不同看法的需要，以及激发幼儿创编故事的欲望，应该说是对师幼互动进行了有效参与与引导。

第二节　兴趣因应策略

一、兴趣的意义及其类型

1. 兴趣的意义

兴趣指的是人们力求认识某种事物和从事某项活动的意识倾向。它表现为人们对某件事物、某项活动的选择性态度和积极的情绪反应。兴趣在人的实践活动中具有重要的意义，可以使人集中注意力，产生愉快紧张的心理状态。兴趣是幼儿最好的老师，这句话高度概括了兴趣在幼儿学习中的重要性。幼儿的学习是以兴趣为驱动的，这与以任务为驱动特征的成人学习有很大的区别。

因而，在教学活动中，课程活动内容要与幼儿的兴趣一致，并且在教学活动过程中要激发幼儿对活动内容的兴趣，已成为每位幼儿教师的共识，并努力在教育实践中加以贯彻。但在课程实践中，教师未能很好地处理好幼儿在现场活动中所展示出来的兴趣问题的现象却时有发生，且看如下两个案例。

案例 55[①]：一次体育活动中，孩子发明了一种"滚瓶子跑"比赛：边跑边推动灌了水的可乐瓶，看谁能先到达终点。比赛中孩子发现，有的小朋友的瓶子滚得又快又直，有的则总往一边斜，有的干脆在原地打转。这是为什么？体育活动结束了，可孩子的问题却一个接一个提出了，并且出现了各种猜测和讨论。可是，接下来的科学活动却是"认识磁铁"……

兴趣是幼儿学习最好的老师。在幼儿园课程实践中，幼儿教师也深知个

[①] 冯晓霞主编：《幼儿园课程》，北京师范大学出版社，2000 年版，第 96 页

中道理，因而在活动内容的确定与活动方案的设计中，兴趣性原则往往是她们首要考虑的重要因素。在遇到活动内容来源于幼儿兴趣的课程活动，幼儿教师在课程实施过程中可能就比较省心而顺手，并往往能取得事半功倍之效。而在遇到活动内容与幼儿兴趣没有直接联系的情况时，教师通常要费尽心思通过情境创设、游戏形式运用等手段，努力激发幼儿对活动内容这一载体的兴趣，以此带动幼儿对活动内容进行有效的学习。但考察幼儿园课程实践，则不难发现，幼儿教师囿于传统课程观及个人专业发展水平的制约，一边意识到兴趣在幼儿课程活动中的重要性，一边又对幼儿在活动现场中生发的且具有课程价值层面的兴趣置若罔闻。上述即是典型的案例。

案例中，幼儿在体育活动中发明了"滚瓶子跑"比赛这一游戏，而伴随该游戏之后，幼儿生成了许多值得探究的问题，并保持了浓厚的兴趣。就如案例中所说的，"体育活动结束了，可孩子的问题却一个接一个提出了，并且出现了各种猜测和讨论"。若进一步考查幼儿在自发的游戏中生成问题的课程价值，不难发现，其虽与原先计划中所预定的"认识磁铁"的活动，在活动内容上有异，但在活动价值上则是殊途同归，这两个科学活动的目标都是指向于培养幼儿的探究精神、探究能力，都是培养幼儿对周围事物探究的欲望与兴趣，都是对幼儿进行科学素质方面的启蒙教育。而就幼儿产生的兴趣而实施课程活动的可行性来说，该活动在现场生成上并不存在材料准备、经验准备等方面的困难，教师完全可以就地组织幼儿围绕相关问题进行进一步的讨论与引导。可见，关注幼儿兴趣与经验、活动与生活，主张课程实施的儿童视角，这一幼儿园课程建设的基本方向，在幼儿教师教育实践中还有待加强。

案例56[1]：一次大班集体教学中，教师出示了一张画着一只老虎在追几只兔子的图画，请小朋友想办法帮助兔子。当一个小朋友说"赶快给猎人打电话，让猎人来打老虎"时，一个男孩马上站起来反对："不行！老虎是一级

---

[1] 冯晓霞主编：《幼儿园课程》，北京师范大学出版社，2000年版，第97页

第五章 幼儿教师教学中的实施策略（下）

保护动物，不能打！兔子不是一级保护动物呢，连二级也不是！""对！应该让老虎吃一只兔子，不然，老虎会饿死的！"另一个男孩大声附和。这一下班里就像炸了锅，孩子的情绪一下子高涨起来，围绕"该不该让老虎吃兔子"的辩论热烈地展开了。这时，老师大声说："好了！好了！都别争了！咱们刚才的任务是什么来着？想办法帮助兔子！我看谁想的办法好！××，你来说！"教室里的声音小了下来，但争论却没有停息。挑起论战的孩子一直在嘟囔："老虎是吃肉的，必须吃小动物，什么都不让吃还不饿死了，怎么保护？"……

　　如果说前一个案例反映的是活动内容与幼儿兴趣不一致的问题，那么，后一案例所反映的则是在活动推进过程中，幼儿在活动现场所生成的兴趣及其可能引发的活动走向，与教师原来预设的活动目标、活动程序产生不一致的现象。教师面对的都是幼儿的兴趣问题，只是具体的情境有异而已。案例中，在教师的强压之下，"教室里的声音小了下来，但争论却没有停息"，说明该教师处理的效果是不佳的。尽管教师在费力地组织幼儿的活动常规，努力使幼儿按原定的活动进程进行，但幼儿的兴趣并没有因教师的引导而发生转移。这样的活动显然是属于事倍功半，吃力不讨好。

　　如果对案例中幼儿所产生的兴趣，即幼儿所提出来的"该不该让老虎吃掉兔子"这样的问题，以及幼儿间的争论进行课程层面分析，则可知由幼儿兴趣而引发的这些活动，对幼儿的学习和发展是有价值的。首先，在争论时，幼儿就必须考虑怎样才能完整表达自己的观点，怎样说服或反驳别人观点，让别人来接受自己的观点。特别是在说服或反驳对方观点时，幼儿还必须对对方的观点进行理解性的倾听，在此基础上才能根据对方观点有效地组织反驳。在这唇枪舌剑的争论过程中，幼儿的思维处于一种高度活跃状态，同时他还必须积极地调动起自己所有的相关经验。其次，幼儿在相互争论过程中，还可以慢慢地感受到食物链中的一些粗浅知识，可以说是在语言活动中自然渗透科学领域内容。

　　而反观该案例的活动价值的最终指向，其实也就是要培养幼儿的口语表达能力，该案例的具体活动目标所培养的还只是幼儿的一种看图讲述能力，即独白能力；而在幼儿的争论中所锻炼的则是幼儿的一种对话能力，对话能力是一种重要的语用能力，在《纲要》的"语言领域教育"中对幼儿语用能力的培养作了特别的强调，并作为语言活动的重要的终极目标来体现。如此分析，则该教师应该顺应幼儿兴趣，并就幼儿兴趣展开诸如辩论活动的相关课程活动。

以上这两个关于对幼儿兴趣处理不当的案例，足以引发幼儿教师的进一步思考：在组织活动时，教师经常要做这样一项"激趣"（激发幼儿活动兴趣）工作。凡是需要教师激发幼儿对活动内容产生兴趣的，往往是幼儿本身就对该活动内容缺乏直接性的兴趣。就像幼儿在吃药，因为幼儿对吃药不感兴趣，成人就得将药片裹上幼儿喜欢吃的糖衣，诱导幼儿把药吃下去，幼儿感觉到的是他在吃糖衣而不是在吃药。同理，对于幼儿本不感兴趣的活动内容，在教师的激趣下，幼儿感兴趣的也往往是教师在激趣时所用的手段、形式、情境等外在的东西，而非所参与的活动内容。

如果这种方式长期使用，那么，将直接导致教师以后在组织活动时，为了继续激发幼儿的兴趣，需要不断变换形式和诱惑的招数，加大刺激量，使幼儿受到更新鲜的、有趣的刺激，其所从事的学习活动才能顺利进行。幼儿慢慢地形成一种习惯性的依赖，没有足够的刺激和吸引力就不会参与到活动中来，或者无法专注地投入。教师的这种"激趣"工作，正如丽莲·凯兹（Lilian G. Katz）一针见血所说的，是构成了一种"毒瘾反应模式"[①]：当药效消失时，要再打一针更强的药。这种毒瘾模式会把师幼之间的关系，局限于永无止境的提供与接受上。更严重的后果是，这种情况会剥夺幼儿自行生成有趣、有意义或刺激性的活动。因此，与其费了九牛二虎之力去"激趣"，不如积极去捕捉与关注幼儿的直接（显性）的兴趣，或是挖掘幼儿潜在的兴趣，使幼儿园所开展的活动内容真正建立在幼儿已有或潜在的兴趣的基础之上，

---

① 丽莲·凯兹著：《与幼儿教师对话——迈向专业成长之路》，南京师范大学出版社，2004年版，第88页

或是与幼儿兴趣密切相关。

2. 兴趣的类型

根据兴趣引发的主体，可以将幼儿的兴趣分为自发型兴趣和他发型兴趣。前者的兴趣是由幼儿自身引发的，具有内在的主动性；后者的兴趣一般是由教师运用一定的方式、方法与手段而激发的，具有外在的受动性。在现实的课程实践中，教师将很大的精力花在幼儿兴趣的激发上，即让幼儿产生他发型兴趣，进而提升幼儿学习的质量。而相对而言，对幼儿的自发型兴趣关注较少，特别是在现场活动中，对源自幼儿的兴趣缺乏足够的重视，使幼儿失去了可以有效促进自身发展的良好教育契机，造成不必要的教育浪费。强化教师对自发型兴趣的关注意识与课程研发能力，是当前引导教师改善教育行为与提升教育质量的应有之义。

根据兴趣显现的方式，幼儿兴趣可以划分为显性兴趣与潜在兴趣。显性兴趣是幼儿直接将兴趣指向于某一事物，此类兴趣是教师较好发现与把握的；相对而言，潜在兴趣则比较难以直接发现，往往需要教师作较深入的了解与深度的分析而加以研判，将潜在兴趣外显化，使之成为促进幼儿身心发展的课程活动，这是当前幼儿教师需要努力的方向。

根据幼儿兴趣的性质，可以将兴趣分为真实的兴趣与虚构的兴趣。真实的兴趣是一种本体性兴趣（内在兴趣），是来自对活动内容本身的兴趣，持续时间较长；而虚构的兴趣往往是一种工具性兴趣（外在兴趣），仅是对活动的形式等外在东西的兴趣，易减弱或消失。虚构的兴趣也可以说是教师运用一定的教育方法、方式与手段，使幼儿产生的他发型兴趣。教师应尽可能将幼儿虚构的兴趣引向真实的兴趣，使兴趣的出发点和立足点回归到促进幼儿自身的发展，而不只是教师利用的手段、幼儿即时娱乐的工具。

案例57[①]：这段时间班上几个男孩对插枪特别感兴趣。只要有空，就立即跑进操作区用积塑粒插起来，对其他区域的材料，尤其是美工区用来折叠

[①] 冯晓霞主编：《幼儿园课程》，北京师范大学出版社，2000年版，第61页

的纸张理也不理。而投放这些纸张的主要目的，是希望孩子们在折纸的过程中潜移默化地获得有关几何图形的变化、组合、等分等数学方面的直接经验，这是积塑拼插所不能代替的，怎么办？老师冥思苦想，突然想到了一条妙计。下班后，她精心用纸折了一把手枪。第二天，当那几个男孩又在津津有味地用积塑材料插枪的时候，老师一下亮出了自己的"秘密武器"。

"啊！这么棒的枪！""老师！让我玩一会儿！""让我玩一会儿！""不行，我自己也要玩呀！"怎么办？几个孩子的胃口被吊得高高的……"老师，你教我们做好不好？""好啊！想学吗？可是有点难啊！""想！""难点也没关系！"简直是异口同声！

于是，孩子们心甘情愿地来到了曾经不屑一顾的美工区，全神贯注地投入了折纸活动。

本案例中，教师在美工区投放折叠纸张，并期望能出现相应的折纸活动，让幼儿在折纸的过程中潜移默化地获得有关几何图形的变化、组合、等分等数学方面的直接经验，这是教师的教育需要或教育企图，并非幼儿的兴趣。在活动现场中，这几个小男孩所表现出来的外显兴趣和真实性兴趣是插枪，更准确地讲，幼儿的真实性兴趣是枪（兴趣的对象），非插的动作，更非积塑材料，积塑材料只是满足或激发他们插枪这一浓烈兴趣的载体而已。幼儿插枪的兴趣产生于积塑区的原因，可能是他们对积塑材料的使用比较熟悉而已，且比较容易满足他们由兴趣而引发的需要。

基于这样分析，教师抓住了幼儿的真实性兴趣（枪），利用下班时间精心用纸折了一把手枪，有效地把教育企图与幼儿的外显兴趣嫁接起来，既达到预设的教育企图，又满足了幼儿的兴趣。可以肯定，幼儿在教师巧妙引导下的折纸活动是一种愉快的活动，是幼儿在兴趣中进行学习与发展的有意义的活动。教师的教育艺术就在于，能够找到幼儿兴趣和教育要求之间的结合点，引导幼儿的兴趣向符合教育目标的方向发展，这种教育智慧是教师专业学习的方向。

二、兴趣因应的基本方法

在课程实施过程中,对幼儿在现场活动中所生发的兴趣如何处理,包括对源自幼儿的兴趣的课程价值层面的考量,以及对具有课程价值层面的兴趣如何有效利用,充分体现了幼儿教师的教育智慧和专业化水平。

1. 顺水推舟法

顺水推舟法,指的是教师对幼儿因外部突发事件而引发的兴趣进行充分挖掘,从现场活动中所呈现的不利局面中挖掘出有利的因素,并加以巧妙运用,将之有机引导到对教学活动有利的轨道上来。

如,在一次户外观察花的活动中,教师正引导幼儿仔细观察花的颜色和形状,突然一位小朋友喊道:"蝴蝶、蝴蝶,有蝴蝶!"其他小朋友听见喊声都跑了过去,争着看蝴蝶。这时老师也跟了过去,她说:"蝴蝶最喜欢花;我们看看蝴蝶飞到哪些颜色、哪些形状的花上去玩耍,喜欢和哪些花交朋友?"听老师这么一说,幼儿都积极地按老师提出的问题认真观察,争先恐后地说蝴蝶喜欢哪朵花,这朵花是什么颜色,什么形状。教师在现场中机智地采用了顺水推舟的因应方式,既关注到幼儿所生发的兴趣,又保证了当下教学活动的正常开展。

案例 58[①]:"喷喷声中的节奏"。一段时间以来,小班幼儿爱发出怪声。往往是一个孩子嘴里发出"喷喷"声、"唑唑"声,就引来众多孩子的仿效,我劝导了几次也不大管用。一次,孩子们又开始了他们的声音"游戏"。我仔细听了听,别说,孩子们发出的"喷喷"声还挺有节奏的。我突发奇想,可不可以引发他们尝试音乐节奏的学习?

于是,我从柜子里找出画有两只小猫的图片,问幼儿:"小猫怎么叫的?"他们高兴地叫着"喵"。我继续问道:"这儿有两只小猫怎么叫的?"孩子们一起"喵喵"地叫起来。我依照着孩子们用"唑唑"声表现出相应的节奏,他

[①] 刘占兰、廖贻主编:《聚焦幼儿园教育教学:反思与评价》,北京师范大学出版社,2007年版,第103—104页

们新奇地模仿我表现着小猫叫的节奏（××）。我接着向幼儿提出建议："那我们用拍手来试试两只小猫的叫声，好吗？"

我又摸出大狗和小狗的玩具。"你们看，又有谁来了？""小狗和大狗。""小狗怎么叫？""汪汪。"太熟悉了，孩子们对答如流。我对他们说："小狗的个儿小，叫起来声音短；大狗的个儿大，叫起来声音长。"然后我带着孩子们用"喷喷"声表现小狗叫的节奏（×××）。

"你能想一想别的小动物是怎样叫的吗？"幼儿用"喷喷""唑唑"声编出了新的节奏型。如小鸡叫"××××"，老牛的叫声"×—"等。

到吃饭时间了，孩子们还意犹未尽。后来，孩子们高兴地利用过渡环节学习了用拍手、拍肩、跺脚等方式表现小动物的叫声。

看到孩子们兴致正浓，我决定组织一节音乐节奏活动。我想到了《小青蛙找家》这首歌曲。它的节奏感很强，其中的节奏型带入了孩子们表现小动物叫声的四种节奏型（××××、××、×××、×—）；歌词生动而简单。（一只小青蛙，呱，要呀要回家。蹦蹦，呱呱；蹦蹦，呱呱；蹦蹦蹦，呱呱呱。小青蛙回到了家，呱）我引导孩子们用嘴发出的声音及身体动作来为歌曲配节奏。

在孩子们熟悉了歌曲后，我们开始了节奏游戏。在钢琴伴奏下，孩子们先用"喷喷""唑唑"声表现歌曲的节奏。然后再边唱边用拍手、拍肩、跺脚等方式配出了歌曲的节奏。

为了让孩子们对音乐表现更有兴趣，我们玩起了"小青蛙回家"的游戏："小青蛙"随着音乐的节奏从"家里"跳出来玩耍，等唱到"小青蛙回到了家"的时候要回到家。在跳的时候，我们把节奏型××××改成了××，这样更符合小班幼儿跳的动作较慢的特点。

行为会相互模仿，情绪会互相感染，这是幼儿在集体生活中的一个比较显著的特点，而且年龄越小这种现象越明显。案例中，该班幼儿一段时间以来爱发出怪声，而且，常常是教师越制止，孩子就越好奇，越是乐此不疲。面对幼儿这个令人头疼的"兴趣点"，如何灵活处理并将之有效地上升为具有课程价值层面的课程活动，变"坏事"为"好事"，考验着幼儿教师的教育机智。

案例中，教师灵活地将幼儿对自己所发出的声音的浓厚兴趣，与音乐活动中的节奏型学习内容有机地嫁接起来。由于该学习活动是建立在幼儿原发型兴趣的基础之上，因而在整个学习活动中，幼儿始终都能处于主动参与的状态，表现得很活跃。在活动中，幼儿不仅很快地掌握了四种节奏型，更为重要的是大大激发了对音乐学习的热情和兴趣。教师采用顺水推舟法进行巧妙处理，既满足了幼儿的兴趣，又完成了幼儿需要学习的内容，取得了两全其美的好效果。

本案例也进一步说明这样的一个道理：对于幼儿在日常生活中所表现出来的兴趣点，教师应该引起足够重视，不能轻易地熟视无睹，而是应养成一种努力作课程价值层面思考的专业习惯，不断增强自身的课程研发意识。换言之，教师要关注幼儿所表现出来的现有的兴趣点，并对兴趣点蕴涵着哪些可资促进幼儿身心发展的教育因素，以及如何加以有效利用和挖掘等问题，进行一番思考与实施。

2. 顺趣而导法

教师在组织教学活动之前一般都要进行比较周密的规划，设计并撰写一定的教学活动方案。在活动实施过程中，教师一般也是按照预先设计的教学程序有条不紊地实施教学。但在实施教学活动中，一些教学突发事件的发生无疑会打乱正常的教学活动秩序，影响到预定教学活动进程的实施。如果教师未能有效地加以应对调整，势必会影响到教学活动效果。在这种情况下，教师对既定教学计划应作灵活处理，以变应变，顺势而行，顺趣而导，有效地避免突发事件的不利影响，化不利于有利之中。

案例59[1]：大班歌唱活动中，老师正在教授新歌《小乌鸦爱妈妈》。孩子们沉浸在歌词中，被小乌鸦爱妈妈的情感感染着，专注地听着老师的演唱。

---

[1] 朱雪：《集体活动中的巧妙调整》，载《学前教育（幼教版）》，2006年第6期

忽然，窗外传来了一阵锣鼓声，声音一阵接着一阵，掩盖了老师的歌唱声。原来是锣鼓队正从教室门外经过。孩子们顿时乐了：龙龙开始左顾右盼，安安踮起了脚尖伸长脖子往外看，路路用手在自己的腿上敲击着，鸣鸣看见路路的动作很有意思，就干脆用手在椅背上敲了起来……

老师停下唱歌，顺势说道："是锣鼓队从我们幼儿园经过，声音好响啊，你们都听不到老师的歌声了。干脆我们来和着外面的声音节奏模仿敲锣打鼓的动作吧！来，我们一起来试一试！"孩子更开心了，和着音乐开始模仿敲打。不一会儿，随着锣鼓队的走远，锣鼓声也越来越轻，孩子们自然停下了手中的动作，继续听老师演唱新歌……

案例中，突如其来的外部干扰确实严重影响了集体活动的环境，使得正常的教学活动不能顺利进行。但教师并没有简单化地对幼儿的自发性行为进行强行制止，而是采用顺趣而导、耐心等待的策略，先给幼儿腾出一点时间，让幼儿的兴趣得到充分满足后再进行集体活动。事实表明，此顺趣而导的方法，让幼儿的兴趣得到了充分满足，他们着实在教师的灵活处理中开开心心地放松了一会儿。从实际效果来看，意外增加的环节不但没有给整个活动的完整性带来负面影响，反而增加了歌唱活动的趣味性。

以下所提供的也是教师在运用顺趣而导法，处理现场活动中的突发教学事件的正反面案例，同样值得教师认真思考。

案例60[①]：一天下午，孩子们正安静地听故事《金色的房子》，教室里突然走进来一位搬着梯子的叔叔和肩上背着工具袋的爷爷，立刻，孩子们的目光全都聚焦在他们身上。原来，两位师傅是到班级来修电灯的。见孩子们没有心思听故事，教师干脆停下来，让孩子们观察叔叔和爷爷修电灯，并给孩子们提出一个任务，要一边观察一边想关于修电灯的问题。

孩子们的观察可专心了，教室里鸦雀无声，一双双小眼睛专注地望着师傅修电灯。不一会儿，电灯修好了，不亮的灯管发亮了，孩子们情不自禁地

[①] 王丽萍：《幼儿园科学教育的随机生成与指导策略》，见：http://www.cnsece.com/news/2011111/n60699261.html

第五章 幼儿教师教学中的实施策略（下）

为电工师傅拍手鼓掌。接着，有几个孩子举起小手："老师，我有问题！""老师，我发现问题了！"孩子们一一说出自己想到的问题，周玺怡问："老师，为什么别的灯没有坏，这个灯会坏呢？"教师让孩子们进行猜测，孩子们有的说因为那个灯管质量不好，有的说里面的电线断了，有的说是里面电线烧了，还有的说是因为灯用久了就会坏，还有的则猜测是因为电没有"流"到那个灯管里面去，所以灯就不亮……孩子们的回答令教师喜不自禁。接下来，教师又利用电工师傅在场的机会，请师傅给孩子们分析了灯管不发亮的原因，还找来小电池、小灯泡，借助师傅的电线，给孩子们演示了小灯泡发亮的小实验。孩子们表现出极大的兴趣与热情，他们与电工师傅一起探讨了许多关于电的问题……

本案例中，电工师傅的突然造访引起幼儿的关注与好奇，使得原先的活动的正常开展受到影响，幼儿没有心思听老师讲故事，这属于正常现象。教师因趣而导，挖掘这一偶发事件的价值，引导和提升了幼儿关注与好奇的质量，使这一偶发事件自然生成为幼儿一次有意义的科学探究活动。教师的机智处理，既顺应了幼儿的兴趣与需求，又较好地利用了这一教育契机与资源，生成了相应的科学教育活动，整个氛围轻松、自然，收到意想不到的效果，有效地引导了幼儿在生活中学习科学，激发幼儿探究周围事物的欲望和兴趣。

案例61：这是大班下学期社会活动"我会过马路"，活动核心目标是让幼儿懂得安全过马路的基本常识，如过马路要走斑马线，红灯停、绿灯行等。整个活动过程设计包括两大环节，第一大环节是在室内教学，教师借助挂图和教具模型（红绿灯、小汽车），通过讲解演示，以及请幼儿在室内创设好的"过马路情境"进行体验等方式，对幼儿如何安全过马路进行常识教学，该环节大致用时10分钟。第二大环节为户外情境模拟体验。教师事先在操场上创设一条宽敞的大马路和两条并行的斑马线，红绿灯标志和马路上行驶的汽车（由实习教师扮演）。老师将班上的幼儿分成两个纵队，站在人行道与斑马线交界处。许是幼儿到户外活动比较兴奋的缘故，或是由于场地设置上的疏忽，无形中激起幼儿竞赛的欲望，两队幼儿都争先恐后地抢着谁先到达马路的另一边，全然把刚才在室内教学学习的如何安全过马路的知识抛之脑后，甚至连马路上行驶的汽车也熟视无睹，自顾跑了过去，一心只想着尽快到达目的地（马路的另一边）。老师面对失控的场面，只能是一边心急如焚地提醒幼儿要遵守过马路的规则，一边无奈地维持尚未过马路的另一边幼儿的秩序。跑到目的地的幼儿在对面相互嬉戏，或站在对面起哄，或叫尚未出发的幼儿快点跑过来……现场秩序甚为混乱。教师只好非常沮丧地草草结束了本活动。

　　本案例所展示的活动是大家都熟悉的，且几乎是所有幼儿园都会开展的一个经典的社会活动。其实对幼儿来讲，他们必须要懂的和要做的是，过马路时一定要有大人陪伴，不能擅自过马路。而幼儿园所开展的教育很有可能会无意中向幼儿传递这样的信息：只要我懂得过马路的这些常识，我就可以自己过马路。在现实中要安全过马路，仅有课堂中所传递的这些常识显然是远远不够的。因而建议该活动在目标设定上至少还应增设一条：知道过马路时必须有大人的陪伴，不能擅自过马路；绿灯亮时，还要观察两边没有车辆往来时才能过马路。

　　在此主要探讨的是在活动现场中，当幼儿的兴趣与教师预设活动路径不一致时，教师如何应对的问题。案例中导致幼儿将过马路的场景当作他们比赛的跑道，这可能与教师将班上幼儿排成两列纵队，以及场地上所画的斑马线等因素有一定的关系，应该说，可能是场地和队形因素引发了幼儿的赛跑兴趣。面对这种情形，有的教师可能会采用强制性措施，制止幼儿的赛跑行为，比如将两列纵队调整为一列纵队，消除幼儿有想比赛的潜在因素，让幼儿在教师的监督下有序地按要求通过马路。但这种强制性的处理方法，可能会直接导致幼儿对"过马路"这一教学活动环节不感兴趣，最后只是迫于教师的压力而应付了事。

　　其实案例中的教师完全可以采用顺水推舟的方法作机智性的回应，先顺应和满足幼儿赛跑的兴趣后，再回到过马路的活动环节。具体的处理步骤是，先与幼儿讨论赛跑的规则和做好赛跑前的热身活动，将全班分成男女混合的4或5个小组，每小组4人或5人进行比赛，每组比赛第一名者的奖励是，在开展下一活动环节"过马路"时,可以当交通警察,监督幼儿有无按规则正确地过马路。在满足幼儿当下的兴趣的基础上,活动转入既定轨道,教师可以再次与幼儿讨论规则的重要性,让幼儿认识到没有规则,刚才就没有办法开展赛跑,也就没有办法知道每个小组到底谁是跑第一名,甚至小朋友们在赛跑时还会互相撞在一起。然后再将话锋一转说,马路上有汽车在跑,行人要过马路时也是要遵守过马路的规则,否则就容易出交通事故。最后邀请刚才各组比赛获胜的4—5名小朋友当交警,监督与检查其他小朋友过马路的情况。这样既满足幼儿当下兴趣,又能让幼儿通过比赛,进一步地感受规则的重要性;同时,请每组比赛获胜者当交警,既是对他们的奖赏,又可以协助教师有效检查活动效果。

3. 递进深化法

对幼儿在活动中萌生的具有课程价值层面的暂时性兴趣,教师应采取有效的回应措施予以深化与强化,使随时可能消失或转移的兴趣能够沿着教师所期望的有价值的方向发展,让兴趣成为幼儿开展进一步学习与探究活动的起点与动力。教师回应方式可以是以参与者身份直接参与支持幼儿;或运用语言引导,给幼儿的兴趣予以明确的发展方向;或是通过情感支持,对幼儿所萌发的兴趣予以信心方面的鼓励与支持等,这就是所谓的教师对幼儿兴趣因应的递进深化法。

案例62[①]:在区域活动时,源源小朋友在科学区拿着镜子照了照,感觉没劲,就放下镜子离开了。我发现后就说:"源源,让我们拿着镜子到阳光下玩一玩,好吗?"源源欣然同意。当我们把镜子拿到阳光下照来照去时,突然,他发现镜子能把太阳的光反射到墙壁和天花板上,他兴奋极了,高兴地追逐着光斑。可是玩了一会儿,源源又不感兴趣了。

我想了想,便找来一个小水桶装满水,然后神秘地说:"源源,我们把镜子放到水桶里,看看会有什么奇妙的事情发生。"

[①] 吕燕:《如何捕捉幼儿的兴趣点》,载《教育导刊(幼儿教育)》,2004年第Z1期

源源疑惑地看着我，把镜子放在水桶里照："哇！天花板上有彩虹！"源源兴高采烈地叫起来了，一下子吸引了好多孩子，他们都想动手尝试。为了满足每个幼儿的探索欲望，我便让幼儿自己来操作，有的成功地反射出彩虹，有的却没有，大家感到很奇怪，于是纷纷找原因。

过了一会儿，钦钦大声叫起来："我知道啦，刚才是成成把太阳光挡住了，天花板上的彩虹就没了。""那大家别把太阳光遮住，再试试看。"在我的提示下，幼儿的兴趣又被调动起来了，既获得了感性经验又有效地激发了探索精神。

案例中，教师敏锐地发现了源源小朋友在科学区对镜子的兴趣，但由于不懂得新玩法而准备放弃。此时，教师以直接参与的方式及时介入，主动邀请源源一起拿着镜子到阳光下玩一玩，让源源再次燃起继续探究的兴趣。在源源重燃起的兴趣又要消散的时候，教师再次提供材料——找来一个装满水的小水桶，请源源运用新材料再次进行尝试，结果引发了幼儿对探索彩虹的兴趣……从中可以清楚地看到源源小朋友对镜子探究兴趣的产生与发展的整个过程，即源源小朋友对镜子探究兴趣由原先准备放弃到重新燃起，再到保持着进行较复杂而深入的探究兴趣，以至吸引了班上更多小朋友的关注与探究兴趣。显然，在源源小朋友这一兴趣的起起落落的发展过程中，教师所起的递进深化作用是极为关键的。

4. 巧妙转移法

在教学活动现场中，有时由突发事件而引发的幼儿的关注或兴趣，并不具有生成课程活动的价值与相应的条件，但幼儿因对此关注而影响了他们的注意力。遇到这种情形，教师可以采取巧妙转移法，在理解幼儿的基础上，以不中断教学活动进程为原则，采用含蓄、间接的方式暗示当事人，如语言、眼神或动作提醒已处于"开小差"状态的幼儿，引导他们将注意力再次集中到原来的轨道上来，尽量把突发事件对现场教学活动的影响减到最小，让幼儿重新关注教师所预设的活动内容，以保证正常教学活动进程的顺利开展。

第五章 幼儿教师教学中的实施策略（下）

案例63[①]：在一次中班语言观摩活动"小青虫的梦"中，老师一边展示精心准备的故事图片，一边绘声绘色地讲着故事，孩子们目不转睛地看着，专注地听着。忽然，从窗外飞进一只蝴蝶，孩子们的目光追随着蝴蝶，从左到右，从高到低。成成坐不住了，伸出手去捉蝴蝶，可可也跃跃欲试。眼看着一个精心准备的语言活动就要变成捉蝴蝶活动了，只见老师漫不经心地说："呀，我们的朋友蝴蝶来做客了，我们邀请它一起听故事吧！成成，坐下，别影响蝴蝶听故事，结束后我们再去找它玩吧！"成成赶紧坐下了，继续听着故事……

案例中教师以巧妙转移策略进行机智处理的方式，无疑是值得大家学习的。在语言观摩活动中，这只蝴蝶不请自来的造访，引起幼儿的关注，是可以理解的，但教师如何应对这一不合时宜的事件却是很大的挑战。驱赶不请自来的蝴蝶，或是装作视而不见置之不理都是不现实，也是不理智的；而倘若中断活动进程来集中幼儿的注意力，无疑会影响幼儿听故事的情绪，影响活动进程的流畅性，也非良策。

案例中，教师没有回避问题，而是勇于正视问题，并巧妙地将问题化解。教师简单的一句话，"我们的朋友蝴蝶来做客了，我们邀请它一起听故事吧"，就将蝴蝶、幼儿和教师三者间的距离拉近了。是啊，蝴蝶是我们的朋友，我们就应该尊重它，让蝴蝶也参与了我们"听故事"的活动；更何况，连蝴蝶都喜欢听的故事不是更能引起小朋友们的关注吗？教师简单的一句话就巧妙地将小朋友们的注意力拉回到原来的轨道，使小朋友们继续认真地听故事，让活动进行得有条不紊，保证了观摩活动取得圆满成功。

当然，或许也会有人认为，本案例中教师所使用的是一种带有欺骗性的手法，转移了幼儿的注意力，将之引到教师所预设的活动轨迹上来，并认为教师的教学行为是在有意与无意间，向幼儿传递一种经不起道德检视的做法，即一个人为了达到目的可以选择说谎。而其实持此论点者，主要是从成人的

[①] 改编自朱雪：《集体活动中的巧妙调整》，载《学前教育（幼教版）》，2006年第6期

视角来审视幼儿所进行的活动，没有真正蹲下来进入幼儿童话而诗意的世界。儿童是泛灵论者，周遭的事物在儿童的眼里都是有生命的。如果这一观点可以成立的话，那么又怎能解释成人整天给幼儿讲述的其所着迷的童话故事呢，在童话故事里猫、狗、牛、羊都会说话，都会思考，那成人不是整天都在向幼儿撒谎吗？

5. 任务提醒法

在教学活动现场中，时常会出现个别幼儿间的兴趣与教师正在组织的活动内容相关不大，但幼儿又饶有兴趣地陶醉在自己聊天的话题上，全然不顾老师正在组织的活动，给活动带来不必要的干扰。教师在现场回应个别幼儿的兴趣，除了可以采用诸如语言、眼神或动作等比较含蓄、间接的方式提醒已处于"开小差"状态的幼儿，或采用前述的巧妙转移法来引导他们将注意力再次回到原来的轨道上来，还可以采用任务提醒法进行现场回应。

任务提醒法指的是教师在组织活动过程中，暂停正在进行的活动，灵机一动地将正在进行的活动内容，以问题的形式向幼儿提问，并请正在"开小差"的幼儿进行思考回答。借提问来引发班上幼儿思考，同时也给因"开小差"而不懂回答问题的幼儿一个明确的提醒，要将注意力集中到老师正在组织的活动内容上来。

例如，某教师在组织数学活动"快乐的小鱼"（分类活动）。活动刚开始，有两位邻座的小朋友讲个不停："我昨天去超市买了辆小汽车！""什么牌子的？""奥迪的，下次拿来给你看看！"……老师走到他俩身边，轻轻地摸了摸他俩的头，示意他们别讲话，认真听课。被老师一摸，他们俩安静了一分钟后，又情不自禁地聊了起来，而且越聊越激动，声音也越来越响，影响了身边的同伴……

此时，老师不动声色地一边继续组织活动，一边思考着在什么时段停下来向幼儿发问。该教师请在"开小差"的其中一位幼儿："你来说说今天来了哪几条小鱼？"这位一直沉浸在自己兴趣中的幼儿自然回答不上来。老师又转请另一位幼儿："请你来帮帮你的好朋友吧！"另一位幼儿也是一脸茫然。最后，老师请其他小朋友一起来帮助他们俩回答。"现在记住了吗？"只见两位"开小差"的小朋友连忙点点头。"那请你们再回答一遍刚才的问题。""有两条蓝色的小鱼、三条红色的小鱼和一条黄色的大鱼。""看看，只要上课认真听，你们都能回答对问题，都是聪明的孩子！"在表扬一番后，老师乘机对其中一位幼儿说，你的座位离老师有点远啊，所以你听不清楚老师说话。来，换到前面一点儿就能听清楚了。老师一边说着，一边把将那位幼儿的座位调到前面来，巧妙地将两位聊天"开小差"的幼儿分开了。该老师采用任务提醒法，既提醒了"开小差"的幼儿，在给予鼓励的同时，又给他们提出明确的听课要求。接下来的时间，他们俩听课可认真了，也积极地回答老师的问题。

第三节 情绪调控策略

一、情绪调控的含义与意义

教学活动过程是师幼在特定时空，围绕一定的活动内容载体而展开的多维度多方互动的过程，伴随互动过程而产生的相应的态度体验称为教学情绪。教学情绪按方向维度大致可分为积极的、正面的情绪和消极的、负面的情绪，前者如愉悦、兴趣、好奇、满意、希望、成功感等，后者如焦虑、沮丧、烦闷、烦躁、失望、挫折感等。若依强弱维度来划分，则可分为强、中、弱三个不同强度层次的教学情绪。

情绪心理学认为，情绪在人的心理活动中居十分重要的位置，起着重大的作用，它既驱动人的本能行为，又干预人的社会学习和创造活动。情绪是人的行为活动的动力，又对人的行为起着组织作用。情绪对人的行动活动的组织作用具有两极性，即对行动活动起着组织或破坏作用。一般而言，积极情绪起协调、组织的作用，消极情绪起着破坏、瓦解或干扰的作用。

情绪除了对人的行动活动具有动力性特征外，还具有情境性和弥散性特征，即情绪往往是由特定的情境而诱发，并且在群体中情绪会相互感染，年龄越小情绪的弥散性特征越明显。入园新生因分离焦虑而引发的哭声，往往会由一位幼儿而诱发到多位同伴。

对幼儿园教学活动而言，师幼的教学情绪会影响到教学活动效果，进而影响到幼儿在活动中的学习效果。因而，管理好师幼在教学活动中的情绪，是践行有效教学理念所不可忽视的一项教学组织管理与指导工作。

在教学活动中，教师是教学活动中的主体，并在实际活动起着主导作用，教师是成年人，也是"工作中的人"，教师在履行教职工作时，理应有管理好自身教学情绪的职业技能和职业要求，同时还要履行幼儿教学情绪的管理工作。

影响幼儿教学情绪的诸因素中，如活动内容因素（活动内容的趣味性和难易度等）、活动环境因素（空间人均面积、活动材料投放、座位安排以及天气变化等）、教师教学因素（教师教学情绪、教师教学方法等）、幼儿自身因素（幼儿身体健康状况、父母情绪影响等），教师教学因素对幼儿情绪的影响是最为重要的。幼儿教学情绪很大程度上是具有师源性特征，深受教师自身教学情绪的感染，以及教师在教学活动中所采用的教学方法、教学形式以及教学节奏的安排等影响。教师在教学活动过程中应管理好幼儿的情绪，将幼儿教学情绪调控到与其认知活动相适宜的状态，发挥幼儿教学情绪在学习活动中的积极作用，提升幼儿的学习质量。

二、情绪调控的基本要求

1. 明确调控的目的性

教师对幼儿教学情绪的调控是为教学活动的顺利开展，是要引导幼儿从感知的兴奋转移到思维的兴奋，将兴奋集中于活动的内容上。而在不同的活动内容、不同的活动环节中，教师所需唤起、维持与强化的幼儿的教学情绪是不一样的。因而，教师在调控幼儿教学活动情绪时，首先应思考为何而调控，其次才是考虑如何调控。

如，在开展数学活动时，抽象的数学活动内容本身是无法直接激发起幼儿的学习兴趣、好奇等积极情绪的。教师为了增强幼儿学习的主动性，就有必要通过创设与学习目标相适切的相应的学习情境，以形象化的情境创设，游戏化的学习方式来唤起幼儿在数学活动中的积极情绪，进而激活幼儿在活动中的思维状态，为幼儿理解与建构相应的数学活动经验起积极的促进作用。通过情境创设而赋予枯燥的学习内容情绪化的色彩，这是教师基于"形式服务内容"而对幼儿教学情绪调控的常用手段。

在艺术作品学习活动中，如幼儿文学作品学习、音乐作品学习等，由于艺术作品本身承载着作者的情感基调，教师要让幼儿更好地理解与体验艺术作品情感，往往需要通过语言、音乐、环境布置等方式，创设与作品情感相匹配的情境，以唤醒或强化幼儿教学活动情感与作品情感的同步性，从而达到情绪与所学习的作品内容性质相匹配。如，在音乐欣赏活动"森吉德玛"中，第一段音乐所要表达的是一种宁静、安详、优美的情绪，教师在活动组织中自身的情绪表现就应是平和、安详，充满深情和爱意。第二段音乐所要表达的是一种欢快、飞腾、奔放的情绪，则教师自身的情绪表现应为激动、热烈、豪放并充满激情。只有当教师自身的情绪表达能够与音乐和幼儿发生共鸣时，幼儿才能同时被教师的情绪和音乐所吸引和打动，从而真正进入到音乐的欢乐天地中。

2. 把握调控的适宜性

情绪心理学研究表明[①]，中等愉快水平比过高的欣快或过低的无情绪状态，能使智力操作达到更优效果；兴趣和愉快的相互作用和相互补充，为智力活动提供最佳的情绪背景，体现了情绪的组织作用；痛苦情绪因它的压抑效应，对智力操作起干扰、延缓作用。这一研究结果启迪了教师在情绪调控时，要善于根据活动进程的具体情况进行灵活把握，使幼儿活动情绪调控到有助于其开展认知活动的适宜状态。

---

① 北京大学心理学系编：《当代西方心理学述评》，辽宁人民出版社，1991年版，第178页

情绪调控的适宜性主要指的是要把握好情绪的节奏和强度，情绪节奏的把控应是张弛有度、缓急合理。如果教师对幼儿情绪调控失范，致使幼儿长时间处于某一情绪状态，特别是处于强度过高或过弱的情绪状态，将会导致幼儿情绪上的疲倦而引发机体的倦怠。

在教学活动过程中，教学情绪调控的适宜性最为直接的体现就在于时机的把控上，教师应以需要幼儿最佳情绪状态的教学时机为基准来把握情绪调控问题，即将最佳的情绪状态调控与教学活动最需要的时机同步起来，发挥情绪在促进认知活动的最大效应。因此，在设计教学活动时，对活动重难点应该有个清晰的了解，并将活动的重难点安排在活动进程中最适宜的环节。

情绪调控依活动进程而进行有目的的唤醒、维持与释放。在解决活动重点或难点时，应使幼儿活动情绪处于最适宜的情绪状态。通常而言，教师不宜在导入环节将幼儿的情绪调动得过高，导入环节能到达吸引幼儿的注意力、唤起幼儿参与活动的兴趣与欲望即可。如果幼儿在导入环节中情绪体验过高，有可能因提前兴奋，而致使在接下来的活动环节的学习中处于低情绪状态，影响到活动效果。

三、情绪调控的基本方法

1. 环境调控法

不同空间环境会引发人们不同的情绪。对于幼儿园教学活动而言，空间环境创设是引发幼儿活动情绪不可忽视的隐性因素。适宜的空间环境创设会使幼儿心情舒适愉快，甚至产生强烈的探究兴趣。相反，如果空间环境创设不适宜，比如物品摆放凌乱，活动室吊饰过于繁杂，颜色搭配不够和谐（过于浓烈或阴沉）等，则会使人产生烦躁、沉闷等负面情绪。

人既是环境的创设者，同时又是环境的被影响者。如果对教学活动中幼儿的座位安排进行考查，则不难发现，其实幼儿座位安排所显示的，不仅是教师与每位幼儿的空间距离，同时也隐含着师幼间的心理距离。在现场观摩活动中，通常会发现这样的现象：距离教师较远的，或教师较少关注到的幼儿，往往在活动中容易产生散漫、对活动兴趣不高等负面情绪。

案例64：这是中班"吹泡泡"科学活动片段，主要的活动材料是调试好的肥皂水和吹泡泡器。考虑到观摩教师较多，该活动选在室外空地开展。教师将幼儿坐的塑料椅子排出前后整齐的排排座，让幼儿依次坐下，教师则用一张幼儿活动桌作为演示用的操作桌（装有肥皂水的塑料桶放在桌子底下，前面用布遮住）。活动一开始，教师用游戏的口吻说："我是神奇的魔术师，今天要给小朋友变出神奇的东西，小朋友想不想知道，神奇的魔术师会变成什么好玩的东西呢？"小朋友一下子被老师的导入环节所吸引住，都目不转睛地看着老师到底会怎样变魔术，以及会变出什么样的神奇东西。在老师变出巨大泡泡时，坐在前面几排的小朋友忍不住地发出"哇，好漂亮的大泡泡"的赞叹声。

伴随着前排的一声又一声的赞叹声，最后一排的小朋友忍不住站了起来想进一步看个究竟，此时倒数第二排的小朋友看到最后一排小朋友站起来，也不由自主地跟着站了起来。倒数第二排的小朋友站起来后使得最后一排的小朋友又回到看不大清楚的局面，许是强烈的好奇心驱使他们不约而同地离开原来的座位，稍微往前面两侧站着，看老师吹出的漂亮的大泡泡。倒数第三排看到后面小朋友站起来，也纷纷跟着站起来……如此恶性循环，最后导致全部小朋友在很短的时间内都涌上前并围在老师周围，活动秩序混乱，活动场面明显失控……

姑且不去讨论本案例中，教师将科学实验以"变魔术"形式导入并展开活动，如此处理会不会给幼儿带来科学就是魔术的错误认识。在此想说明的是，由于活动前幼儿座位安排得不合理这一细节，而导致整个精心设计的观摩活动功亏一篑。教师以游戏口吻引入，以及在导入环节成功地吹出漂亮的大泡泡，这个由语言和实物展示所共同营造的如此生动的活动情境，必然会激起幼儿强烈的好奇、兴趣、愉快的情绪。但就在大部分幼儿产生这样积极情绪的同时，还是有一小部分幼儿却因看不清楚，无法享受到如此"美景"而产生焦虑情绪。

显然，案例中教师在幼儿座位上采用简单的排排坐的方式，导致后排幼儿所能看到的只是前排幼儿的后脑勺。幼儿想看个究竟的好奇心，因座位排列的不合理而无法得到有效的满足，此时幼儿肯定会想方设法采取必要的行动，来满足强烈的兴趣与需要。幼儿在活动中所出现的行为完全是由教师因素所导致的。最后出现全班幼儿站起来并涌上前也有情绪方面的因素，即对幼儿来说，"情绪会相互感染，行为会互相模仿"。假如教师在幼儿座位的安排上能采用半圆型或马蹄型方式，即使因空间问题不得不采用排排座方式，也得采用前后排座位插空方式，尽量确保幼儿座位上不存在前后遮挡问题，让每位幼儿都能看到教师的操作演示，那么上述场面失控的尴尬或许就不会产生。

本案例所反映的是由环境创设而引发的师幼的教学情绪。同样，如果教师在组织教学活动中，过分频繁地在幼儿面前走动，也会给幼儿带来一种烦躁的情绪。特别是在一些活动内容本身就很容易引起幼儿兴趣和兴奋的活动，如体育游戏活动、音乐游戏活动等，如果教师在组织这样的活动时，在幼儿面前频繁走动，也极易使幼儿因过分兴奋而产生情绪失控的危险。

2. 语言调控法

教学语言是教师对幼儿施予教学影响的最直接手段。语言是人类特有的高级心理活动，是人们进行交际和思维的工具，是人们情绪体验的表现工具，也是转化人们情绪的重要调控工具。对于幼儿情绪调控而言，通过语言手段进行调控是一种直接而有效的方式。这里的语言包括有声语言和肢体语言。有声语言在传递情绪与调控信息是直接而具明示性的，而肢体语言则是间接和暗示性的。

在必要的时候，教师会同时运用有声语言和肢体语言来调控幼儿的情绪。如，为唤起幼儿对故事学习的兴趣，让幼儿体验到故事学习的乐趣，教师在讲述故事时，不仅会使自己的声音尽量抑扬顿挫，而且会辅以丰富而生动的动作表情，努力以声情并茂的讲述效果，来唤起幼儿学习故事的积极情绪。

如，在一次音乐游戏"玩薄饼"中，一开始幼儿就要拉成一个大圆（即变成一个碗)。手拉手围成一个大圆圈是幼儿最高兴、最兴奋的事情,每当幼儿手拉手扯圆,便会出现一会儿大,一会儿小的现象。如何在短时间内让幼儿对自己的行动有所克制呢?此时教师准确的指令性语言便显得极为重要。通常教师只要一句话:"呦,快,快,碗破了!"就能把小朋友引回所需要的圆上,可如果当时教师所说的是"把圆拉大一点",则幼儿肯定会"哗"一下子无限拉大;说"拉小一点",又肯定会"喔"一声挤在一起。如此一来,幼儿必会兴奋过度而导致情绪和行为失控的现象。

面对不同性质的活动内容,有经验的教师会采用不同的语气、语调、语速对幼儿情绪进行合理调控。比如,在组织有趣的易引起幼儿兴奋的活动内容时,教师可能反而会运用比较平静的语言来组织活动,以避免不适宜的兴奋性语言,导致幼儿过度兴奋而使情绪失控;而遇到活动内容趣味性不够,直观形象性较差,难度较大的活动内容,教师就会采用较兴奋性的语言组织活动,以尽量唤起幼儿的积极情绪参与学习活动。

同时,有经验的老师,也会善于运用肢体语言来调控与消除一些幼儿在活动中产生的消极情绪。如,在组织活动过程中个别幼儿注意力不集中,违反活动常规,影响到其他幼儿学习活动时,教师以不破坏教学活动整体氛围,不影响教学活动正常开展为原则,巧妙而理性地引导违纪的个别幼儿,比如眼神示意,有意识的个别提问,走近幼儿用手示意他安静,请他坐在教师身边等,控制好违纪幼儿的行为的同时,也维护好整个教学活动的氛围。

案例 65:这是一个大班早期阅读公开展示活动,阅读内容是《洪塞克和他的朋友》。整个活动大致可以划分为五大环节。第一个环节是活动的导入。由于是借班上课,所以教师在活动一开始就进行了师幼相互认识。在老师的带领下,师幼间开始了一场热情洋溢的互打招呼的认识活动,在一片幼儿激昂的"Yes"、"No"和幼儿热烈的掌声中,师幼缩短了彼此之间的心理距离,幼儿的情绪也极快地调动了起来,该环节用时约 2 分钟。第二个环节是教师出示"起立"和"坐下"两张字卡,与幼儿玩一个旨在集中幼儿注意力的安静游戏,用时约 2 分钟。

第三个环节是教师借助11张字卡，引导幼儿学习故事的主体部分，用时约20分钟。其间，教师两次插入了旨在刺激幼儿兴奋的信号语，教师大声地说："Are you ready?"幼儿则响亮地回应："Yes!"第四个环节是教师采用奖励的方式，激励幼儿回答故事中的相关问题，在此过程中，教师又热情地邀请了四拨幼儿上台做动作表演，教师的口令是："One, two, go!"该环节用时约5分钟。第五环节是教师讲述故事的结尾，并请全班幼儿根据字卡的提示，完整地讲述一遍故事给观摩老师欣赏。其间，教师采用送字宝宝（字卡）给幼儿的形式，老师说："字宝宝说，谁回答对了，它就送给谁。"再次激发幼儿活动的积极性，此环节用时约5分钟。至此，整个活动用时近35分钟。

本案例整个活动用时近35分钟，其中用以刺激幼儿兴奋的环节，包括教师发出的旨在刺激幼儿兴奋的信号，以及所采用的活动形式与手段，保守估计占时约近10分钟，约占总活动时间的29%。这样在整个活动过程中，全班幼儿有近10分钟是处于一种情绪高涨的状态之中。这让人感触最深的反思是：教育所追求的是幼儿的兴奋吗？幼儿在活动中情绪高涨的时间有必要那么长吗？这么长时间的情绪高涨对幼儿的学习活动有什么影响呢？

大家知道，情绪会影响人的认知活动的效果。心理学研究表明，适中的积极情绪状态最有利于人的认知活动的开展。这一研究结果对教师的启迪是，既要做好幼儿情绪的唤醒与激发工作，同时对幼儿过于高涨的情绪又要采取有效的措施予以必要的抑制。简言之，就是在幼儿的学习活动过程中，教师要善于根据活动内容、活动类型等调控好幼儿的情绪。比如，音乐活动、体育活动等类型的活动，本身就潜藏着极易引起幼儿兴奋的因素，教师在组织这样的活动时，就应该在空间的安排、材料的提供、形式的选用、方法的采用以及语言的提示上，充分考虑到可能引起幼儿什么样的情绪反应，必要时应采取一些有效的补救方式，以应对幼儿情绪失控的情形。而在数学活动、语言活动等相对安静的活动中，教师可能更应侧重考虑的是，如何唤醒与激发幼儿，以适中的积极情绪参与到整个活动中来。

随着主体性教育观念的渗透，大家都知道在活动中要尽可能调动幼儿的积极情绪，这似乎是每位教师在组织活动中必须认真考虑的问题。但由于对幼儿情绪与学习的关系缺乏辨证的认识，在实践中往往极易导致"为情绪而情绪"等本末倒置的现象，误以为幼儿越兴奋，活动氛围越高，幼儿学习的效果就越好。同时也完全模糊了兴奋与兴趣的界限，兴奋所导致的是幼儿的疲劳，而兴趣所导向的是幼儿的探索。有研究者指出：[①] "部分老师在组织教学活动时经常犯的毛病就是让孩子兴奋，认为兴奋就是专注，其实是不一样的。兴奋是孩子各有各的想法，他们只是情绪高涨；专注是他们都专注在一个点上，他们看着老师，或看着教具等。"

本案例所描述的就是典型的"为兴奋为兴奋"的现象，长此以往，则不仅极可能导致幼儿产生这样的一种错觉——学习就是这样的"乱哄哄"；同时也会产生如美国著名幼教专家丽莲·凯兹所明确指出的后果，即让幼儿养成一种"毒瘾反应模式"，幼儿依赖或期待老师再度刺激的习惯，而老师也需要一次次加重刺激兴奋物的程度。

第四节　经验提升策略

一、经验提升的含义与意义

经验是个体的经历与体验，个体经验的获得有个建构积累与提升的过程。幼儿个体经验的建构有赖于其自身与外界环境的积极互动，而在幼儿与环境互动的过程中，幼儿所获得的经验如果未能得到有效的提升，则意味着幼儿所获得的经验，对幼儿来讲可能只是量上的横向层面的积累，而无质上的纵向层次的发展，也就未能很好地发挥经验在促进幼儿发展上的潜在价值。而经验提升的最有效、最便捷的途径就是来自教师的指导与帮助，教师对幼儿经验提升就是教育促进幼儿发展功能的具体体现。

---

① 蔡伟忠著：《幼儿园教师实用手册》，农村读物出版社，2010年版，第59页

所谓经验提升指的是，教师通过一定的方法、方式，对幼儿已获得的经验进行有目的的加工处理，使幼儿已有经验在结构上得以完善与优化，或在层次上得以发展，从而使经验产生质的改变，使经验的价值获得放大。《纲要》指出，教师"应成为幼儿学习活动的支持者、合作者、引导者"，要履行好《纲要》所赋予的这一角色，就意味着教师要在幼儿学习活动过程中，对幼儿经验进行有效提升。教师对幼儿经验的提升是在师幼互动过程中，教师需要担当的重要的互动任务。

众所周知，小学教育是学科课时制，小学教师上完课就有离室休息的权利，小学生也拥有不需要教师关注的自由活动的课间休息时间。而幼儿教师的工作特点是半日包班制，在这一特定时段内必须安排与指导着幼儿的活动。幼儿园教育特点决定着幼儿在园与教师的互动不仅是高频次的，而且是全方位的，即师幼间在行为习惯、知识经验、技能与能力、情感与态度等方面发生高密集度的互动。由互动而引发的经验提升，有可能发生在教师与全体幼儿之间，或教师与小组、个别幼儿之间；发生的时机有可能是在教师对幼儿活动指导的过程中，或在幼儿活动后的经验交流与分享环节中；发生的场合有可能是在正式的教学活动，或非正式的学习活动之中。

二、经验提升的基本要求

1. 要养成对幼儿经验提升的意识

教师是师幼互动关系中平等中的首席，教师在互动过程中理应将提升幼儿经验作为一项重要任务来担当。因而，在与幼儿互动过程中，教师除了要充分认识到对幼儿经验提升工作的重要意义，以及明确自身的工作职责外，还应在互动过程中自觉培养自己对幼儿经验提升的专业敏感性。即教师要在与幼儿互动的过程中，对幼儿经验的形态、性质与价值进行比较及时的判断，并在对幼儿经验释读的基础上，采取与当下师幼互动情境相适宜的方式和方法，进行有效的提升。当然，教师对幼儿经验提升的意识养成需要一个过程，这个过程有教师自我的实践尝试与顿悟，也有对别人经验的模仿与借鉴，或是别人的点拨与指导。

2. 要掌握对幼儿经验提升的方法

教师要有效提升幼儿经验所必备的第二个条件，就是要掌握好相应的方法。方法的掌握可以通过阅读相关的专业文献，了解经验提升的一般方法，以及每种方法适用的经验形态、性质以及具体互动的情境，并且积极地将之付诸行动，在实践运用中不断总结、反思与提升，直至最终将之内化，成为自身专业反应机智系统中的一部分，以及自身专业能力的有机组成部分。

三、经验提升的基本方法

1. 统整提升法

幼儿因表达问题，而导致将个体经验呈现得碎片化、不连贯，或者幼儿受个体经验的限制，对某一事物的认识本身就较零散、不完整。遇到这种情况，教师就有必要将幼儿所展现的经验进行统整，使幼儿已有的经验通过教师的统整而变得饱满而有张力，或是通过教师的有效指导，将各个幼儿的零散经验予以统整，使幼儿个体已有经验得到补充与完善，从而建构起对某一事物的比较完整的认识。

于前者，教师可通过边与幼儿互动，边逐步对幼儿碎片化的经验进行统整的方式，使幼儿的经验在师幼互动中得以有效整理与提升。于后者，教师则可以让幼儿间的经验获得充分表达后，再给予总体的梳理与概括，并将经教师统整后的经验及时反馈给幼儿，以使幼儿在个体间经验碰撞的同时，在教师及时统整中，有效地丰富对某事物的完整认识。

如，在大班语言活动"春天"的开始环节，教师为了让幼儿感受春天的特点，丰富对春天的经验，提出了一系列问题："春天来了，有什么不一样？你看到了什么？听到了什么？闻到了什么？"此时幼儿对于春天已经具备了一定的经验，小朋友们各抒己见："春天的太阳不一样。""我看见油菜花开了，我还闻到味道了。""树上长出叶子来了。"……幼儿的回答看似都是正确的，但如果教师此时仅用简单的肯定方式来回应幼儿，显然对幼儿的知识与经验结构起不到整合与提升的作用。

专业教师应在幼儿回答问题的基础上进行及时的总结回应:"对了,春天跟冬天不一样了,太阳晒在人身上暖洋洋的,植物们也悄悄发生了变化,花儿开了,散发着香味,树儿也变了,常青树要换上新衣服了,落叶树的新芽在悄悄萌出,春天真美。"教师通过对幼儿回答的小结,不仅一下子丰富了幼儿对春天的经验感受,使其产生更多的联想,而且也为幼儿连贯而完整表达对某事物的认识提供了范例。

2. 深化提升法

当幼儿经验呈现过于表面,缺乏对深层次价值的关照时,这样的经验叠加只能是一种横向层面的简单重复。面对这一情形,教师有必要对幼儿的经验予以纵向的引领,促使幼儿已有的经验产生质的变化,让经验成为有效促进幼儿认知发展的有机养分。教师对幼儿经验的深化式提升就是借助问题设计,采用提问、追问或反问等方式,促使幼儿产生对自身经验的深入思考,并在思考中完成对经验的深化与内化工作。

如,在大班科学活动"会滚的轮子"中,教师为了让幼儿感受轮子的特征,引导幼儿进行讨论:为什么有的玩具要一直用手推,有的只需用一点力就会自己移动?当幼儿说出因为它们有轮子,教师没有就此结束讨论,而是进一步追问幼儿:"为什么有了轮子就能很容易移动?为什么轮子都是圆形?如果用方形或三角形做轮子会怎么样?"通过这样的讨论与引导,小朋友们一下子就抓住了问题的关键所在:因为轮子都是圆的,圆能滚动。他们对于轮子的经验一下子就清晰了起来。

在教学实践中,有时教师为了活动前能充分唤醒幼儿已有的相关经验,在材料的准备上做足了功课,力求在活动前开个好头,从而为后续活动的顺利开展做好铺垫,但却出现了这样的现象:借助材料的提供确实唤醒与丰富了幼儿的相关经验,但由于对幼儿的经验缺乏有效的提升,而影响了后续活动开展的质量。

比如,在美工活动"漂亮的路"中,教师在活动开始时,为幼儿展示了各种各样的路面，引导幼儿观察路面图案的形状与颜色。幼儿描述了路面图案的不同形状和颜色，唤醒起已有关于路面图案的经验，也感受到了路面图案的漂亮。但其实在这个环节中，教师完全可以在幼儿感受路面图案的漂亮的基础上，对幼儿有关路面图案等方面的经验进行相应的引导与提升，以促使幼儿去思考比较深层次的相关问题：怎样的图案搭配才是美的？怎样的色彩搭配才会漂亮呢？在幼儿思考并回答问题之后，教师再引导幼儿提取组成图案的元素，如点、线、面（纹样），帮助幼儿概括出不同的组合方式，如辐射状、点线间隔、连续块面等，那么幼儿获得的经验就不是表面的，而且比较深层次的，如知道了路面图案为什么会是美的，怎样使路面的图案变美的方法。如果教师在幼儿经验呈现时，能做好经验提升的工作，则后续的让幼儿开展装饰漂亮路面的美工活动就是水到渠成的事情。

第六章 幼儿教师教学后的反馈策略

教学后的反馈策略指的是，教师如何根据教学目标检验教学行动的效果，如何依据目标期望的价值来度量教学行动的意义，为教学活动提供调节的信息，不断优化自身教学行为和提高教学活动质量。本章所讨论的教学后的反馈策略主要包括活动评价策略、活动延伸策略、活动反思策略和活动跟进策略。

第一节 活动评价策略

一、活动评价的含义与类型

教学活动的评价是依某种标准对师幼在教学活动中的表现进行价值判断。开展教学活动评价的意义就是对教学活动过程和结果进行有目的的诊断，通过评价去总结、巩固与推广活动中成功的经验，或是发现问题，寻找改进问题的方案。活动评价是提升教学活动质量，促进师幼在教学活动中共同成长的重要措施。

《纲要》指出，幼儿教师要成为幼儿学习活动的引导者。幼儿教师要引导幼儿的学习活动，就必须能够对幼儿在学习活动中的身心发展状况给予合理评价，

第六章 幼儿教师教学后的反馈策略

有了合理的评价才能对幼儿已有的发展水平,以及未来发展的潜在水平作比较科学的判断,并采取相应的措施予以有效引导。教师不仅要具有对幼儿的活动表现作出评价的能力,还要有目的地引导与促进幼儿自评、互评能力的提高。

活动评价不仅是作为教学活动中的一个独立环节而存在,更是作为维系师幼有效互动的一种必要手段,且通常是以一种渗透的方式而无处不在。从广义上说,教师在与幼儿互动的过程中,教师通过口头语言和肢体语言向幼儿发出的信息都蕴含着评价的成分,这些信息要么对幼儿的活动行为作正面肯定、支持与鼓励,要么是制止、默认或对幼儿的活动进行引导性干预。

依不同的标准,可以将教学活动评价类型作不同的划分。依据评价内容,有涉及幼儿心理发展维度的评价,如活动中认知、情感和能力的评价;有涉及幼儿学习内容的评价,如游戏活动评价、教学活动评价、区域活动评价等;从评价主体分,有教师主导型评价、幼儿自主型评价和师幼互动型评价;从评价的时机来划分,则有活动前的评价、活动中的评价和活动后的评价;依评价的范围可以分整体性评价和局部性评价;从评价的受众面分有集体评价、小组和个别评价;根据评价效果可以分为正面评价、中性评价、负面评价。正面评价又包括直接肯定性评价、简单表扬性评价、点拨赏识性评价;中性评价则是指事实性评价;负面评价又称指责性评价等。

二、活动评价的基本方法

1. 展示式评价法

展示式评价法指的是,教师通过将评价所需的载体以展示方式呈现出来,然后根据所展示的内容载体进行评价。具体的展示方式有静态和动态之分,前者如幼儿美术活动作品、数学操作活动作品、结构游戏作品等静态展示,后者如游戏中幼儿活动情境录影回放等动态展示。

展示式评价法能为幼儿呈现直观形象的评价载体,不仅有利于集中幼儿注意力,而且便于教师在评价时能有具体的所指,从而使教师的活动评价显得具体而有针对性。特别是在小班幼儿角色游戏评价时，如果能将幼儿在某一主题游戏中值得推广的游戏经验，如丰富的游戏情节、生动有趣的游戏玩法等，以录影回放的方式让幼儿观看，教师再一边给予有的放矢的评价，这种直观形象的游戏活动评价方式，对幼儿学习他人或巩固自己的成功经验无疑是非常直接而有效的。展示式评价法的评价主体可以是教师主导型评价、师幼互动型评价，也可以是幼儿参与型评价。

案例66[①]：大班艺术活动"变脸"的活动评价片段。师：小宝贝们，请展示一下你们设计的脸谱。（小朋友们将脸谱高高举起，左右摇晃，生怕老师看不到）师：你们自己认为设计的脸谱怎么样？一个一个来，这个宝贝先。幼A：我的脸谱漂亮，我画了我最喜欢的太阳花，你看。师：好漂亮的太阳花，你的脸谱真的很漂亮。你来说说。幼B：我很喜欢我脸谱的颜色，它很阳光。师：很阳光？幼B：因为，它是太阳的颜色啊。师：啊，真的真的很阳光，颜色好漂亮……

案例中，教师采用了幼儿参与型的展示式评价。教师为幼儿创设一个展示与参与的平台，让幼儿有序地进行作品展示，从自己的标准出发，评价自己的作品，表达自己对作品的看法，教师再与幼儿对自己所展示的作品进行必要的互动与引导，在整个活动评价环节中体现了幼儿是活动主体的教育理念。

这样的评价形式既满足幼儿都想展示、都想表达的需要，为幼儿在集体面前大胆表达创造机会，同时通过让幼儿将作品画面的"语言"及其背后所蕴含的想法与思路外显化，也有助于教师进一步理解幼儿作品的内容，避免教师以成人的标准简单地对幼儿作品进行评判。由于大班幼儿口头表达能力和主体性较强，在大班幼儿的作品评价环节中，教师可以多尝试幼儿参与型评价。

2. 随机式评价法

随机式评价法指的是，教师在活动评价的内容与时机依活动现场情况变

---

① 何玉红：《幼儿园教师教学评价研究》[硕士学位论文]，西南大学，2011年，第35页

化而灵活进行。按常规的活动评价要求，评价应紧扣既定的活动目标。但在教学实践过程中，由于活动现场发生了变化，教师认为活动现场所突发的教学事件更具有评价价值，于是在活动后的评价环节中，对本活动的评价重点作了灵活调整，以适应所变化的活动情境。教师所采用的随机式评价方式，除可以根据实际情况调整评价重点外，也可以对评价的方式作灵活处理。如，教师在活动预设中本是拟采用集体性评价法，但由于活动现场发生变化，教师将评价工作灵活地渗透于活动过程中的小组或个别评价等。

随机式评价法是对课程活动生成观的一种呼应，由于其带有较多的生成色彩，是依活动现场情况而作灵活处理，评价的适切性强，但同时对教师的观察与应变的专业能力要求提出较高挑战。

3. 互动式评价法

互动式评价法指的是，评价环节不是教师个人的独角戏，而是师幼在互动中共同完成活动的评价工作。在活动评价中要促进幼儿的发展，不仅是幼儿认识水平的提高，也包括幼儿活动评价能力的提升。鼓励幼儿参与评价活动，不仅有利于幼儿主体性的发展，提升幼儿自评能力，同时也是教师了解幼儿思维方式的一个重要途径。

互动式评价法通常是教师发起活动评价行为，明确评价的对象与思路之后，引导幼儿就评价内容发表看法与想法，教师再对幼儿评价的观点进行整理和提升。如，将美术活动中幼儿所有的美术作品展示出来，教师提出问题：你觉得哪幅画是你最喜欢的？为什么？又如，某两位幼儿因争抢游戏道具，致使游戏道具损坏，教师在活动评价时将被损坏的道具呈现出来，然后组织幼儿就争抢行为进行评价与讨论，最后教师再对幼儿的评价与讨论的情况进行总结性评价。

三、活动评价的基本要求

1. 要了解幼儿

没有调查就没有发言权，不了解幼儿在活动中的想法，就无法对幼儿的活动情况作准确的评价。教师了解幼儿的主要途径，可以是通过现场活动的观察与分析，或为幼儿创造充分表达的机会，教师通过倾听再去了解幼儿。特别是运用作品分析法进行的活动评价，如，对幼儿创作的绘画、串珠、编织、搭的积木、泥塑艺术作品等进行分析与评价，教师可以先引导幼儿对自己的作品进行自我解说，如告诉大家他画的是什么，为什么要这样画，或者对自己的作品进行自我评价。只有建立在了解幼儿的基础上，活动评价才能有的放矢。

案例67[1]：在大班"海底世界"绘画活动中，教师发现了嘟嘟小朋友将画的鱼全部用大面积的黑色进行遮盖，整个画面显得很不好看。教师没有立即给予评价，而是耐心地询问他画的是什么。嘟嘟小朋友说："有一只乌贼经过，他喷洒了大量的墨汁，将海底染黑了。"可见嘟嘟小朋友在绘画活动中是非常投入的，并且思维活跃。教师及时抓住这一点进行评价："真不错！画得真有意思，很有想象力。"教师短短的一句评价，及时肯定了幼儿独特的表现能力。然后，教师又进一步引导嘟嘟小朋友作画："这是一个非常有趣的画面。那么乌贼逃脱了以后，墨迹消失了，大海又会变回什么样子呢？我很期待你的作品。"只见嘟嘟小朋友迅速地拿起了画笔，继续开动脑筋，把自己想象中的画面如数画了出来。

本案例中，嘟嘟小朋友在绘画作品的色彩运用上明显不符合常规，但"教师没有立即给予评价，而是耐心地询问他画的是什么"，反映了教师在对幼儿行为作评价时，严格遵循了应先了解幼儿的这一基本准则。教师在倾听嘟嘟小朋友一番表述后，对他丰富的想象力给予了充分肯定，然后再巧妙地引导他画出乌贼逃脱后美丽的海底世界。

案例中教师所采用的"先了解后评价"的评价方式，既充分肯定了幼儿的想象力，让幼儿的绘画自信心倍增，同时又让幼儿更乐意、更主动发挥想象，创作出海底世界的美丽画面。试想，如果当时没有询问与倾听幼儿，没

---

[1] 陈亮华：《幼儿园绘画教育活动中教师言语评价行为的研究——以长沙市A幼儿园为例》[硕士学位论文]，湖南师范大学，2012年，第50页

第六章　幼儿教师教学后的反馈策略

有了解幼儿内心的真实想法，那么教师就有可能会以为幼儿是在捣乱，或是色彩方面运用不妥当，破坏画面的整洁性与美观性，而批评责备幼儿。

2. 要紧扣目标

活动目标是活动的出发点和归宿点。评价教学活动的效果如何，既定的活动目标必然是活动评价的主要依据。当然，在生成课程理念的熏陶下，对活动评价中所谓既定的活动目标的理解应持开放态度，即活动目标可以是活动前预订的，也可以是活动中生成的。

案例68[①]：在小班绘画活动"美丽的线条"中，教师准备了一张较大的橙色的桃形卡纸和一张较小的粉色的桃形卡纸，并先给幼儿示范爱心桃的制作程序及方法：先用双面胶把较小的粉色卡纸贴到较大的橙色卡纸上，再在粉色卡纸上用彩笔画满美丽的直线，一个简单的爱心桃就制作好了。动手能力较强的几个小朋友很快就制作好了，并用彩色的笔照着教师黑板上的范例画上了直线，然后就拿着自己的作品去交给教师。教师看了第一个小朋友的作品："恩，不错，把它放进书包里，带回去送给爸爸妈妈。"并顺便看了第二个小朋友的作品："嗯，很漂亮。"由于是第一次使用双面胶，部分小朋友们不会操作，教师忙着帮助他们撕、贴双面胶，所以对其他拿作品给她"检查"的小朋友就显得有点不耐烦了，对他们说："画完了就收到外面的书包里去，收好一点。"

案例中，在幼儿将完成的作品交给教师后，教师对幼儿作品的评价，不仅存在着笼统、单一的现象，更为主要的是教师在活动评价中严重偏离了既定的活动目标，忘记了本活动的核心目标，也忘记了为什么在活动开始，教师要煞费苦心地为幼儿示范爱心桃的制作程序及方法。

从案例描述来看，本活动的评价环节形同虚设，未能给幼儿在绘画技能上提供任何有价值的、有针对性的建议，也无法帮助幼儿养成对自己行动进行反思的习惯。教师将本教学活动的知识技能维度目标确定为"学习直线的

[①] 陈亮华：《幼儿园绘画教育活动中教师言语评价行为的研究——以长沙市A幼儿园为例》[硕士学位论文]，湖南师范大学，2012年，第28—29页

画法，使线条平滑、流畅"，在给幼儿示范爱心桃的制作程序及方法时，也强调"用彩笔画满美丽的直线"。教师的强调传递给幼儿这一信息：今天绘画的任务与要求是要画美丽的直线。

案例中，幼儿在动笔绘画前是有目的与计划的，尽管这一目的与计划是来自教师的布置与安排，那么幼儿在活动中对这一任务完成得如何？教师有责任引导或帮助幼儿对自己行动的情况作一评价或反思。在教育中养成幼儿对自己行动负责的习惯是幼儿教育的应有之义，高宽课程方案中所强调的"计划—行动—反思"这一做法值得教师借鉴与学习。案例中教师的活动评价行为，犹如一位旅行者在旅行中忘了自己为什么要旅行，也没有深刻体会旅行的内在价值。因为评价对幼儿来说，更深层次的意义是养成对自己的行动负责的意识与习惯。

3. 要促进发展

活动评价要达到促进发展之目的，首先，评价就要与指导相结合。《纲要》指出，"评价的目的是了解幼儿的发展需要，以便提供更加适宜的帮助和指导"。评价本身不是目的，评价结果只是指导的依据。因此，评价只有与指导相结合，才能对幼儿的发展具有实际意义。而要使评价具有指导意义的前提，就是应先对幼儿做分析性的评价。其次，评价要坚持积极的导向功能，要通过活动评价让幼儿获得积极的情感体验，向幼儿传递与反馈有利于产生积极的自我效能感的信息。

案例69[①]：这是科学活动"好吃的水果"中，师幼关于喜欢吃什么水果的对话片段。师：小一班的小朋友，请你们来说一说你喜欢吃的水果。幼A：我喜欢吃西瓜。幼B：我喜欢吃菠萝。幼C：我喜欢吃红红的苹果。师：讲得真好，不仅说出了水果名称，还说出了它的颜色。幼D：我喜欢吃黄黄的梨子。幼E：我喜欢吃弯弯的香蕉。师：（跷起大拇指）太棒了，她把水果的形状也说清楚了。幼F：我喜欢吃圆圆的苹果、酸酸的葡萄……师：小朋友喜

---

① 改编自周金玉：《集体教学活动中教师的口语回应》，载《幼儿教育（教育教学版）》，2009年第7—8期

第六章　幼儿教师教学后的反馈策略

欢吃的水果真多，颜色不一样，形状不一样，味道也不一样。

要使评价达到促进幼儿发展之目的的一个重要前提，就是教师对幼儿所作的评价应具体而有针对性与引导性，即要能让幼儿从教师的评价中，有效获得他的哪些表现是应该继续发扬，哪些又是他应该努力的方向的信息。因而，教师在评价时应尽量做到"优点说够鼓舞人，缺点说透启迪人"。有很多教师在与幼儿互动时，面对值得借鉴的个体经验，通常是以"说得真好，我们来给他拍拍手"等不明确的评价信息指向、单调而程序化的形式来笼统回应。殊不知，教师以这种不具有"回应性"的方式与幼儿互动，并未能真正地给予幼儿具体而个性化的信息，未能很好地诱发幼儿对其行为的持续关注或调整。

案例中，教师在肯定幼儿的回答的同时，能抓住第三个幼儿回答的内容的亮点给予具体评价——"讲得真好，不仅说出了水果名称，还说出了它的颜色"，反映了教师的专业敏感性。教师这样的评价回应，将"好"指的是什么，该如何做到"好"等具体的信息清晰蕴涵于其中，给幼儿的后续行动予以明确的指引，幼儿在表达时就能积极地联系生活经验，使得表达水平向着丰富性、形象性发展。这同时也有利于幼儿互相学习，找到仿效的方法，使个体经验变成集体分享的成果，从而推动幼儿的整体发展。

案例70[①]：这是中班"练习扔球"体育活动中，教师纠正幼儿动作的片段。看到班上的小朋友动作不太标准，教师非常生气。幼儿A扔完以后，教师开始帮她改正不标准的动作，可是该幼儿一直没有做好，教师很是生气，就叫他去一边自己练习。在旁边的B小朋友笑话幼儿A做不对动作，A小朋友很生气地说："老师都说我了，你还说我！"然后就一个人情绪很低落地独自在旁边练习，也不去跟其他小朋友互动。

幼儿在技能等各方面的发展上存在个体差异，这是极其正常的现象。《3—6岁儿童学习与发展指南》（以下简称《指南》）明确将"尊重幼儿发展的个

[①] 司秀月：《专家型与新手型幼儿教师日常教学评价行为的比较》[硕士学位论文]，广州大学，2012年，第30页

体差异"作为贯彻《指南》的四大原则之一，认为"每个幼儿在沿着相似进程发展的过程中，各自的发展速度和到达某一水平的时间不完全相同"。因而，教师在面对这种情形的活动评价，应该以正面鼓励为主，而不是一味地给幼儿传递负面的评价信息。

案例中，幼儿A所练习的动作一直达不到规定的要求，相信该幼儿对自己的表现肯定是既着急又焦虑，这时他所需要的不仅是动作上的帮助与指导，更是需要教师能给予关心与鼓励，有效地帮助他克服不良的情绪体验，增强他战胜困难的信心，获取积极的心理正能量。而教师给幼儿的批评、指责等负面反馈，不仅无法发挥评价促进幼儿个体发展的功能，还会徒增幼儿产生习得性无能感。

4. 要着眼本质

评价过程就是价值判断的过程。在活动中可能有很多内容都可以列入评价范围，但活动评价的时间与内容却是有限的，这在客观上就涉及到什么内容最值得评价的问题。如果教师所作的是属于集体性的活动评价，则应抓大放小，着眼有价值的内容来评价。

案例71[①]：在一次大班公开观摩活动"老虎拔牙"中，幼儿注意力集中，思维活跃，思路开阔，举手发言很踊跃。但是，有很多幼儿坐的姿势很不端正，有的看表演时站起来，有的把脚蹬在前面的小椅子上，有的斜靠着椅背，有的伏在桌上双手托腮……在活动评价时，教师就幼儿在活动中的常规进行了一番讨论与引导。

案例中，教师在活动评价时，将"有很多幼儿坐的姿势很不端正"作为评价的重点内容来处理。教师的活动评价内容选取上是否得当，是值得讨论的话题。有的老师认为，幼儿在教学活动中一定要有规矩，要有活动常规概念，而且坐姿很重要，如果对幼儿在活动中不端正的坐姿不给予及时纠正，就不利于幼儿身体发育和良好习惯的养成。从这个角度出发，教师在活动评

[①] 改编自彭俊英：《幼儿园教育活动评价示例》，载《山东教育（幼教版）》，2005年第3期

价内容的选取上是没有错。但如果放在具体的活动现场来考量，本活动还有比常规更有价值的内容，值得教师在活动评价中交流分享与提升。也就是说，对活动中幼儿那种全身心的积极参与的状态，予以理解与宽容，而将活动评价视角放在师幼、幼幼之间更有价值的互动内容上。如果在活动评价环节中，教师不去关注本活动中最有价值的内容，而是过分关注幼儿活动常规，这难免会有舍本求末之嫌。

其实在活动中，只要幼儿的注意、思维、想象、情感等集中于当前的教育活动中，幼儿在活动中因忘情投入而出现的一些行为，应视为幼儿活泼好动天性的自然流露，教师不必强求幼儿的每一个行为都中规中矩。《指南》在科学领域中的"教育建议"也明确提出，"容忍幼儿因探究而弄脏、弄乱甚至破坏物品的行为，引导他们活动后做好收拾整理"。如果教师认为确实有必要对幼儿在活动中违反常规的表现进行评价，建议可以另择时间进行，比如在次日的早间谈话或当天下午的午间谈话等时间。

5. 要关注过程

活动评价要关注过程，这是活动评价功能转向于诊断性、发展性的现实需要。在过去强调评价的甄别性功能下，注重的往往是结果性评价。关注过程的评价，就是要求教师要将评价渗透于活动过程之中，要与在活动中对幼儿的观察所获得的信息结合起来，从而使活动评价更具针对性与指导性，让幼儿的活动更有质量。同时这种渗透于活动过程中的评价，也有利于扩大评价的受众面，使得更多的幼儿能得到个别化指导的机会。

案例72[①]：在一节"撕纸"手工活动上，教师让幼儿将一张A4纸撕成不间断的一条纸带，要求纸条不能太粗也不能太细。在活动现场的所有小朋友都活动着手指头，认真地撕纸。这期间老师在旁边忙其他的事，并没有过多关注幼儿，有小朋友撕断的时候去问老师，老师也不问其原因，也不告诉其方法，只是再给一张纸，或者直接让他接着撕。直到很多小朋友都撕得差不

---

① 李雪：《私立幼儿园集体教学中教师口头言语评价行为研究——以长春市2所私立幼儿园为例》[硕士学位论文]，东北师范大学，2012年，第22页

多了，老师就让撕完的小朋友把纸条挂在娃娃家中的树上，然后出去活动。这时老师看了一眼还坐在座位上、撕纸动作很别扭的晶晶（撕得很慢而且粗细不均），说了句："晶晶快点，小朋友都撕完出去玩了，就差你了。"晶晶好像有些心事，有点抽泣。这时菲菲也撕完了纸将自己的作品挂在了小树上，老师说："菲菲啊，你快去帮晶晶撕完。晶晶啊，你别撕了，快去喝水，让菲菲帮你撕吧。"此刻教师并没有注意到快要哭了的晶晶，直接让别人代替她完成了任务。

案例中，教师所关注的只是晶晶小朋友活动任务的完成情况，所等待的只是活动的结果，而至于晶晶小朋友为何撕得慢，是方法不对，还是她的手指肌肉不灵活，晶晶小朋友无法按时完成活动任务的情绪感受如何等方面的相关信息，教师统统不加以关注与关心。在整个活动过程中，对其他小朋友的操作过程也同样缺乏必要的关注和指导。

教师这样的评价对晶晶小朋友来说显然是属于负效的评价，对她的撕纸行为不仅无法起到指导与帮助作用，反而会增加其对撕纸活动的焦虑感，以及在技能学习上的消极性自我效能感。长此以往，晶晶小朋友就有可能产生习得性无能感。教师将活动评价简化为教育活动的终点，忽略了为何要开展活动评价的初衷，活动评价严重偏离了促进幼儿发展的轨道。

6. 要立足个体

评价要立足个体，旨在改变教师往往习惯于幼儿间的横向评价，而忽略幼儿个体的纵向评价。横向评价具有对幼儿进行甄别性评价的色彩，有导致幼儿在评价中获得习得性无能经验的危险。因而，在现代教育评价观下的档案袋评价法，所主张就是要立足幼儿个体，关注幼儿个体纵向发展方面的评价。

立足于个体的评价，客观上要求教师要尊重幼儿的个体差异，要关注幼儿在原有水平上的发展和提高，要善于以欣赏的心态、发展的眼光去捕捉幼儿身上的闪光点，对幼儿的点滴进步给予及时的鼓励和肯定，让优点不断放大，闪光点不断增多。心理学研究表明，教师经常鼓励幼儿，可以调动幼儿自身的积极因素,增强幼儿的自信心。

而对幼儿个体进行有的放矢的评价,其重要前提便是教师在与幼儿互动中,应通过细致观察,及时发现幼儿的亮点与问题。如,小班体育活动"小麻雀找食"[①],该活动目标是尝试从不同高度的"树"上自然往下跳。有两名幼儿选了从最高的树往下跳,幼儿 A 是跨步下来;幼儿 B 能双脚一起跳但落地较重。面对两位幼儿的不同表现,教师进行了个别化评价。对幼儿 A 说:你很勇敢,能从这么高的树上跳下来,再试试双脚一起跳;对幼儿 B 说:你会双脚一起跳了,落地再轻一点,就更像小麻雀了。

7. 要体现多元

活动评价多元化是现代教育评价观在实践中的具体运用,其涵义包括评价的手段、方式、方法、时机、内容和主体等多元化,以及具体运用的综合化。

评价方法的多元化指的是,使用多种活动评价方法,以收集幼儿学习与发展的相关信息,目的是提升活动评价的有效性,发挥活动评价的最大功效。评价内容的多元化指的是,评价内容要全面,要改变过去重知识轻能力、重智力轻情感的评价弊端。评价主体的多元化,则是极力倡导在评价活动中的幼儿参与度。幼儿是学习的主动建构者,是学习的主体,幼儿在评价和学习中扮演着重要的角色,让幼儿主动地参与到活动评价中来,对幼儿自我调控、自我修正、自我调整有着重要的意义。

第二节 活动延伸策略

一、活动延伸的含义与意义

在幼儿园教学活动中,通常教师会根据幼儿对本活动的兴趣程度、经验

---

① 金红芳:《提升体育教学活动即时评价的有效性》,载《早期教育(教师版)》,2014 年第 6 期,第 49 页

学习的重要性，以及新经验获得的必要性等因素的考量，在活动结束之际就本活动的后续开展，提出具体的活动思路与要求，或是设计相应的后续活动方案。

在实践中，教学活动的延伸可以沿着中高度，或低度结构活动形态的方向发展。中高度结构活动形态的延伸方向，通常是拓展为一个结构相对较完整的活动。如，在半日活动中，将第二个活动作为第一个活动的自然延伸，两个活动共同构成有机联系的半日活动。如第一个为科学活动"各种各样的塔"，而第二个围绕"塔"的拼插活动就可以视为第一个活动的延伸。

低度结构活动形态的延伸方向，有环境创设、区域活动、生活活动、户外活动、家庭亲子活动等。环境创设延伸，如，在美术绘画活动结束后，教师请幼儿将自己的作品剪下来，并粘贴在活动室的墙上进行环境创设。区域活动的延伸方向又分为两种情况：丰富已有区域活动材料与玩法，或拓展成新的区域活动内容。如，音乐活动结束后，将音乐活动的图谱、乐器、围巾等道具投放到表演区，让幼儿自由练习配器演奏或进行自由歌舞表演；科学探究活动结束后，将相应的活动材料投放在科学区，丰富了科学区操作活动材料，又可作为科学探究活动的自然延伸。家庭亲子活动延伸，如，在中秋节前夕，教师开展了大班社会活动"中秋节的来历"，幼儿对中国传统节日有了初步的了解，活动后教师请幼儿回家向父母等长辈请教人们过中秋节的习俗，并讨论今年的中秋节怎么过。第二天在早谈或其他活动环节，教师再有目的地请部分幼儿上来跟大家分享经验。

时间是绵延的，生活是整体的。对幼儿的学习而言，幼儿园教育教学活动应是以一种整体的形态运行的，不仅是活动中的各环节之间，一日中各活动间也要呈现有机联系的逻辑关系。倡导活动延伸的概念，可以更好地促使教师在组织幼儿一日活动中，有意识地将前一个活动和后续活动有机地联系起来。特别是现阶段大多数幼儿园采用单元主题活动的方式编排课程内容，单元主题活动是通过相互关联的一系列教学活动、区域活动、游戏活动、环境创设、生活活动、家园亲子活动来组织与实施的，各活动之间更应通过活动延伸来使之紧密联系，共同围绕主题而构成一个有机的整体，从而使幼儿的学习活动与学习经验更具完整性、连贯性。

再且，在具体某一活动的开展过程中，常会出现一些本身就颇具课程意义层面的有价值的问题，由于受活动时间、教师所做的活动准备等因素的制约，而无法得以有效解决；或是因受集体活动的制约，无法有效关注与照顾到幼儿的个别差异，满足所有幼儿的兴趣和需要，这时教师可以通过活动延伸方式进行及时的弥补。例如，在小班"兔子爱吃什么"科学活动中，教师先让幼儿猜想兔子爱吃什么，然后自己再去验证。在活动现场中，幼儿认为面包、青菜、萝卜、火腿肠、肉、牛奶等都是兔子爱吃的食物，但由于教师没有准备火腿肠和牛奶，因而在活动现场就无法为幼儿提供有效验证的机会。在这种情况下，教师就可以将这个"缺陷性的问题"设计为本活动的延伸部分，在延伸活动中让幼儿实实在在去解决在活动现场中无法解决的问题。

二、活动延伸的基本要求

1. 自然而有机

某个具体教学活动到底是否需要设计相应的活动延伸部分，这在设计该活动方案时就应根据活动内容、活动目标等因素进行综合考虑。活动的延伸部分应该与活动的主体部分呈现一种有机联系，前者是后者的必要补充、自然延伸或有机完善。

如，在"小老鼠和大老虎"绘本教学活动中，活动讲述的是小老鼠因为好朋友大老虎的不公平对待而与大老虎决裂，最后大老虎为了挽回友谊努力改变自己，处处为小老鼠着想，最终两个好朋友重归于好的故事。故事似乎到此就结束了，但作者却独具匠心地在末页安排了一个新角色——犀牛，这引发了幼儿的激烈讨论。老师就巧妙地利用幼儿这个兴趣点，鼓励幼儿以犀牛这一故事的新角色为支点，围绕故事还会发生什么事情而创编故事。这样的活动延伸处理既符合绘本阅读的需要，也可以增强幼儿对绘本阅读的学习效果。

2. 灵活而随机

活动延伸设计既要在预设中灵活地选取适宜的延伸方法和方式，又要善于根据活动现场的具体情况进行随机调整，使活动延伸能适宜活动现场的情境需要。

如，在开展大班科学活动"沉与浮"时，眼看还有一部分幼儿对实验操作活动还饶有兴趣，舍不得停下他们手中的操作工作，老师在组织本活动的经验交流与分享环节之前，以活动延伸的方式满足了幼儿继续探究的需求与欲望：老师请小朋友先停下手中的操作，并答应他们等下老师会把这些材料放在教室外面的走廊上，活动结束后有想继续做实验的小朋友，还可以利用自由活动时间继续实验。教师采用活动延伸的方式对活动现场作灵活而随机的处理，不仅有效地让幼儿停下他们的操作行为，顺利地进入老师所组织的交流与分享活动，同时也有效地满足幼儿继续探究的欲望。

3. 多元而整合

要增强活动延伸的有效性，则在活动延伸的设计与运用上还要体现多元化，以及渗透整合教育的观念。多元化指的是延伸的方法与方式上要多样，避免过于单一而影响活动的延伸效果；整合性指的是活动的延伸部分与活动的主体部分，在方法、方式、层次和领域上有机互补，并统整为有机的整体。

三、活动延伸的基本方法

1. 整合式延伸法

整合式延伸法指的是，在活动延伸的设计思路上渗透整合式教育观念，使得活动的主体部分与延伸部分有机成为整体。整合式延伸法通常体现在半日活动中，如折纸活动"飞机"，幼儿完成了用纸张折成的飞机后，教师直接将该活动延伸设计为"玩飞机"的户外活动。在语言活动"木偶奇遇记"中，教师可以以欣赏《木偶兵进行曲》的乐曲作为该活动的延伸部分。在科学活动"奇妙的磁铁"中，最后可以用玩磁铁游戏的方式进行活动延伸，即用磁铁在纸板下面控制纸板上的"小纸人"走迷宫、跳舞，或控制纸轮船航行等。

2. 体验式延伸法

体验式延伸法指的是，通过活动延伸部分，弥补幼儿在活动的主体部分因受其他因素的制约而存在的活动体验上的不足。如科学活动"青青的小草"，最后教师可带幼儿在草地上进行各种活动，让幼儿有机会感受在草地上活动的舒软与恬适的快乐之感。

3. 展示式延伸法

展示式延伸法主要指的是，将幼儿在活动主体部分的学习经验与成果，以展示的方式加以延伸，让幼儿有机会再次回味活动中的情境与感受。如，将幼儿绘画作品作为环境创设的材料加以剪贴，既可以通过环境布置活动锻炼幼儿的能力，又可以让幼儿体验到自己的作品在班级环境创设中作贡献的喜悦之情。

4. 互动式延伸法

互动式延伸法指的是，以教学活动为载体，教师借助活动延伸的方式，有机地将家长与幼儿园间的配合联系起来。互动式延伸法既可以拓展幼儿学习的空间，又可以让家长对幼儿在园学习情况有所了解，并主动配合幼儿园教育工作，达到家园共育之目的。

第三节 活动反思策略

一、活动反思的含义与意义

活动反思指的是，教师以自己组织的活动为思考对象，对自己在活动中的行为以及由此产生的结果进行审视和分析。如果说前面所介绍的活动评价策略的关注点是活动中的幼儿，则本节活动反思策略，其所关注的则是活动中的教师。现代教学理念倡导，教师要对自己所设计的活动方案、活动的组织与实施、师幼互动水平、活动效果等进行自觉而有目的的思考。依据活动实施的进程，教师的活动反思可划分为活动前、活动中和活动后反思。教师的活动反思工作可以独自进行，也可以与他人交流；可以是对活动的局部或整体进行反思。

活动前反思指的是教师在组织教学活动前所进行的反思。这种反思具有前瞻性，能使教学活动成为一种比较自觉的实践活动，并能有效地提高教师的教学预测和分析能力。活动中反思是教师在教学活动实施的过程中进行的反思，即教师及时、自动地在行动过程中进行的反思，这种反思具有监控性，能使教学活动优质而高效地进行，并有助于提高教师的活动调控和应变能力。活动后反思是教师在教学活动后进行的反思，教师在行动结束后进行具有批判意蕴的自我反思，这种反思具有批判性，能使教学活动经验理论化，并有助于提高教师的教学活动总结能力和评价能力。

教师开展活动反思的实质，就是教师开展教学活动的一种自我剖析、反省与总结——自己与自己对话，并借助自我对话来检讨自己、改善自己。开展活动反思是教师个人专业自修的一种方法、技术，是提高教学活动的设计与组织实施的质量，促进幼儿身心发展，提升教师个人专业水平的现实需要。一个教师如果想要在专业上尽快地成长起来，那么，就必须掌握活动反思这一方法，并在实践中将其转化为一种内在的能力，即反思力。

二、活动反思的基本要求

1. 自觉性

教师对教学活动反思的自觉性，包括教师的专业自觉、行动自觉和理论自觉，其中，专业自觉是教师行动自觉和理论自觉的前提。

活动反思是以自身活动为对象而进行的自我批判，教师对教育教学活动的反思过程是一种痛苦的同时又是高创造性的脑力劳动的过程。反思就意味着教师要对自己做出的教育行为和已形成的教育观念进行一番剖析，特别是对一些不适宜的甚至是错误的教育观念和教育行为，更要作深刻的自我批判，才有可能将其改变。而要真正做到与这些错误的教育观念和行为决裂，以新的教育理念来武装头脑，并将新的理念准确地转化为实际的教育行为，则要付出大量的艰辛的脑力劳动和痛苦的意志努力。因而，可以这样说，教师对个人专业成长追求的自觉性，是确保教师教学活动反思有效性的前提条件。没有职业自我的自觉（专业自觉），也就难以有较高的教学活动自我反思的自觉性水平。教师有了专业自觉之后，也即有了较强烈的专业发展的内在性需求之后，他们才会在专业实践中，自觉而主动地将活动反思工作付诸实践，并将教学活动反思作为教师专业行走方式的应有之义。

在实践中，有的教师为了规范与提高自己组织教学活动的语言驾驭水平，总结和发现自己在教学语言运用上的经验与不足，用随身的 MP3 或录音笔等现代化电子设备，将个人在活动中组织与指导幼儿的教学语言全程录制，活动后再自己回放细品与深究。也有的教师邀请同事将自己组织与指导幼儿活动进行全程录像，再自己回放观看与分析。这都是教师活动反思的行动自觉的具体表现。

理论是教师进行教学活动反思的镜子，教师要提升活动反思质量，就必须加强自我专业理论修养水平的修炼。只有以较高理论水平为分析武器，也才有可能将活动反思工作做得深入而到位。教师加强自身理论修养，其实就是在给活动反思增加隐性的专业引领元素，活动反思离开了专业引领，就失去可持续发展的潜力。教师活动反思的理论自觉的进一步要求，就是教师活动反思的文本化的行动自觉。

文本化的活动反思，要求教师主动对自己的教学行为进行分类总结，反思自己的教学活动，总结教学中的成败得失，并用文字记录下来。此举既可以有效地锻炼教师的书面语言表达能力，也有利于教师主动运用相关理论进行剖析，使得经验或不足得以提升与梳理。在文本化的活动反思过程中，教师不仅丰富和完善了原有的教育实践性理论，发展自己的教学能力，并在此基础上不断创新，不断发展，形成独具特色的教育实践经验和理论，最终获得全面发展。

2. 目的性

目的性指的是，教师在教学活动反思时，要有明确的指向性和一定的专题性。教师反思的总方向应是自觉地检核自己在组织与指导幼儿活动中的各种外显的教育行为是否适宜，并深究其相应的内隐的教育观念是否合乎时代的要求。具体需要反思的内容有：活动目标制订的合理性及达成效果，活动内容的选择，对教育资源中所蕴涵的教育价值的发掘与利用情况；能否依据幼儿实际水平、活动内容的性质和既定的活动目标等，灵活有效地运用各种教育教学方法、形式、手段组织与实施好活动，以及处理好活动中的突发事件；在处理师幼互动关系中，幼儿主体性的发挥情况等。

为提高活动反思对教学行为改进的有效性，教师可以根据自己的实际情况，有意识地就某一方面进行专题性的反思，并借助反思采取措施做积极干预，以达到有效改善教学行为的反思目的。比如，教学语言运用的准确性、规范性问题，教师肢体语言运用的丰富性、有效性问题，教师活动各环节设计的适宜性、有效性问题等方面的反思与改善。教师针对某一教学问题的反思与改进的行动程序，类似于一种致力于改善个人教学行为的教育行动研究。

3. 及时性

活动反思具有一定的时效性。如果说活动中反思是对当下活动运行状况的即时反馈，那么即使是活动后反思，教师也应在活动结束后，寻找合适的时间尽快启动活动反思的程序。教师对教学活动所作的反思工作，除非有专门的录影资料可以供反复回放外，如果仅凭记忆进行，则建议以不过夜为宜。因为时间的推移会淡化教师活动情境中的深刻体验，及对活动细节的鲜活记忆，过夜后活动反思的质量肯定是要大打折扣的。

案例73：大班美工制作活动"学做小相框"导入环节片段。该导入环节采用谈话方式进行。教师事先在活动室摆放了五张桌子（准备分五个小组进行制作），因而留给集中谈话的空间便显得较为拥挤（幼儿所坐的塑料椅子是紧挨着的）。谈话一开始，教师先出示了三张本班幼儿小时候的照片，让其他小朋友猜一猜照片上的"小宝宝"是谁，以激起幼儿活动的兴趣。紧接着，教师便提出问题："请小朋友说说从小时候到现在，你们发生了哪些变化呢？"然后便逐一请幼儿上来个别回答，说一说自己的变化。

结果从提出这一问题到该问题回答完毕期间（所用时间共 7 分 28 秒），幼儿的秩序显得很乱，大部分幼儿在七嘴八舌地抢着说，没有参与的小部分幼儿，要么在做小动作，要么在与邻座的小伙伴嬉玩着。教师因此不得不停下来整顿幼儿的活动常规达 6 次之多，整个导入环节显得很不流畅，或者说是失败的。

对于该班幼儿在本活动的导入环节出现秩序很乱的现象（据了解该班幼儿平时并不是这样的），在活动后现场研讨中，大家认为个中的可能原因，一是幼儿的座位安排不合理，除了过于拥挤外，也未能很好地保证让每个幼儿都能看到老师，有的幼儿看到的是前面幼儿的后脑勺。二是幼儿对这一话题都非常感兴趣，每个幼儿都很想说，而且都会说，当时幼儿所需要的就是能有机会让他们痛痛快快地说个够，而恰恰此时教师却只允许小部分幼儿上来表达。幼儿合理的需要没办法得到满足，那么，他们自然而然就会想方设法满足自己的需要，"大家都抢着说"，或者自己找乐——"做小动作"等等，也就见怪不怪了。

从某种角度来讲，教师在活动中未能较好地对自己的行为作有效的监控，未能敏锐地分析出幼儿反常行为的背后原因，而只是机械地进行一次又一次效果并不明显的"纪律整顿"（因为她并没有找出问题的症结所在）。如果教师在活动中能够及时反思自己的教学行为，迅速找出问题的症结所在，并采取相应的措施，如，教师当时应该安排这样一个环节——让幼儿自由地跟同伴说一说，以满足幼儿都想说的需要，教师在此基础上再请个别幼儿上来说一说，这一补救式的处理，或许可以在一定程度上避免现场活动的尴尬局面。

三、活动反思的文本形式

1. 教学方案设计说明

教学方案设计说明主要是用于表述教师活动前反思的结果，是教师在活动实施前，对其所设计的教学方案进行反思。即对"为什么要这样做"进行评估性的思考，以保证即将实施的实践是处于一种自觉的状态之中，而不是

"己已昏昏"。

在教学方案设计说明中，一般要包括如下内容：为什么我要开展这一教学活动（选材的理由），活动目标制订的依据是什么，为什么我要采用这些教学方式（比如游戏、区域，主题等），为什么我要采用这些教学形式（集体、小组、个别等），为什么我要采用这些教学方法，为什么我要选用这些教学手段（直观教具、多媒体课件等），为什么活动环节要作这样安排，等等。上述这些内容，在一份教学活动方案设计说明中，并非要求都要面面俱到，而是应有所侧重。

教学方案设计说明，其实就是人们所说的说课稿，但其与教学活动设计意图不同。活动设计意图指的是，教师在设计该活动方案时，想要表达或预期想要达到的某种主观想法或效果。

2. 课堂智慧

课堂智慧，或称为教学智慧，主要是用来表述教师活动中反思的结果，其所展示的是教师在活动实施过程中，如何机智地处理好一些突发性的教学事件，事后对当时自己这一机智有何感想。

课堂智慧的写作要求：要清楚地交代出当时的具体情境；在此情境下，我本来是怎样想的，是想怎样做的；后来我是如何机智地进行处理，效果又是如何；事后我个人对这件事是怎样看的，怎样想的，即这件事对我有何启示或感想。前面的三点写作内容是属于"叙述"的范畴，最后一点写作内容则是属于议论的写法，在议论部分表达一般要求言简意赅，能点题即可。

3. 教后感

教后感，或称为教学后记、课后小结，主要是用来表述教师所组织的教学活动后反思的结果。它既可以是对某教学活动的整个过程作总体性的反思，也可以是对某教学活动中某一环节、某一问题进行局部性的反思。但一般来讲，如果能从一个具体的教学活动片段或细节出发，可能更有利于教师更深入地对教学活动作独到的探索与思考，即能"反思到'点子'上去"，避免因面面俱到以致泛泛而谈。

不管是总体性或是局部性的活动反思，都务必要交代清楚本人所"感"，或所"小结"的内容是什么。这些内容可以是成功的经验，也可以是存在的不足。如果是成功的经验，那么，这一成功的经验是什么？为什么说它是成功的经验？即通过反思，将经验理论化。如果是存在的不足，那么，所存在的不足是什么？为什么会存在这些不足（在寻找这些"不足"时应主要从自身找原因）？应怎样办？

如，有位教师在组织小班数学活动"按颜色分类"中[1]，教师提供了红、蓝、绿三种颜色的雪花片作为学具，但幼儿操作时却出现了意想不到的情况，幼儿要么不能分辨蓝色、绿色，要么就是玩起了游戏，没有达到教师预期的活动效果。在教学后记中，教师作了这样的自我反思："在今天的分类活动中，幼儿操作失败的主要原因有二：第一，学具选择不当，拿平时幼儿结构游戏时的雪花片当学具，幼儿自然而然地会玩起拼插花片的游戏，分散了幼儿的注意力；第二，对本班幼儿的发展水平了解不够，小班上学期大多数幼儿还不能分辨近似色，因此，蓝色与绿色不能同时投放。"从这位教师的教学后记中可以发现，该教师能较好地对自己的教学工作进行及时记录和反思，以记促思，以思促改，这样的活动反思，无疑能较好地发挥其在促进幼儿教师专业发展的功能。

4. 教育随笔

教育随笔，或称教育札记、教育手记，主要是用来记录教师活动后反思的结果。这是针对教育教学中所发生的某一教育事件（本人是这件事的当事人，而不是这件事的"观察者"），在这一事件中，我是如何思与如何行？而在这事件后，我又是以怎么样的态度来审视的？我从这一事件中获得什么样的触动、震撼与启示？

教师在进行教学活动反思时，要有大胆暴露自己不足的勇气。可以这样说，暴露得越多，反映了教师的活动反思态度越端正，反思的力度越深刻。

---

[1] 虞永平，张辉娟，钱雨，蔡红梅著：《幼儿园课程评价》，江苏教育出版社，2006年版，第216页

但是，在现实中通常遇到的却是，教师粉饰自己的过失，不愿意也不大敢暴露自己的不足，把"我"隐藏起来，而对一些无关紧要的事情作不痛不痒的反思。这样的活动反思显然与开展活动反思的本意是相背道而驰的，失去了开展活动反思工作的意义所在。

教育随笔是一种较灵活的文体形式，它可以用来表达作者对某一教育事件的各种思索。但思索并不等于反思，反思指的是教师以自己的职业活动为思考对象，对自己在职业活动中所做出的行为以及由此产生的结果，进行审视和分析的过程。在一份优秀的教学活动反思材料中，应让人们能够清楚地看到两个"我"，对"同一事件"的"对话、检讨"。"事件中的我"和"事件后的我"，"当时的我"和"现在的我"，"作为被观察者的我"和"作为观察者的我"等等。因此，可以这样说，教育随笔这一文体形式可以用来表达教学活动反思的结果，但并不是所有的教育随笔都是属于教育反思的结果。

案例74[①]：在区域活动时，夏成章第一个蹦到了积塑区的地毯上，"哗，哗"两下就把玩具柜上的积塑全都弄到了地上，招来小朋友一片抗议声。

夏成章是出了名的"淘气包"，全园上下没有不知道他的。我走到了积塑区，坐在他身边说："老师知道，你特别喜欢玩积塑，但是不能像刚才那样，把积塑摔在地上，明白吗？"看他使劲儿地点了点头，我就对大家说："小朋友们，我们一起搭个动物园好吗？"孩子们兴致很高地玩了起来，只有夏成章不怎么感兴趣，他独自一个人在角落里忙活着……

一会儿的工夫，经过孩子的小手拼插，漂亮的动物园和小动物们陆续"诞生"了。我们正忙着把小动物们分门别类地摆好时，夏成章嘴里喊着："炸弹来了！轰轰！"手里拿着他刚刚插好的大炮，在我们的动物园上空"盘旋"。"你干什么呀！""你真讨厌，这是我们刚插好的，都给你弄坏了。"孩子们气愤地说着。可夏成章好像根本没有听见一样，继续往动物园发射"炮弹"。我终于忍耐不住了："夏成章，你过来！"他满脸疑惑到看着我，一动不

[①] 吴晓燕主编：《走进童心世界：幼儿教师优秀教育笔记集萃》，北京师范大学出版社，2000年版，第168页

动。我更生气了:"我叫你,你听见没有,快点儿过来!"他低着头,慢慢地走了过来,胆怯地看着我:"老师,怎么了?""怎么了,你看看,小朋友刚插好的,可你呢,不但不插,还瞎捣乱。""我没捣乱,"他有些激动,"我是用炸弹保护动物们。您不是说有些人乱杀动物,世界上的动物越来越少了吗?我是想,万一有人来杀你们的动物,我就用炸弹炸跑他们。"他边说边哭,眼泪顺着他红扑扑的脸庞滴落下来。我知道,这眼泪包含了孩子的委屈、不被理解的伤心,我感到深深的自责,在没有了解孩子为什么要这样做的情况下,就主观地认为孩子是存心在捣乱。我用手搂住他,想弥补一下我对他情感的伤害:"对不起,老师没搞清楚你是怎样想的,就对你发脾气,你能原谅我吗?"他看了看我,没有言语。"这样吧,我们请你当动物园的'守护神',专门保护这些动物,好吗?"他听了,高兴地跳了起来:"谢谢老师!"说完,还冲着我敬了一个军礼。

很久以后,这件事仍让我记忆犹新。在工作中,我们经常会遇到这样、那样的"淘气包""捣乱分子",他们常常给老师出一些难题,如从滑梯上倒着滑下来,把鱼从鱼缸里捞出来等。这时,我们总是埋怨,这样的孩子不好管,却没能总结一下自己,是不是没有站在孩子的角度想问题,是不是没有耐心地听一听他们的道理。其实,淘气行为的背后,常常是孩子好奇心强,喜欢探索。如果我们成人只是凭自己的主观想象对孩子的"淘气"行为进行批评,一次,两次,终有一天,我们将伤害到孩子那颗稚嫩而美好的心灵,打击孩子探索的积极性,压抑孩子求知的兴趣。所以,走进童心世界,意味着要走进每一个孩子的内心世界,尊重、理解孩子,特别是对那些"淘气"的孩子。

这是一篇反思性的教育随笔,在文中可以清楚地让人们看到两个"我":"事件中的我"和"事件后的我"。其中,"事件中的我"又包括"事件中的对该幼儿行为误解的我"和"了解幼儿行为缘由后的我","事件发生中当时的我"和"事件反思中现在的我"。从本案例中可以清楚地看到围绕同一事件中的两个"我"之间的自我对话,这种对话过程是对经验的审视、检讨与提升的过程。能做这样的教学活动反思，就意味着该教师对该事件及其背后进行了一番"思想的洗涤"。相信能对事件做出这样清晰的反思的教师，以后再遇到类似的情境、类似"淘气"的孩子的行为处理，也会如反思中所说的那样——多站在孩子的角度想问题，多耐一点心听一听他们的道理，而不是凭自己的主观想象和思维定势来简单处理。

5. 教育案例

案例是包含有问题或疑难情境在内的真实发生的典型性事件。这一典型事件发生在教育领域，就称为教育案例。教育案例，简言之，就是一个教育情境的故事。而当人们在叙述一个故事的同时，往往还会发表一些自己对该故事的想法与看法（点评），因而可以这样说，优秀的教育案例，其实就是一个生动的教育故事加上精彩的点评。

教育案例作为一种教育写作文体，与教育论文、教学实录是有区别的。教育论文是以说理为目的，以议论为主；教育案例则以记录为目的，以记叙为主，兼有议论和说明。也即，教育案例是讲一则教育故事，并通过教育故事来说明道理。教育案例与教学实录都是对教育情境的描述，但教学实录是有闻必录，而教育案例则是有所选择，是根据事先确定的主题来选择能够反映主题的一些细节。

教育案例的撰写应紧扣其五大结构要素来展开，即背景、主题、细节、结果和评析。教育案例中的背景，指的是在案例中要向读者交代故事发生的有关情况，如时间、地点、人物、事情的起因等。背景介绍并不需要面面俱到，重要的是要说明故事的发生是否有什么特别的原因或条件。主题则是案例中所要反映的问题，比如是要说明如何发挥幼儿的主体性，还是说要如何丰富幼儿的游戏情节等。

有了主题，写作时就不会有闻必录，而是要对原始材料进行必要的筛选，有针对性地向读者交代特定的内容。对特定内容的叙写就是案例中的细节。比如，所介绍的是教师如何根据幼儿的兴趣，帮助幼儿生成游戏活动的主题，那就要将游戏活动的主题是如何出现的，教师又是如何加以引导、提升的等相关内容叙写清楚。

教育案例不仅要说明教育教学活动的思路，描述活动的过程，还要交代活动的结果——某种教育教学措施的即时效果，包括幼儿的反应和教师的感受等。对于教育案例所反映的主题和内容，包括教育教学的指导思想、过程、结果，以及利弊得失，作者都要有一定的看法和分析。评析是在记叙基础上的议论，通过评析以进一步揭示教育案例的意义和价值。评析不一定是理论阐述，也可以是就事论事，有感而发。

教育案例的具体编写，可以是观察者通过观察、记录下来的真实的教育故事，再加上观察者的评析，即"实例＋评析"；也可以是执教者写自己的教育故事，并加上自己的点评。后者的这种教育案例是记录活动反思结果的文本化形式。

教育随笔与教育案例有相似之处，如，都有"叙"（讲述真实的故事）和"议"（因"事"有感而发）的部分。但教育随笔与教育案例也是有区别的：教育随笔议论的成分会多一点，而教育案例的记叙则会多一点；教育随笔所展示的不一定是一个完整的故事，有时也可以是一个很小篇幅的故事的情境片段，而教育案例所展示则必须是一个完整的故事。

第四节　活动跟进策略

一、活动跟进的含义与意义

教师的教育观念要改变，教学行为要改进，那么，教师就需要以活动跟进的方式，将基于活动反思的结果积极地运用于自己的教育教学实践中去，运用于后续相关活动的设计与实施中，通过实践来验证或内化活动反思的结果，完成从"思"到"行"的转变，从"知"到"智"的转化。

在教学后反馈的策略中提出了活动跟进策略，旨在纠正当前在教师教学观念与行为的改进上，只关注反思而忽略后续相应的有目的的教育行动，使得教师基于某活动的自我教学反思，或同伴的横向互助，甚至是专家的纵向引领的有关观点，仅停留在思考或听讲的层面上。教师是反思型的实践者，教育实践是教师检验教育观念、探索教育行为的试验田，更是教师专业成长的必由之路。只有活动反思而缺乏活动跟进，对教师而言，就意味着失去了再次验证和内化有关观念与做法，或再次发现该活动可能存在更深层次的问题的机会。

根据开展活动跟进的人员参与情况，可以将活动跟进类型分为单干型和合作型。前者指的是教师依靠个人的活动跟进方式，自觉地验证自我反思的结果，或将他人互助的观点付诸实践检验，并借此不断地推进教学活动的深入研究。后者是教师的活动跟进有他人的帮助，是在他人协助下完成的教学行为改进工作。此情形类似于幼儿园借鉴课例研究的做法而开展的"磨课"活动，即由两个以上的教师组成一个小组，基于对有效教学理念的追求，以现场教学活动为载体而进行的一种教学行动研究。

合作型活动跟进的基本操作过程：确定教学活动内容；进行旨在如何使活动组织与实施更能促进幼儿学习的集体备课工作；由一位教师授课，小组的其他老师现场观察记录并录像，以便事后分析；评课和反思，听取其他同事的意见和建议；根据自我反思与同事评课的观点修改活动方案；用修改后的新活动方案在另一个班授课，上次听课的教师依然参加现场活动的观摩；进一步的评价、反思以及修改活动方案，再次付诸实践。依此程序循环，直至共同认为活动效果达到预定目标，并在更大范围开放观摩与分享为止。

二、活动跟进的基本要求

1. 自觉性

不管是何种类型的活动跟进，教师的自觉性都是影响活动跟进质量不可忽视的重要因素。相比较而言，单干型的活动跟进需要教师具备较高的专业自觉性水平，是教师基于专业发展的内在需求，在自己的教育实践中通过活动跟进方式，不断地提高专业认识，改进教学行为，增强教学机智。

2. 目的性

处于不同专业发展阶段的教师，在现场教学活动中，乃至专业发展领域中，所关注的内容的侧重点也不尽相同。因而，教师在开展活动反思与行动跟进工作中，就要根据实际情况，拟订相应的目标进行有目的、有计划、有针对性的教育行动。

如，新手型教师活动反思与跟进的主要目标，就是依据现场活动效果来研判活动方案设计的适用性，活动跟进的重点是活动内容分析的深度与全面性、活动目标制订的可行与适宜性、活动环节设计的条理与逻辑性、活动方法采用的丰富与多样性等。熟手型教师活动跟进的侧重点，主要是活动现场的教学应变与生成能力，而能手型教师所关注的则是个人教学风格的形成问题。

三、活动跟进的基本方法

1. 情境再现法

这里的情境再现法，包括录像与录音的再现，指的是教师借助现代教育技术，将教学活动的情境原影、原音录制下来，以供事后回放，再现教学活动中教师的教学行为，并对之进行准确反思与检讨，以利于教师基于活动反思后的活动跟进，以及对跟进效果进行反馈与调整。情境再现法涉及的是教师对活动跟进策略中具体手段运用问题。

情境再现法可以运用于单干型，也可以运用于合作型活动跟进。运用于单干型活动跟进，通常是教师有目的地对自己的教学活动进行录像或录音，然后再通过回放再现的方式，不断回味与反思自己的教学行为。特别是对于一些别人已经指出的不适宜的教学行为，可能因为已是属于惯习行为而无法察觉，则可以采用此方式进行验证，以利于及时改进。事实表明，情境再现法对纠正教师不佳的教态、多余口头禅等不适宜教学行为有很大帮助，很多教师看完自己的教学活动录像后，对自己下意识的动作（比如过多的走动、不必要的手势动作）和口头禅感到颇为惊讶。

而运用于合作型活动跟进，则可以在集体研讨时撷取有争议性或典型性的活动片段进行回放重温。可能是受大脑记忆"趋利避害"的影响，一般当事人对活动过程中事件的记忆带有一定的选择性，他们通常记住正面事件远远多于负面事件。因而，在教学观摩研讨时，通常会出现这样的情形：在面对同事就某一不适宜教学行为的质疑时，当事人往往会对被指出的教学行为的真实性进行辩解。此时，选取有争议性的活动片段进行回放再现就显得格外有意义，可以大大加深当事人的印象与感受。而典型性的活动片段回放，所回放的通常是本活动中最具有研讨价值的活动片段，通过回放再现活动情境，以更好地集中大家研讨的视角，对其中所蕴涵的潜在研讨资源进行充分解读，以帮助教师明确活动跟进的思路，提高改进活动的信心与愿望。

情境再现法，由于具有原影、原音重现的真实性，以及反复回放的重复性等优点，在教师活动跟进工作中起着重要的作用，既是教师活动跟进的基点，也是教师活动跟进效果检查的载体。

2. 课例研修法

课例研修，即"磨课"，应该说是教师活动跟进最主要的形式。课例研修是教师基于对有效教学理念的追求，以真实课堂教学为载体，以行动研究为基本程序而开展的在岗专业进修活动，是幼儿教师提升专业教学水平的有效途径与方式。课例研修法更适用于合作型的活动跟进。

课例研修法操作的基本过程：（1）确定教学内容。可以是参与者共同商议，也可以是由个人确定，再征询大家的意见和建议。（2）设计活动方案。可以是由一位教师先设计活动方案，并由该教师口头说课后，大家发表意见和看法，再对方案进行完善。（3）现场教学观摩。小组的其他老师观察并录像，以便事后分析。（4）集体教学研讨。执教教师先做自我反思，同伴或专家就活动情况进行集中研讨。（5）修订活动方案，再次现场教学观摩与研讨。以此程序循环，直至达到预期的活动效果。（6）活动效果汇报。

课例研修法的基本方式，按课例研修小组的构成方式划分，可以是以任教领域为单位，也可以是以研究内容为单位。比如，都是研究"教师有效教学策略"这一内容的，教师既可以是来自同一年段，也可以是跨年段的；所组成的小组既可以是水平相当之切磋型的，也可以是新老搭配之帮扶型的。根据课例研修的运作方式来分，则主要有"多人上一课"和"一课多人上"。

"多人上一课"指的是，研究小组的几个教师连续上同一活动内容，但教学行为却不断地改进。其主要的操作过程是：

（1）研究小组共同备课。可以先商定好教学内容，确定好活动目标，然后由执教者根据商定好的教学内容拟订活动计划。

（2）研究小组共同研讨执教者所拟订的活动计划。执教者要详细报告活动计划的思路与理由，参与者提出具体的意见与建议，执教者再进行修改。有时也可以通过搜集全国各地幼儿园的课例（教学活动光盘），组织教师们观看并进行相应的讨论：该教师的教学体现了什么教学理念？有何特点？存在什么不足？如何加以"园本化"或有何更好的设计思路？集中研讨结束后请个别教师综合大家的意见，再对该课例进行重新设计。

（3）由执教者组织活动，其他教师到现场观课。

（4）课后组织教师集中研讨，再次修正活动计划。

（5）用修正后的活动计划再次付诸实践去实施。可以是由另一个教师（或同一个教师，如果是同一个教师多次执教，那就是属于"一人多次上"形式），在另一个班级实施，其他教师现场观摩。

（6）小组会谈。再次讨论观课的情形，视具体情况决定该活动内容教学循环的次数。

（7）分享结果。可以采用录像重温的方式（全程播放或选择播放有意义的教学活动片断），也可以采用现场教学的方式，把课例研修过程报告给本园教师分享。

"多人上一课"（或"一人多次上"），围绕一个活动内容进行系列实践和反思活动，集多个视角来看待同一个问题，有助于参研的教师，特别是执教教师对某一问题获得较深入或多角度的认识，引导教师不断反思和改进教学实践，提升实践智慧和专业化水平。

"一课多人上"指的是，同一活动内容，由研究小组里不同的教师来上。其主要操作过程是：

（1）共同选定一个教学内容，由研究小组两三位自愿的参与者各自独立设计活动计划。

（2）在一个相对集中的时间单位，让各参与者同台献艺，小组成员共同观课。

（3）课后集中会谈，修正计划。可以是在综合各个计划的基础上整合为一份计划，也可以是各个计划分别再次修正。

（4）由另一个教师（或同一个教师），在另一个班级实施，其他教师观摩。余下环节同"多人上一课"。

"一课多人上"，更能直观地展示出不同教师在处理问题及其执教风格的个性化差异，有助于大家在比较中相互学习、扬长避短、共同提高。

就这两种形式而言，"一课多人上"这一方式在教师选择上宜水平相当，通过让她们同台献艺，让大家直观地感受到彼此各有千秋、异彩纷呈，而并不是要让她们比个高低。如果同台献艺的教师明显存在水平的差异，则有可能会给水平较弱的教师造成不必要的心理负担，而影响课例研修运行的质量。因而，宜先采用"多人上一课"这一形式，等积累了一定的经验后，再尝试"一课多人上"。

不管采用何种方式，在推行课例研修的过程中，务必要注意以下的问题：

（1）应努力将研讨建立在先进的教育理念上。不管是执教者的反思、还是同伴的互助，都应努力运用一定的理论来看待实践的问题，要克服过去过分依赖经验的做法，简单地从经验到经验。这要求参研的教师应有意识地培养良好的研讨习惯，既要指出问题的所在，又要说出问题的原因，提出解决问题的办法，以及这些办法的依据是什么，或者是抛出自己感到困惑的问题以供大家讨论，尽可能将蕴涵在具体情境中的缄默知识，通过集体的研讨转化为公共的外显知识，让有用的缄默知识得以获得更大的传播。

（2）每个人都要明确在活动中的具体任务，要积极而主动地分担起参研者的责任。特别是对于观课的教师，过去我们比较不重视观课者课堂观察习惯与技能的培养，导致观课者的观察过于随意，而教师课堂观察的水平势必会影响到其后研讨的质量。笔者认为，借鉴课例研修的做法，可以将观课者分成两大组，一组负责观察教师"教"的行为，另一组则观察幼儿"学"的情况，并且要求每组在观察前要做好事前的各项准备，比如要商定好观察的内容、观察的方法，及具体的分工。

（3）应努力做到精研。要保证有充分的时间在"研"上做工夫，努力将有限的课例研深、研透，防止走过场。一个完整的课例研修所需要的时间一般为 10—15 小时（3 周内）。

（4）参研教师应做好个人研讨记录。除执教者要做好方案的说明、课后反思，观课教师要做好听课记录外，每个参与者都要尽可能将自己的发言形成文字，而且要及时记录研讨现场中个人认为有价值的同伴发言（也可以课后补记），应努力克服发言的随意性，养成将研讨情况及时记下来的好习惯。

（5）一个课例结束后，每个人都应及时地以一定方式梳理自己的思路，包括自己从这一课例研修中获得了什么，或是尚有困惑是什么，以使自己能在不断的反思中获得持续的成长。

参考文献

著作类

[1] 王升主编：《教学策略与教学艺术》，北京：高等教育出版社，2007年版

[2] 周军著：《教学策略》，北京：教育科学出版社，2003年版

[3] 虞永平著：《生活化的幼儿园课程》，北京：高等教育出版社，2010年版

[4] 王春燕主编：《幼儿园课程概论》，北京：高等教育出版社，2007年版

[5] 王建军著：《课程变革与教师专业发展》，成都：四川教育出版社，2004年版

[6] 肖川著：《教育的智慧与真情》，长沙：岳麓书社，2005年版

[7] 袁爱玲，何秀英著：《幼儿园教育活动指导策略》，北京：北京师范大学出版社，2007年版

[8] 刘云艳主编：《幼儿园教学艺术》，重庆：西南师范大学出版社，2007年第3版

[9] 刘占兰，廖贻主编：《聚焦幼儿园教育教学：反思与评价》，北京：北京师范大学出版社，2007年版

[10] 王春燕主编：《给幼儿园教师的101条建议：幼儿园课程》，南京：南京师范大学出版社，2009年版

[11] 陈晓芳主编：《幼儿园教育活动设计策略及案例评析》，北京：北京

师范大学出版社，2007年版

　　[12] 刘徽著：《教学机智论》，上海：华东师范大学出版社，2008年版

　　[13] 李培美著：《怎样发展幼儿的思维》，北京：北京教育出版社，1993年版

　　[14] 中国学前教育研究会编：《坚定立场　关注细节　提升经验》，北京：明天出版社，2010年版

　　[15] 朱慧纺，施建萍主编：《展现群言堂的精彩——幼儿园集体学习活动中师幼互动的魅力》，上海：上海教育出版社，2011年版

　　[16] 虞永平著：《学前课程与幸福童年》，北京：教育科学出版社，2012年版

　　[17] 王月媛著：《幼儿的科学启蒙教育》，北京：北京教育出版社，1992年版

　　[18] 王秋海编著：《新课标理念下数学课堂教学技能》，上海：华东师范大学出版社，2004年版

　　[19] 陈迁主编：《幼儿园教育的50个细节》，福州：福建教育出版社，2011年版

　　[20] 黄娟娟主编：《优秀幼儿教师教育行为研究》，上海：上海教育出版社，2002年版

　　[21] 李慰宜，林建华著：《幼儿园绘画教学手册》，上海：华东师范大学出版社，2009年版

　　[22] 冯晓霞主编：《幼儿园课程》，北京：北京师范大学出版社，2000年版

　　[23] 丽莲·凯兹著：《与幼儿教师对话——迈向专业成长之路》，南京：南京师范大学出版社，2004年版

　　[24] 亨德里克著：《学习瑞吉欧方法的第一步》，北京：北京师范大学出版社，2002年版

　　[25] 北京大学心理学系编：《当代西方心理学述评》，沈阳：辽宁人民出

版社，1991 年版

[26] 蔡伟忠著：《幼儿园教师实用手册》，北京：农村读物出版社，2010 年版

[27] 吴晓燕主编：《走进童心世界：幼儿教师优秀教育笔记集萃》，北京：北京师范大学出版社，2000 年版

[28] 吴振东著：《幼儿教师学习与专业发展》，合肥：安徽少年儿童出版社，2010 年版

[29] 臧莹卓编著：《婴幼儿学习环境——理论与实务》，新北：群英出版社，2012 年版

[30] 袁宗金著：《回归与拯救——儿童提问与早期教育》，北京：高等教育出版社，2008 年版

[31] 叶俊萍主编：《幼儿园课程资源建设新思路——"宝宝博物馆"建设的理念与实践》，福州：福建人民出版社，2016 年版

期刊类

[1] 蔡淑兰：《论教学策略的特征》，载《内蒙古教育学院学报》，2000 年第 4 期（增）

[2] 黄高庆，申继亮，辛涛：《关于教学策略的思考》，载《教育研究》，1998 年第 11 期

[3] 高慎英：《论教学策略的实质、生成与建构》，载《教育理论与实践》，2000 年第 7 期

[4] 韦义平：《教学策略的三维研究视角》，载《教师教育研究》，2006 年第 1 期

[5] 胥兴春，张大均：《教学策略的结构体系及其运行机制探析》，载《教育导刊》，2006 年第 5 期

[6] 胥兴春：《教学策略训练：中小学教师培训的新思路》，载《天津市

教科院学报》，2011 年第 2 期

　　[7] 田良臣，刘电芝：《教学策略：沟通教学观念与教学行为的中介桥梁——兼论新课程方案的实施》，载《贵州师范大学学报（社会科学版）》，2003 年第 4 期

　　[8] 蔡淑兰：《论教学策略研究的现状与意义》，载《内蒙古师大学报（哲学社会科学版）》，1998 年第 4 期

　　[9] 陈松林：《幼儿园教育活动的导入方式》，载《幼儿教育》，1998 年第 1 期

　　[10] 谈亦文：《音乐教学活动中的障碍及消解策略》，载《幼儿教育（教师版）》，2006 年第 2 期

　　[11] 吴文艳：《对幼儿园教学难点突破的思考》，载《早期教育（教师版）》，2008 年第 12 期

　　[12] 徐玲芳：《幼儿园音乐欣赏活动教学策略探微》，载《早期教育（教师版）》，2011 年第 10 期

　　[13] 邵维琴：《幼儿园音乐教学的有效策略探索》，载《新课程研究》，2012 年第 12 期

　　[14] 吕耀坚：《教师提问时应注意的几个问题》，载《早期教育（教师版）》，2006 年第 7 期

　　[15] 严寒晖：《开放性提问让故事教学活起来》，载《新课程研究》，2012 年第 3 期

　　[16] 姚玲英：《有效提问，激活课堂》，载《教育科研论坛》，2008 年第 10 期

　　[17] 毕艳杰：《关于教师有效提问的几点思考》，载《幼教新视野》，2010 年第 3 期

　　[18] 胡剑红：《支架幼儿语言学习的教学策略》，载《学前教育研究》，2010 年第 1 期

　　[19] 李建君：《以适当的方式应答》，载《幼儿教育（教师版）》，2006 年

第 11 期

[20] 陆琴芬：《让"假"走开》，载《幼儿教育（教育教学版）》，2011 年第 1—2 期

[21] 张亚军：《公开课上的"意外"》，载《教育导刊（下半月）》，2011 年第 10 期

[22] 吴鸽英：《教师语言运用失当的几种现象》，载《早期教育（教师版）》，2008 年第 8 期

[23] 吴采红：《幼儿园有效教学略谈》，载《教育导刊（幼儿教育版）》，2007 年第 3 期

[24] 曹莉，赵淑英：《试析幼儿教师倾听的价值》，载《衡水学院学报》，2009 年第 3 期

[25] 曹莉：《倾听：教师设计活动的起点——从一则教育活动案例说起》，载《现代中小学教育》，2010 年第 8 期

[26] 王琦：《论教师教学中的"倾听"》，载《当代教育论坛（综合研究）》，2010 年第 8 期

[27] 田良臣，刘电芝：《试论教师倾听的类型与技巧》，载《现代中小学教育》，2000 年第 5 期

[28] 闫瑞利：《倾听，教育的智慧》，载《教育科学论坛》，2010 年第 6 期

[29] 张姝：《教育中的倾听艺术》，载《达县师范高等专科学校学报》，2006 年第 3 期

[30] 徐新星，李月红：《教师失聪现象归因及对策》，载《现代中小学教育》，2006 年第 7 期

[31] 张光陆：《教师倾听的意义与策略》，载《江苏教育研究》，2009 年第 3 期

[32] 吴雪芳：《师幼互动中教师支持性语言的运用》，载《早期教育（教师版）》，2006 年第 11 期

[33] 吕文娜：《用问题打开幼儿探索的大门》，载《中国教师》，2009 年第 7 期

[34] 张虹：《绘本阅读中教师有效反馈的策略》，载《早期教育（教师版）》，2011 年第 3 期

[35] 王萍：《教育现象学视阈中的教育机智》，载《教育科学研究》，2012 年第 4 期

[36] 周金玉：《集体教学活动中教师的口语回应》，载《幼儿教育（教育教学版）》，2009 年第 7—8 期

[37] 陈睿祎：《集体教学活动中的有效提问》，载《上海托幼（A 版）》，2011 年第 2 期

[38] 崔岚：《明晰互动内容，把准互动时机——对幼儿园语言互动中师幼互动的认识与思考》，载《上海托幼（A 版）》，2011 年第 5 期

[39] 黄兢：《师幼互动过程中教师的引导策略》，载《山东教育（幼教版）》，2004 年 3 期

[40] 朱雪：《集体活动中的巧妙调整》，载《学前教育（幼教版）》，2006 年第 6 期

[41] 吕燕：《如何捕捉幼儿的兴趣点》，载《教育导刊（幼儿教育版）》，2004 年第 Z1 期

[42] 孙丽艳：《在音乐活动中从幼儿的行为谈教师的指导》，载《学周刊》，2012 年第 11 期

[43] 沈洁：《幼儿园集体活动中教师的回应策略》，载《新课程研究》，2012 年第 3 期

[44] 王海英，蔡红梅：《教育活动中的情绪调控策略初探》，载《山东教育（幼教版）》，2003 年第 11 期

[45] 彭俊英：《幼儿园教育活动评价示例》，载《山东教育（幼教版）》，2005 年第 3 期

[46] 陈小香：《幼儿美术教学活动评价的新思考》，载《学前课程研究》，

2009 年第 9 期

[47] 虞永平：《幼儿园教学活动的评价》，载《早期教育（教师版）》，2005 年第 3 期

[48] 罗静，彭云：《浅谈活动延伸》，载《早期教育（教师版）》，2001 年第 5 期

[49] 董旭花：《延伸活动往哪延伸》，载《幼儿教育（教育教学版）》，2006 年第 4 期

[50] 李春光，于开莲，孟昱：《幼儿园绘本教学中的若干问题》，载《学前教育》，2013 年第 7－8 期

[51] 张肇丰：《谈教育案例》，载《中国教育学刊》，2002 年第 4 期

[52] 茅芳琴：《如何增强主题活动的渗透性》，载《河南教育（幼教版）》，2013 年第 10 期

[53] 许瑶娟：《提高教学情景创设实效性的三个关键》，载《幼教园地》，2013 年第 10 期

[54] 吴振东：《浅谈幼儿园教育活动结束方式的设计与运用》，载《学前教育研究》，2001 年第 3 期

[55] 吴振东：《课例研究：值得推广的一种园本教研形式》，载《教育导刊（幼儿教育版）》，2006 年第 7 期

[56] 吴振东：《在教育情景中，探析教师的教育观念与行为》，载《学前教育研究》，2004 年第 7－8 期

[57] 范玲：《渗透式领域课程中的幼儿园语言教育》，载《当代教育论坛》，2011 年第 4 期

[58] 孙丽华，胡艳红：《幼儿园渗透式社会领域教育的实施》，载《辽宁师范大学学报（社会科学版）》，2015 年 6 期

[59] 王海霞：《中班科学区域活动"让蛋宝宝站起来"案例分析》，载《福建教育（学前）》，2015 年第 5 期

[60] 金红芳：《提升体育教学活动即时评价的有效性》，载《早期教育

（教师版）》，2014年第6期

[61] 孙琴干，李冬：《基于学习故事的幼儿园微课程开发》，载《福建教育（学前）》，2018年第6期

学位论文类

[1] 陈亮华：《幼儿园绘画教育活动中教师言语评价行为的研究——以长沙市A幼儿园为例》[硕士学位论文]，湖南师范大学，2012年

[2] 司秀月：《专家型与新手型幼儿教师日常教学评价行为的比较》[硕士学位论文]，广州大学，2012年

[3] 李雪：《私立幼儿园集体教学中教师口头言语评价行为研究——以长春市2所私立幼儿园为例》[硕士学位论文]，东北师范大学，2012年

[4] 刘彤：《幼儿园科学探究活动教师指导语运用策略研究》[硕士学位论文]，西北师范大学，2009年

[5] 罗瑶：《〈幼儿园渗透式领域课程〉研究》[硕士学位论文]．湖南师范大学，2008年

案例索引

案例1：体育活动"练习投掷沙包" (29)

案例2：美术活动"可爱的毛毛虫" (32)

案例3：数学活动"时装超市" (33)

案例4：语言活动"猜猜我有多爱你" (35)

案例5：数学活动"认识时钟" (43)

案例6：数学活动"学习6的组成" (48)

案例7：语言活动"兔子搬家" (49)

案例8：数学活动"有趣的盒子" (50)

案例9：语言活动"龟兔第二次赛跑" (53)

案例10：语言活动"我喜欢我自己" (54)

案例11：社会活动"感受什么是合适的" (55)

案例12：谈话活动"各种各样的帽子" (57)

案例13：数学活动"哪条路更长？" (64)

案例14：语言活动"仿编儿歌" (65)

案例15：健康活动"爱护牙齿" (67)

案例16：数学活动"比比谁最多" (71)

案例17：数学活动"有趣的数字" (72)

案例18：语言活动"秋天的树叶" (73)

案例19：语言活动"有趣的落叶" (76)

案例20：科学活动"不会掉的纸片" (78)

案例索引

案例 21：语言活动"线条变变变" (80)

案例 22：科学活动"筛子的秘密" (83)

案例 23：社会活动"我爱家乡" (86)

案例 24：结构游戏"拼插乌龟车" (87)

案例 25：科学活动"站起来" (96)

案例 26：语言活动"过生日" (97)

案例 27：民间游戏"打香烟壳" (97)

案例 28：区域活动"搭宝塔" (98)

案例 29：民间游戏"斗鸡" (99)

案例 30：科学活动"我也能站稳" (110)

案例 31：结构游戏"拼插交通工具" (112)

案例 32：角色游戏"肯德基" (113)

案例 33：角色游戏"玩具店" (114)

案例 34：角色游戏"小吃店" (115)

案例 35：区域活动"绘画" (121)

案例 36：科学活动"哪里在动？" (124)

案例 37：角色游戏"开商店" (127)

案例 38：语言活动"雪花" (129)

案例 39：数学活动"学编应用题" (134)

案例 40：语言活动"搬过来，搬过去" (135)

案例 41：语言活动"城里来了大恐龙" (136)

案例 42：区域活动"分享阅读" (137)

案例 43：数学活动"分蛋糕" (139)

案例 44：语言活动"下雨了" (140)

案例 45：美术活动"美丽的秋天" (141)

案例 46：社会活动"说说我的优点" (143)

案例 47：体育活动"老狼老狼几点了" (145)

案例 48：语言活动"照镜子" (146)

案例 49：语言活动"春天景色" (147)

案例 50：数学活动"量身高" (151)

案例 51：综合活动"装修房子" (153)

案例 52：健康活动"食物的旅行" (156)

案例 53：体育活动"花样玩球" (160)

案例 54：区域活动"自编自讲故事会" (162)

案例 55：体育活动"滚瓶子跑" (163)

案例 56：语言活动"救救小兔子" (164)

案例 57：区域活动"折纸枪" (167)

案例 58：音乐活动"啧啧声中的节奏" (169)

案例 59：音乐活动"小乌鸦爱妈妈" (171)

案例 60：语言活动"金色的房子" (172)

案例 61：社会活动"我会过马路" (173)

案例 62：区域活动"照镜子" (175)

案例 63：语言活动"小青虫的梦" (177)

案例 64：科学活动"吹泡泡" (183)

案例 65：语言活动"洪塞克和他的朋友" (185)

案例 66：艺术活动"变脸" (194)

案例 67：美术活动"海底世界" (196)

案例 68：美术活动"美丽的线条" (197)

案例 69：科学活动"好吃的水果" (198)

案例 70：体育活动"练习扔球" (199)

案例 71：语言活动"老虎拔牙" (200)

案例 72：美术活动"撕纸" (201)

案例 73：美工活动"学做小相框" (210)

案例 74：教育随笔"善解童心" (214)

后　记

继 2010 年 2 月向出版社递交了个人第一部专著《幼儿教师学习与专业发展》的书稿后（该专著于同年 12 月正式出版），本想将研究的目光转到幼儿教师职前培养研究的议题上来，后因各种缘故选择了放弃，并决定重操旧业继续关注幼儿教师职后专业发展问题。此时忍不住想起了十余年来曾时断时续地下园指导幼儿园教研工作，直接参与幼儿园老师的日常教研观摩活动，并担负起专业引领的责任，觉得很有必要将这些立足于活动现场的教学观摩点评的观点、经验进行比较系统的整理与提炼，为有志于自我专业发展的幼儿园老师提供一些借鉴与参考，同时也为我所熟悉的幼儿园老师，更为曾与我合作的幼儿园老师的专业发展做点微薄的贡献吧。此念头大概是萌生于 2011 年 3 月，但真正将想法转为实际行动，还得归功于福建教育出版社林云鹏编辑的一次电话联系。林编辑在电话中问我能否为幼儿园老师写一本适宜她们阅读的专业书籍，我当时就将我头脑中的一些初步构想直接告诉了林编辑。在林编辑的鼓励与催促之下，便开始着手本书的目录架构，整理之前下园的听课笔记，查阅文献并收集所需的资料等。

书稿动笔伊始，本以为这属于通俗类专业论著，应该会比先前所做的那一本偏学术类的专著来得容易操作，但待到实际开笔阐述时才觉得并不尽然。写给幼儿园老师阅读的专业论著，不仅要对幼儿教师的专业行走方式有比较深入的了解，更主要的是自身还必须对幼儿园教育教学实践具有比较丰富的亲身体验。而且在行文风格上，既要考虑尽量通俗便于阅读，又要不失学术视角利于专业思索，想在字里行间中表达出看似简单的事实其实又蕴涵不简单的事理，还真是需要琢磨一番工夫。于是思前顾后，最后还是选取了本人在十年前所倡导的围绕主题、采用"案例描述＋专业分析"这一特殊文体形式来展开具体的阐述工作。"案例描述"所展示的教育情境有助于唤醒幼儿教师阅读时的职场在场感，而"专业分析"则有助于培养幼儿教师以一种"陌生的返乡人"来审视自己所熟悉的专业活动情境，并利于她们对情境中所蕴涵的教学策略的理解、掌握与迁移。本书共收集并展现了69个案例（其中有30个案例是本人现场观摩收集的），比较完整地例证了幼儿教师教学的基本策略。

本书能得以顺利完成，还得归功于2013年2—7月有幸到华南师大进行访学，访学期间使得本人有机会潜心于书稿的写作工作。在访学期间有幸得到导师袁爱玲教授和张博博士高屋建瓴般的专业点拨，袁教授了解了本书的写作进程，欣然应允为本书作序，并同意将本书纳入她主编的丛书之中，感激之情难以言表。本书能得以顺利出版，还要感谢曾经合作过的园长、老师，感谢领导、同事、好友的鼓励，感谢家人的理解与支持，更要特别感谢泉州市委组织部所提供的专项经费资助（本书获"2013年度泉州市优秀人才培养专项资助经费项目"［B类：专著出版资助，项目编号：13B07］），同时也要向本书中所引用的同行的案例及相关学术观点致以深切谢意。

囿于本人学识水平所限，书中纰漏之处在所难免，敬请同行专家与读者不吝指正。

吴振东

2014年2月写于泉州

修订版后记

通常而言，若一本专业论著能多次修订并得以顺利出版的话，至少可以说明两个问题，一是表明该作者对论著所涉及的领域是做了比较持续性的研究，认为有必要将所获得的新的研究观点，通过再版的方式进行及时补充与完善；二是该专业论著不仅有一定的学术价值，应该还具有较好的出版价值，拥有一定数量的阅读群体，并受到阅读群体的欢迎，再版不仅完善该论著的学术水准，更进一步扩大该论著的学术影响力，让更多的专业同行受益，并激起他们对该领域的关注与研究。总之，一本专业论著能得以再版，自有其价值所在。其实，专业论著能否再版乃至多次再版，也是本人在购买与阅读一本"陌生的"专业论著的主要依据之一。

基于此，今年七月份从林编辑那边得知出版社有再印刷本书的打算后，我就主动提出要对初版进行修订。因为初版自2014年出版后，本人并没有停止对"幼儿教师教学策略"这一话题的关注与研究。在下园参与幼儿教师所组织的现场教学活动的教研中，在课堂进行的"幼儿教师教学基本策略研究"选修课程教学中，在曾承担过的"幼儿教师教学策略"专题讲座中，在平时进行的专业期刊的阅读中，可以这样说，"幼儿教师教学策略"这一话题一直在我的脑海里萦绕着、思绪着。如何更好地、更进一步地将幼儿教师教学策略研究做得更为深入、更为完善，也是本人目前所致力的一项学术任务。初版至今本人对幼儿教师教学策略这一领域不仅获得一些新的认识，同时也积累了一些更为生动而丰富的素材。尽管这些新认识和新素材，也已经陆续地呈现在课堂教学、下园教研以及专题讲座之中，但其最好的体现方式还是修订在本书的再版之中。

  本书所修订的篇幅近 2 万字，与初版相比较，增补了"目标制订策略""领域渗透策略"和"活动留白策略"三小节内容；增补了 5 个活动案例，使得全书以独立案例形式呈现的共有 74 案例（其中有 35 个案例是个人现场观摩收集的）；此外，也对初版的个别段落或个别例子进行调整与完善。希望通过本次修订，呈现给各位同行的是一本更为成熟的专业论著。同时，也敬请同行专家与读者不吝指正。

吴振东

2018 年 10 月写于泉州